BASTEI
LÜBBE
TASCHENBUCH

Dieser Titel ist auch als E-Book erhältlich.

Über die Autorin:

Claudia Mehler ist verheiratet und Mutter zweier Kinder. In diesem Buch beschreibt sie die traumatisierenden Erlebnisse, die ihre Tochter erdulden musste, und wie sie und ihre Familie gegen die harten Mühlen der Justiz kämpfen mussten. Zum Schutz ihrer Tochter schreibt sie unter Pseudonym.

Claudia Mehler

Am Ende siegt die Liebe

Wie ich für meine missbrauchte Tochter kämpfte

Aus dem Italienischen von
Katharina Schmidt und Barbara Neeb

BASTEI
LÜBBE
TASCHENBUCH

BASTEI LÜBBE TASCHENBUCH
Band 60 824

MIX
Papier aus verantwortungsvollen Quellen
FSC® C006701

Dieser Titel ist auch als E-Book erschienen.

Vollständige Taschenbuchausgabe

Deutsche Erstausgabe

Titel der italienischen Originalausgabe: »Alla fine resta l'amore«
Originalverlag: Mondadori
Published by arrangement with Marco Vigevani & Associati Agenzia Letteraria

Umschlagmotiv: © shutterstock/Nina Burday
Umschlaggestaltung: Christin Wilhelm, www.grafic4u.de
Satz: hanseatenSatz-bremen, Bremen
Gesetzt aus der Adobe Garamond Pro
Druck und Verarbeitung: CPI books GmbH, Leck – Germany
Printed in Germany
ISBN 978-3-404-60824-9

2 4 5 3 1

Sie finden uns im Internet unter
www.luebbe.de
Bitte beachten Sie auch: www.lesejury.de

Für S
Möge die Liebe deiner Eltern dich zu einem
Menschen machen, der ihnen ähnlich ist:
fröhlich, sonnig und einfach authentisch

Und für jene Lehrerin (*deine* Lehrerin),
die sich damals, als sie dich getroffen hat,
zur anderen Seite gedreht hat

und niemals geboren wurde

Die Namen der Betroffenen tun nichts zur Sache. Ebenso wenig wie Daten und Schauplätze und die Möglichkeit, ob man sie wiedererkennen könnte. Was zählt, ist die Geschichte an sich in der schonungslosen, wenn auch nach Möglichkeit sachlichen Rekonstruktion der Fakten.

Ich muss etwas voranstellen. Und zwar wende ich mich an dich, S, ich muss es, damit du es eines Tages verstehst. Und zwar an dem Tag, wenn du dieses Buch aufschlagen und wissen wirst, dass ich dies hier geschrieben habe. Ich benötige dein Verständnis und deine Vergebung. Ich benötige deine Unterstützung, ja, die auch, und vielleicht brauche ich sie ganz besonders dann von dir, wenn du erwachsen sein wirst. Ich muss wissen, dass aus dir jene Frau wird, die das Mädchen, das ich jeden Tag vor Augen habe, zu werden verspricht – verantwortungsvoll, leidenschaftlich und durch und durch menschlich. Ich muss einfach daran glauben, dass der schönste Glückwunsch, den wir zu deiner Geburt bekommen haben, sich auch erfüllt. Er steht hier in der Widmung zu diesem Buch, und ich bewahre ihn immer noch zwischen den Seiten meines Tagebuchs auf, zusammen mit der liebevollen Erinnerung an den Menschen, der ihn geschrieben hat. Auf dass er niemals verloren gehe. Aber, wirst du jetzt einwenden, ob er sich erfüllt, hängt doch in erster Linie von uns ab, von deinen Eltern, bei denen du nun mal gelandet bist.

Also, es ist so: Ich muss mich mit dem, was geschehen ist, auf meine Art und Weise auseinandersetzen, das ist der einzige für mich gangbare Weg. Damit mich das Ganze nicht vollkommen überrollt, hätte ich noch vor einigen Monaten gesagt, und das sage ich immer noch, allerdings meine ich es heute ein wenig anders. Sicher, für eine gewisse Zeit wird dieser Schmutz noch unsere Nachmittage ausfüllen, aber nur Geduld, schließlich gibt es da auch die wiedergefundene Normalität des vergangenen Jahres. Denn darum geht es, man muss einen Teil des Schmerzes hinter sich lassen können, all das, was zu viel ist, was so lange hinter jedem meiner Gedanken lauerte, diese Angst, die ich nicht anders in den Griff bekommen konnte.

Dies alles in Worte fassen, darüber nachdenken, obwohl es ja besonders dich betrifft, obwohl du erst sieben Jahre alt bist und mir keine Erlaubnis dazu erteilt hast, obwohl ich damit in gewissem Maße unser Geheimnis verrate. Anders kann ich es nicht begreifen. Ich muss das Böse herauslösen, muss es wie etwas Fremdes behandeln, das nie Teil meines Lebens war und das sich jetzt, je weiter es enthüllt wird, wieder allmählich daraus entfernt. Ich muss es mit Fachausdrücken benennen, muss ihm eine Struktur geben und es in Gedanken fassen und darf es nicht mehr nur als Verletzung empfinden. Um so wieder Platz für Freude und Gelassenheit zu schaffen, aus denen du und dein Bruder Kraft schöpfen könnt, damit ihr nun weiter wie zwei ganz normale Kinder aufwachst. Es wird zwar nie mehr so sein, als wäre das alles nicht geschehen, aber ihr sollt nun die nötige Ruhe haben, die eine gewisse Distanz zwischen uns und den anderen schafft und durch die man die Ereignisse ohne Zorn hinter sich lassen kann, ohne der Versuchung nachzugeben, sich ganz von der Welt zurückzuziehen.

Heute, über ein Jahr nachdem du deine Beschuldigungen ausgesprochen hast und obwohl inzwischen die Hoffnung, dass die Schuldigen bestraft werden, zerschlagen ist, kann ich mit einiger Bestimmtheit sagen, dass ich meine Angst überwunden habe. Den Schmerz nicht, das nicht, aber die Angst. Der ursprüngliche Ansporn zu diesem Buch, mich selbst zu retten, ist in den Hintergrund getreten zugunsten eines mindestens ebenso wichtigen Ziels: Wir dürfen nicht zulassen, dass der

Glaube an Gerechtigkeit verschwindet. Und dies bedeutet, dass man sogar angesichts einer so schmerzlich persönlichen Angelegenheit, die dabei dennoch stellvertretend für so viele andere steht, die Pflicht hat, Zeugnis abzulegen.

Denn du und ich, unsere Familie, unsere Freunde, die Eltern der anderen Kinder, die Schule, wir alle sind Teil einer Gemeinschaft, in der so schwere und inakzeptable Vergehen wie die, die man dir angetan hat, weiterhin jeden Tag durch Schweigen, Wegsehen und bequemes Mitläufertum derjenigen geschehen können, die (empörenderweise) ihrer Pflicht nicht nachkommen. Ihrer Pflicht, die bedeutet, andere zu beschützen und daher genau *hinzusehen*. Durch die Feigheit derer, die sich niemals in Frage stellen, sondern es vorziehen, nichts zu hören, nichts zu sehen oder zu wissen, und sich hinter einem schwer zu widerlegenden »Ich weiß nicht, ich glaube das nicht, das ist bestimmt nicht wahr« verschanzen.

Denn wenn so etwas wie bei dir geschieht, kann man sich nicht heraushalten. Da gibt es keine Neutralität. Gleichgültigkeit und Schweigen spielen dem Bösen in die Hände. Man muss sich für eine Seite entscheiden. Und wenn man nicht für das Opfer Partei ergreift, ist man automatisch auf der Seite des Täters.

Natürlich habe auch ich manchmal Zweifel, aber ich benutze sie nicht dazu, um die Verantwortung von mir wegzuschieben.

Außerdem gehöre ich nicht zu den Leuten, die glauben, dass Kinder grundsätzlich lügen, denn durch diese bewusste Vereinfachung nimmt man ihnen ihre Individualität, was dann damit endet, dass man sie für »unwichtig« hält. Etwas, das nichts wert ist. Wenn man sie so behandelt, werden sie schließlich zu Erwachsenen, die »nichts wert« sind. Und das geht uns alle an.

Deshalb, mein Liebling, mein kleines Mädchen, widme ich

diese Gedanken dir, wenn du einmal eine erwachsene Frau sein wirst. Denn nun, da du anscheinend die Unbeschwertheit deines Alters wiedergewonnen hast, liegt meine Aufgabe darin, aufzuschreiben und zu dokumentieren, was wirklich passiert ist, und so meinen Platz als Mutter wiederzufinden.

März …

DIE FAKTEN

31. Dezember

Ich fange hier an, obwohl die Geschichte ja eigentlich nicht an diesem Tag beginnt. Leider gibt es da noch einige Monate nachzutragen, aber es ist ein symbolisches Datum, nicht nur weil heute der letzte Tag im Jahr ist, sondern auch weil mein Mann L vor einer halben Stunde, als er den Jungen, der bei uns arbeitet, nach Hause brachte, am Straßenrand in einem Sack fünf ausgesetzte Maremmanowelpen gefunden hat. Die ungefähr vierzig Tage alten, völlig erschöpften Jungen winselten erbärmlich. Sie hatten wohl seit der vergangenen Nacht oder auch schon länger dort gelegen, denn der Sack war weiter ins Feld hineingerollt. Anscheinend waren sie nur deshalb nicht erfroren, weil sie in ihrem Gefängnis so eng aneinandergedrängt lagen. Und hier an dieser Stelle beginnt alles, bei ihren weit aufgerissenen Augen, mit denen sie L angestarrt haben, sobald er den Sack geöffnet hat. Ich spüre, dass damit alles beginnt.

Er hat sie natürlich ins Auto geladen, es wurde schon dunkel, und nach Hause mitgebracht. Dann ist er schnell losgezogen, um für sie etwas zu fressen zu besorgen. Eine halbe Stunde später kam er mit einer Packung Welpen-Trockenfutter zurück; im Geschäft war er der letzte Kunde gewesen, der Händler hat sofort nach ihm den Laden zugesperrt, schließlich war heute Silvester. Und zum Glück waren wir gerade erst vom Skiurlaub zurückgekehrt und hatten daher nicht einmal trockenes Brot oder Milch im Haus, denn weil sie noch so klein waren, wären sie vielleicht daran gestorben.

Wir haben die Feuerholzkiste leer geräumt, diese in die wärmste Ecke des Schuppens gestellt und mit alten Pullovern ausgelegt. Die Welpen waren schmutzig und stanken nach Angstschweiß und Urin. Unsere beiden Hunde beobachteten sie von weitem, ohne sich ihnen zu nähern, aber sie ließen dieses merkwürdige weiße Knäuel keinen Moment aus den Augen, das sich immer mal wieder kratzend auflöste, um sofort wieder zusammenzufinden. Wir haben die Kleinen einzeln untersucht, ihnen zu trinken und zu fressen hingestellt. Wir haben sie gesäubert und trocken gerieben. Innerhalb weniger Sekunden war das Futter in ihren Mäulern verschwunden. Dann haben sich die Welpen unter den Pullovern eng aneinandergekuschelt und sind eingeschlafen. Ich habe mir ziemlich Sorgen gemacht, die Kinder könnten sich ins Gesicht fassen oder die Finger in den Mund stecken, nachdem sie die Tiere gestreichelt hatten.

Eigentlich hatten wir geplant, am Abend zu einer Silvesterparty bei Freunden zu gehen, doch inzwischen war es schon acht Uhr abends, und niemand von uns hatte mehr Lust, das Haus zu verlassen. So kochten wir uns etwas Leckeres aus den regionalen Spezialitäten, die wir am Morgen noch in unserem Ferienort gekauft hatten, und es wurde noch ein schöner Abend. Als wir um Mitternacht nach draußen gingen, um das Feuerwerk steigen zu lassen, liefen die Welpen uns zunächst zwischen den Füßen herum, ehe sie im Dunkel des Gartens verschwanden, sodass immer wieder einer von uns gehen und sie suchen musste.

Später im Bett machte ich mir Sorgen, eins von den Jungen könnte aus der Kiste klettern, in den Garten laufen und im Laufe der Nacht draußen erfrieren. Sie waren ja noch so klein und kannten sich bei uns nicht aus. Deshalb sind L und ich noch einmal zum Schuppen gegangen und haben sämtliche Ausgänge und Schlupflöcher verrammelt.

Die Welpen lagen friedlich übereinander in die Pullis gekuschelt, keiner von ihnen hatte sich nach draußen gewagt.

1. Januar

Der Neujahrstag verläuft ruhig. Es ist klar und kalt. Ich räume auf, fülle die Waschmaschine mehrfach mit Unmengen von Urlaubswäsche, dann gehen wir zum Mittagessen wie jedes Jahr zu meinen Eltern. Die Welpen fressen sechsmal am Tag, machen sich mit dem Garten vertraut, und ihr Fell stinkt schon deutlich weniger. Sie wirken jetzt fast doppelt so groß wie am Vortag, natürlich kann das nicht sein, aber mit Sicherheit würden sie jetzt nicht mehr alle zusammen in den Plastikjutesack passen, in dem man sie ausgesetzt hatte. Eins von den Hündchen bewegt sich nur wenig und winselt im Schlaf. Ich habe Blutspuren im Kot bemerkt, und so rufen wir den Tierarzt, der allen ein Entwurmungsmittel verschreibt. Er sagt, dass die Eltern der Kleinen wohl recht schöne Rassehunde waren, mittelgroße Maremmen-Abruzzen-Schäferhunde, bestimmt von einem der Hirten in der Umgebung. Dass ihr Fell nur ganz schwache Flecken aufweist, sei auch gut, denn das sollte bei dieser Rasse nach Möglichkeit makellos weiß sein. Er rät uns, sie in ein hübsches Körbchen zu setzen und zu fotografieren, denn nur so würden wir Leute finden, an die wir sie weitergeben könnten.

Allmählich wird uns klar, dass uns die Welpen so schnell niemand abnehmen wird – das Tierheim der Gemeinde ist überbelegt und das im Nachbarort gleicht einem Lager –, und das Problem ist, dass ich nun den ganzen Tag nur damit beschäftigt bin, Hundehäufchen in und um den Schuppen aufzuklauben, auch von den Pullovern in der Krabbelkiste, dort allerdings eher selten. Durchschnittlich etwa zwanzig, dreißig Stück am Tag, geschätzt eins nach jeder Mahlzeit, wie am Fließband, und ich muss auch immer schnell hinter ihnen her sein, damit sie nicht auch noch reintapsen und sich schmutzig machen. So machen wir es uns zur Gewohnheit, die guten Sachen nur noch anzuziehen, wenn wir das Haus verlassen, und auch die Kinder maulen nicht, dass sie die Kleider wechseln sollen, sobald sie nach Hause kommen.

Das Wort »Glück« kommt mir in den Sinn, vielleicht weil es bekanntlich Glück bringen soll, wenn man in einen Hundehaufen tritt, und ich sehe wieder vor mir, wie ich rund um die Uhr am Telefon hänge, nachdem ich die Parkplätze aller Supermärkte der Umgebung mit dem Foto von den süßen Welpen und der Aufschrift »Zu verschenken« vollgepflastert habe. »Die Kleinen haben Glück«, begann ich dann immer, »sie hatten zwar zunächst Pech, weil sie ausgesetzt wurden, aber dafür sind sie richtig hübsch (das sagt sogar der Tierarzt!).« Und die Geschichte vom *Glück* im *Unglück*, die ich ständig wiederholte, verfehlte nicht ihre Wirkung – das Foto von den süßen Welpen in ihrem Körbchen, meine versichernden Worte, obwohl wir nicht wussten, was die Tiere durchgemacht hatten, und die Hoffnung, dass doch noch alles zu einem guten Ende führen könnte, überzeugten im Allgemeinen jeden Anrufer. Eigentlich war ich verzweifelt bemüht, jeden am anderen Ende der Leitung zu überreden, aber dennoch verschwieg ich keine unangenehmen Details.

Innerhalb von zehn Tagen hatten wir vier fortgegeben, dabei konnten wir uns sogar noch erlauben, Leuten abzusagen, die uns nicht vertrauenswürdig erschienen. Die ehrenamtlichen Helfer der Tierschutzorganisationen, die meine Suchanzeige ebenfalls in Umlauf gebracht hatten, hätten mich am liebsten gleich für sich engagiert, so unglaublich erschien ihnen die Sache. Allerdings machte ich auch nichts anderes mehr, als mich um die Welpen zu kümmern, wobei ich immer die Horrorvorstellung im Hinterkopf hatte, es nicht zu schaffen, während es mich andererseits tröstete, dass wir sie gerettet hatten.

Bis zum 15. Februar

Das letzte Tier aus dem Wurf, ein Weibchen, haben wir über einen Monat bei uns behalten. Es war krank geworden und musste erst gesund gepflegt werden. Durch die Räude hatte es mitten im Winter sein ganzes Fell verloren, nur hier und da waren ein paar Haarbüschel stehen geblieben, und die Haut war überall verkrustet, weil es sich ständig blutig kratzte. Das Schnäuzchen war völlig kahl geworden, und die Haut dort sah rosig und runzlig aus. Sein Anblick war mitleiderregend und abstoßend zugleich, so ein kleines Wesen, das uralt aussah und bei dem überall die Knochen hervorstanden. Wir vermieden es alle, es anzufassen, und wuschen uns sofort die Hände, nachdem wir es berührt hatten.

Die Dame, der wir es versprochen hatten, musste im Februar verreisen und wollte es dann mitnehmen. Wir hatten also sechs Wochen Zeit, um es aufzupäppeln. Ich erinnere mich an die Spritzen in Schenkel, die noch dünner als bei einer Katze waren, an die Schwefelbäder in der Badewanne und das anschließende Trockenföhnen. Meine Tochter half mir immer dabei. Und das Kleine schaute uns die ganze Zeit geduldig an, während es darauf wartete, dass die Qual endlich ein Ende hatte.

Am Anfang hatten wir uns noch Mühe gegeben, es auf gar keinen Fall mit einem Namen zu rufen, wir wollten ja nicht, dass es sich daran gewöhnte. Aber eigentlich fürchteten wir nur, dass uns das Tier zu sehr ans Herz wachsen würde. Allerdings reichte schon ein Blick oder ein kurzer Befehl, und es gehorchte. Die Kinder waren sehr enttäuscht, dass uns alle Welpen wieder verlassen würden, und ließen keine Gelegenheit aus, uns das auch zu sagen. Tagelang hatten sie uns mit zähen Verhandlungen genervt, wie viele sie wohl behalten könnten, mindestens zwei und höchstens drei. Wir hatten ihnen erklärt, dass wir höchstens dann eins von den Tieren behalten würden, wenn wir es nicht abgeben könnten, aber das wäre unser eigentliches Ziel. Hauptsache war schließlich, dass wir sie überhaupt gerettet hatten.

Die Schule hatte wieder begonnen, und jeden Tag, wenn die Kinder nach Hause kamen, erkundigten sie sich sofort, ob jemand angerufen hätte oder ob jemand vorbeikäme, um sich die Welpen anzusehen. Im Jahr davor war uns ein junger Hund gestorben, der von einem Auto angefahren worden war, und seit damals hatten wir ihnen einen anderen versprochen, sodass sie eigentlich zu Recht hofften, wir würden unsere Meinung noch ändern. Es war ihnen schwer begreiflich zu machen, dass ein Maremmer Hirtenhund nicht das Richtige für uns sein konnte. Aber so war es nun einmal, und sie mussten sich damit abfinden. Alle mussten sich damit abfinden.

Das Weibchen, das so lange keinen Namen bekommen hatte und seine Geschwister eins nach dem anderen gehen sah, wartete nun darauf, selbst an die Reihe zu kommen. Es wusste, dass es nicht bei uns bleiben würde, aber es hatte sich immerhin mit den älteren Hunden angefreundet, sein Fell wuchs langsam wieder, und allmählich eroberte es sich den Platz, der ihm zugewiesen worden war. Das Rührendste war, dass es stets so ruhig wartete, dass es nicht mehr einforderte, als man ihm geben konnte, und dass es so klein und doch schon so klug war und auf jeden unserer Blicke und unseren Tonfall reagierte. Wenn ich sein Fressen vorbereitete, blieb es ganz still sitzen und sah mir geduldig zu, bis ich ihm die Schüssel auf den Boden stellte. Aber irgendwann war das Tier gesund und der Moment gekommen, es wegzugeben.

Am 15. Februar, einen Tag früher als verabredet, wurde das Hündchen schließlich abgeholt. Und als ich dem Auto, in dem es davonfuhr, hinterhersah, spürte ich einen dicken Kloß im Hals. Die Kinder waren in der Schule und hatten sich nicht von ihm verabschieden können, und das ist etwas, was man mit fünf oder sechs nicht so schnell verzeiht.

Deswegen beschließen wir, so schnell wie möglich einen anderen Hund zu finden, um eine Leere auszufüllen, die weitaus tiefer geht, als wir uns selbst eingestehen wollen. In der Nacht wache ich mit Tränen in den Augen auf. Im Traum habe ich unseren Welpen besucht, die Wohnung ist dunkel, und das Kleine wartet ganz allein darauf, dass seine Besitzer zurückkommen, aber es ist nicht traurig oder unruhig, es scheint ihm gut zu gehen. Sobald es mich erkennt, läuft es mir entgegen, um sich von mir streicheln zu lassen. Ich weiß, dass ich es zum letzten Mal sehe. Der Schmerz ist so groß, dass ich gar nicht mehr aufhören kann zu weinen.

16. Februar

Beim Frühstück sind die Kinder gut gelaunt. Ich gieße ihnen Kakao ein und setze mich zu ihnen. Schule und Kindergarten sind hier im Ort und nur fünf Minuten entfernt, daher können wir in aller Ruhe frühstücken. Bei S, die in die zweite Grundschulklasse geht, beginnt der Unterricht um halb neun, während Ms Kindergarten bis neun Uhr Kinder annimmt. So habe ich genügend Zeit, ihn dort abzuliefern, nachdem ich seine große Schwester an der Schule herausgelassen habe.

Wir sind zufrieden mit den Bildungs- und Betreuungseinrichtungen unserer Gemeinde, in der wir seit einigen Jahren leben. Im Moment haben wir davon abgesehen, die Kinder in die Stadt zu schicken, nicht nur um ihnen den langen Weg zu ersparen, sondern auch weil uns die Vorstellung gefiel, die Möglichkeiten eines kleinen Ortes zu nutzen, wo jeder jeden kennt, im Gegensatz zu einem größeren, anonymen Einzugsgebiet. Hier könnten sie später auch allein mit dem Schulbus oder dem Fahrrad zur Schule fahren oder vielleicht auch den Basketballkurs in der Turnhalle der weiterführenden Schule besuchen.

Ich bin Elternvertreterin. Ich kenne den Rektor und schätze die Lehrerinnen. Vor einem Jahr habe ich einen Musikkurs angeregt, der gleich für alle Klassen eingerichtet wurde. Es herrscht also eine angenehme Atmosphäre, S und M gehen gerne zur Schule und in den Kindergarten, die Lehrerinnen und Erzieherinnen sind zufrieden, und auch die Freunde meiner Kinder sind im Allgemeinen nett und gut erzogen. Mit vielen Eltern haben sich freundschaftliche Beziehungen entwickelt, die über die gegenseitigen Besuche der Kinder hinausgehen, auch das ist schön. Jeder von uns weiß, wenn es einmal ein unvorhergesehenes Problem gibt, kann man sich darauf verlassen, dass sich bei

Bedarf irgendjemand um die Kinder kümmert, sie zum Sportkurs bringt und wieder abholt oder sogar zum Abendessen bei sich behält. Und das ist viel wert, wenn man in der Stadt arbeitet und täglich Dutzende von Terminen einzuhalten hat, die unser Leben bestimmen. Und darüber hinaus verbindet uns mit einigen die Liebe zur Literatur, zur Musik oder einfach nur zum Leben auf dem Land.

S lächelt übers ganze Gesicht, sie verkündet uns, dass sie etwas Schönes geträumt hat, und will davon erzählen. Wenn sie glücklich ist, strahlt sie, ihre Mandelaugen werden dabei so schmal, dass sie wie eine lachende Chinesin aussieht. Auf einem Foto, das wir neulich in Venedig aufgenommen haben, pickt eine Taube nach der Kappe, mit der M seinen Kopf schützt, während S fröhlich Futter in die Luft wirft. Bei beiden die gleiche Freude, dasselbe strahlende Gesicht, durch die sie einander so ähneln und als Geschwister erkennbar sind. Während sie Körner streuen, stürzt sich sofort ein Haufen tänzelnder Vögel darauf. (S wurde vorzeitig eingeschult, sie ist erst im Frühling sechs geworden, aber dadurch kam sie nicht in eine wahrscheinlich schwierige Klassengemeinschaft und hat außerdem eine Lehrerin bekommen, die als eine der besten der Grundschule gilt. Bei M müssen wir noch sehen, bei ihm besteht kein Grund zu einer vorgezogenen Einschulung, denn im Moment ist kein Problem mit seinen zukünftigen Klassenkameraden und Lehrerinnen in Sicht.)

Auch S hat von unserem letzten Hundeweibchen geträumt, seit gestern haben wir ja von nichts anderem geredet, den ganzen Nachmittag haben sie und M uns mit Fragen gelöchert, wie die neuen Besitzer sind, ob es dort einen Garten gibt oder andere Hunde und Katzen, wie das Haus ist und ob sie auch Kinder hätten. Eben alles, um sich vorstellen zu können, wie es unserer Kleinen wohl in ihrem neuen Zuhause ergehen wird.

Aber der Traum von S war wesentlich positiver als meiner und auch lebendiger in den Farben, Bildern und Gefühlen, die der Verlust bei ihr ausgelöst hat. Auch sie hat den Welpen im Schlaf besucht, dann sind beiden Flügel gewachsen, sie sind gemeinsam hoch zum Himmel geflogen, haben auf einer Wolke ein Picknick gemacht und einander beim Abschied versprochen, so einen Ausflug so oft zu machen, wie sie wollten.

Auch jetzt bin ich ganz gerührt, wenn ich mir diesen Traum in Erinnerung rufe, diese Offenheit, die Liebe und das Vertrauen, mit dem man einen Verlust verarbeiten kann, und ich glaube, dass meine Tochter mich damit, wie auch in anderen Momenten unseres Lebens, etwas gelehrt hat.

Ehe ich nun zum nächsten Tag übergehe, muss ich noch etwas erwähnen. Nach der Schule, um vier – der Vater bringt die beiden morgens hin, ich hole sie am Nachmittag ab –, hatte S schlechte Laune. In den letzten Monaten kommt das häufiger vor. Und später im Auto hat sie mir aus heiterem Himmel gesagt, dass sie die Schule wechseln möchte. Ich frage, warum, und bin auch ein bisschen überrascht, dass sie hier eine so bestimmte Meinung hat, denn bisher hat sie so etwas noch nie geäußert, hat sich nicht einmal über Mitschüler beklagt.

Ich frage sie, wohin sie denn gehen möchte. Auf eine andere Schule, sagt sie bloß. Ich frage nach, um herauszufinden, was sie auf diese Idee bringt, denn es gibt keine anderen Schulen in der Nähe. Sie sagt mir, ihre Lehrerin habe einfach keine Ahnung. Da überlege ich mir, dass sie wohl wegen irgendetwas ausgeschimpft worden ist, auch das ist schon vorgekommen, und das mag sie nicht und ist dann schnell beleidigt. Ich bestehe auf einer Antwort. Sie erzählt mir daraufhin eine eher wirre Geschichte, dass sie heute zu sechst bestraft worden seien, und wiederholt, dass sie die Schule wechseln möchte. Ich sage ihr, dass die Lehrerin Recht hatte, sie zu bestrafen, wenn sie zu sechst auf eine Mitschülerin losgegangen wären. Und damit endet unser Gespräch.

17. Februar

Schließlich finde ich am nächsten Tag den Hund, den wir die ganze Zeit gesucht haben. Einen Rauhaardackel, das letzte Weibchen aus einem Wurf. Seit Tagen verfolge ich die Kleinanzeigen im Internet, und der Züchter ist bereit, sie uns zu einem annehmbaren Preis zu überlassen, da wir keinen großen Wert auf den Stammbaum legen. Aber er wohnt ziemlich weit weg, 200 Kilometer, und so müssen wir uns bis zum Wochenende gedulden. Wir zeigen den Kindern die Fotos. Sie sind begeistert. Damit ist die Sache beschlossen, dieses Weibchen soll es sein, und wir werden es am Samstag abholen. In der Zwischenzeit sollen sich die Kinder einen Namen überlegen.

Am Abend ruft der Züchter zurück und sagt uns, wenn es bei uns auch am Freitag ginge, könne er uns ein wenig entgegenfahren. Wir schaffen es, unsere sonstigen Termine zu verschieben, und verabreden uns für den nächsten Vormittag an einer Mautstation etwa auf halber Strecke. Den Kindern sagen wir nichts, es soll eine Überraschung für sie werden.

18. Februar, bis 14 Uhr

Der Züchter trifft mit einer halben Stunde Verspätung ein. Auf der Strecke hat es einen Unfall gegeben. Der Welpe ist völlig verängstigt und hat sich eingenässt. Er hat sich während der

Fahrt auch mehrmals übergeben. Dem Züchter ist es etwas peinlich, in welchem Zustand er das Tier an uns übergibt. Wir wickeln es in ein Handtuch, und dann nehme ich es auf meinen Arm. Es sollte noch drei Tage dauern, bis es sich einigermaßen beruhigt hatte.

Zu Hause waschen wir es, aber der Geruch nach Erbrochenem geht nicht völlig weg. Dieses Hundeweibchen, das die Kinder kurz darauf Lila nennen werden, weiß noch nicht, wie sehr es uns in den folgenden Monaten damit helfen wird, dass es bei uns lebt und aufwächst. Eigentlich ist es seiner Ankunft zu verdanken, dass wir erfahren, was wir uns nie hätten vorstellen können, denn sonst hätten wir S und M niemals früher abgeholt.

Hastig essen wir etwas. Der Plan sieht so aus, den Welpen zu Hause zu lassen und dann die Kinder mit einer Entschuldigung von Schule und Kindergarten abzuholen. Rechtzeitig genug, damit wir Eltern später in die Stadt fahren können, denn um fünf sind wir verabredet, und meine Mutter kommt zu uns nach Hause, um auf die Kinder aufzupassen. Alles ist schon organisiert. Lila schläft. Die anderen beiden Hunde scheinen sie zu mögen. Sie werden schon zurechtkommen.

Ich wechsele die Hose und mache mich auf den Weg, zuerst zum Kindergarten, der etwas weiter weg liegt, und dann zur Grundschule. Ich freue mich schon auf die Gesichter meiner Kinder.

Bis ich bei S bin, ist es kurz vor zwei, M habe ich schon dabei. Die Schule ist auf drei Seiten von einem Hof umgeben, in dem die Kinder die Pausen verbringen, am hinteren Ende gibt es zwei Tore, die vom Vordereingang nicht einsehbar sind und immer offen stehen. Die Schüler spielen also in einem frei zugänglichen Bereich, der zum Teil nicht einmal überwacht wird, es sei denn, eine Lehrerin oder ein Hausmeister wird eigens dafür eingeteilt. Somit könnte jeder den Schulhof betreten (viele Eltern haben sich in den letzten Jahren deswegen beschwert) und ein Kind entführen, oder ein Kind könnte die Unachtsamkeit der Aufsichtspersonen ausnutzen und ungehindert das Gelände allein verlassen. Dazu kommt, dass die Lehrerinnen sich für ihre Unterhaltungen häufig einen Platz suchen, von dem man zwar die Türen zu den Klassenzimmern sehen kann, aber nicht die Tore am Ende des Schulhofs.

Auf der Vorderseite der Einrichtung, wo die ersten Klassen und die Fachsäle untergebracht sind und wo auch die Schulbusse halten, um die Kinder ein- und aussteigen zu lassen, ist das Tor während der Unterrichtszeit unbewacht. Hier ist es noch einfacher, unbemerkt hinein- oder herauszukommen.

Ich betrete das Gelände durch das Außentor neben dem Schulgebäude. Das Mittagessen sollte schon vorbei sein, die Kinder sind bestimmt alle draußen zum Spielen, normalerweise gehen sie um eins zum Essen, manchmal auch schon um zwölf, denn die Klassen essen in Schichten.

Ich gelange zu der Stelle, an der der Hof nach links abbiegt, und höre, wie laut nach meiner Tochter gerufen wird, ich nehme an, jemand will ihr Bescheid sagen, dass ich da bin. Das Rufen überrascht mich etwas, weil ich nicht sehe, von wem es kommt, ach ja, da sitzt eine Lehrerin auf dem Boden mit dem Rücken an die Wand gelehnt, jetzt erkenne ich sie, sie ist dieses Jahr neu an die Schule gekommen, neben sich die Kinder, die zur Strafe nicht spielen dürfen. Sie ist die einzige Erwachsene hier draußen, und es war ihre Stimme, die ich gehört habe.

Ich grüße sie, biege um die Ecke und sehe mich suchend um. S ist nicht hier, wahrscheinlich war sie doch schon drinnen oder ist jetzt eben hineingegangen, und wieder höre ich jemanden rufen, diesmal einen Mann. Einer der Hausmeister kündigt mich sofort als die »Mutter von S« an, noch ehe ich ihm richtig ins Gesicht sehen kann, ich habe nur irgendjemanden wahrgenommen, während er mich gleich erkannt hat. Wenn das ein Spiel wäre, würde ich jetzt dem Wächter der Burg gratulieren oder dem anderen Quizkandidaten, der die Frage beantworten konnte, ehe sie zu Ende gestellt worden war. Wäre es ein Heckenschütze gewesen, läge ich längst tot am Boden.

S kommt aus dem Gang, der nach links zu den Klassenzimmern führt und nach rechts zu dem Raum, der von den Hausmeistern genutzt wird. Sie war dort oder wenigstens in der Nähe. Sobald sie mich sieht, strahlt sie und rennt wieder hinein, um ihre Sachen zu holen. Die beiden Männer dagegen bleiben in ihrem Zimmer, ich weiß nicht, wer mich angekündigt hat, aber mein Gruß wird nicht erwidert. Ich wiederhole ihn. Keiner der beiden sieht mich an oder antwortet mir. Der Blonde – erst später erfuhr ich, dass er Vito heißt – gibt dem anderen ein Zeichen, mir die Liste mit den Abmeldungen zu reichen, damit ich unterschreiben kann, er bleibt sitzen und macht keine Anstalten aufzustehen oder zumindest aufzublicken, um mich doch noch zu begrüßen. Wahrscheinlich sind sie um diese Zeit am Freitag besonders schlecht gelaunt, denke ich mir, oder vielleicht bin ich auch mitten in einen Streit geraten, denn ich spüre keine Freundlichkeit zwischen den beiden. Zumindest besteht kein Zweifel, wer hier das Sagen hat – obwohl sich der erste sonst immer recht freundlich gibt –, denn der zweite, der mit dem Schnurrbart, ist so diensteifrig. All das spielt sich in einer beinahe irrealen Stille ab, kein Wort wird gesprochen, und es herrscht eine angespannte Atmosphäre, die man fast mit Händen greifen kann. Da stehe ich nun, und keiner hat meinen Gruß erwidert. Ich unterschreibe die Liste und gehe zu M zurück, der draußen auf mich wartet. S kommt eine

Minute später mit dem Rucksack und ihrer Jacke zu uns. Sie will mich gerade zur Begrüßung küssen, da hält sie plötzlich wenige Zentimeter vor meinem Gesicht inne, ich hatte mich schon zu ihr hinuntergebeugt, und kehrt noch einmal um mit den Worten, sie habe noch etwas vergessen. Sie geht auf Vito zu, der vom Körper seines Kollegen verdeckt wird, dieser tritt zur Seite, um sie vorbeizulassen, und sie gibt ihm ein Küsschen auf die Wange. Sein Blick kreuzt meinen – denn all dies vollzieht sich vor meinen Augen, als wäre es eine von den vielen Szenen, die Eltern gewöhnlich erleben, wenn sie ihre Kinder abholen – dieser Mann um die vierzig, den ich nicht kenne, der mir weder besonders sympathisch noch unsympathisch ist, bei dem ich bis jetzt auch noch keine Veranlassung hatte, ihn näher kennenlernen zu wollen (wir haben niemals auch nur zwei Worte miteinander gewechselt), den ich immer höflich grüße, aber ihn wohl kaum erkennen und mit der Schule von S in Verbindung bringen würde, wenn ich ihm auf der Straße begegnete, dieser »neutrale« Mensch, der mich heute so offensichtlich ignoriert und den ich vielleicht in meinem tiefsten Innern verachte – das muss der Grund für mein Desinteresse sein: Normalerweise kann ich mir Personen und Gesichter gut merken, aber ich mag wohl sein etwas grobschlächtiges, bäuerliches Aussehen nicht, die dumpfe Ungebildetheit, die er ausstrahlt (obwohl er sich manchmal bemüht, witzig zu sein), die fleckigen Zähne, den Kugelbauch, das völlige Fehlen von irgendetwas, das mein Interesse erregen könnte, all das hat ihn in meinen Augen und in denen von L bis zu diesem Moment zu jemand völlig Verschwommenem, Unidentifizierbarem gemacht (so dass wir in der Folgezeit sogar Schwierigkeiten haben, uns sein Gesicht vorzustellen, als ob man es nicht klar fokussieren könnte) – dieser Mann also, der uns so fremd ist, dieser Mann ist beim Abschiedsküsschen meiner Tochter wie versteinert. Es dauert bloß einen Moment, aber seine Starre, während er den Kuss empfängt und mich dabei ansieht, ist merkwürdig, vollkommen unverständlich, und er wirkt auf mich, ich kann es nicht anders ausdrücken, als fühlte er sich ertappt.

Dann kehrt S zu mir zurück, ich lächle sie an, und gemeinsam ziehen wir los.

Sofort danach

Eine Erinnerung nimmt Gestalt an. Alles an diesem Nachmittag ist ungewöhnlich. Der Kuss, die Stille, dass meine Tochter sich allein in dem Gang aufhielt und dort keine anderen Kinder spielten, dass ich namentlich angekündigt und wie schnell ich erkannt wurde, diese laute Stimme. Ich erinnere mich, dass ich einen Augenblick gedacht habe, vielleicht habe einer von den beiden sich in mich verguckt, doch diese Idee habe ich sofort, noch während ich sie zu Ende dachte, als vollkommen unwahrscheinlich verworfen, es war auch keine Schüchternheit oder Zurückhaltung zu spüren, vielmehr ein Gefühl von unangenehmer Überraschung, ja vielleicht sogar, denke ich weiter darüber nach, von Erwischtwerden und Erschrecken; und mehr als alles andere hat mich die herrische Geste gegenüber dem anderen Hausmeister gestört, diese Bewegung, die so aggressiv wirkte wie ein Schlag oder Schuss und nicht wie eine Anweisung. Dazu die Beflissenheit beim anderen, die in perfektem Einklang zu dieser Geste stand. Und S, die fast wie in Trance zu mir zurückkehrte, wie ein kleiner Roboter. Der Blick des Mannes. Die Erstarrung, die ihn erfasst hat.

All das, was ich in einem kurzen Moment fast unterbewusst wahrgenommen habe und das wegen seiner Nichtigkeit und der Bedeutungslosigkeit der damit verbundenen Personen eigentlich dazu bestimmt war, formlos zu bleiben, erhält erst durch die Erzählung meiner Tochter Gewicht, nimmt Gestalt an und lässt die Erinnerung daran unauslöschlich werden.

Eins steht auf jeden Fall fest: Mein vorzeitiges Erscheinen heute war völlig unerwartet.

Vor der Schule

Während wir zum Auto laufen, frage ich S, wer denn dieser Hausmeister ist, von dem sie sich eben verabschiedet hat, denn ich kenne ihn kaum, ich weiß nicht einmal, wie er heißt. Dabei versuche ich, mich darüber zu freuen, wie schnell sie Freundschaften mit Erwachsenen und Kindern schließt. Ich bin eigentlich nicht besonders begeistert und würde gern etwas gegen diese allzu vertrauliche Geste unternehmen, die sie wohl für angemessen hält, aber dann denke ich mir, dieser Umgang gehört eben dazu in einer Schule auf dem Land.

Aber im Grunde bin ich weniger über den zärtlichen Abschiedskuss an sich überrascht, den ich gerade mitbekommen habe – S war schon immer sehr überschwänglich mit jedem, den sie trifft –, als vielmehr darüber, dass ich diesen Hausmeister überhaupt nicht kenne. Sonst kommen nämlich die Erwachsenen, die von S' überschäumendem Temperament erobert wurden, früher oder später von selbst auf uns zu. Seit sie vor zwei Jahren eingeschult wurde, passiert es ständig, dass uns Lehrer, Angestellte oder einfach Eltern von Mitschülern ansprechen, weil sie das Bedürfnis haben, die Eltern von diesem quirligen Mädchen kennenzulernen. Sogar Lena, die Hausmeisterin, die für die ersten Klassen zuständig ist, hat im letzten Jahr begonnen, mir zuzulächeln, und mehrmals die Gelegenheit genutzt, S in meiner Gegenwart zu loben und ihr zu versichern, dass sie sich mit jedem Problem an sie wenden könnte.

Dieses Jahr sind für das Stockwerk mit den zweiten Klassen die beiden Männer zuständig, die mich gerade empfangen haben und die ich überhaupt nicht kenne, auch weil sie sich selten bei Schulende draußen blicken lassen. Und selbst wenn mir das in dem Moment noch nicht klar ist, muss es diese ausweichende Haltung gewesen sein, dieses beharrliche Ignorieren meiner Person (nicht einmal als wir gehen, raffen sie sich zu einem Gruß auf) im Gegensatz zu dem vertrauten Umgang von S mit ihnen, der meine Verwunderung hervorruft.

Meine Tochter dagegen ist überglücklich. Sie glaubt, dass ich endlich eingelöst habe, worum sie mich schon länger gebeten hat, und dankt mir immer noch einmal mit ihrem Lächeln. In letzter Zeit hat sie mich nämlich jeden Tag angebettelt, dass ich sie einmal früher von der Schule abhole, als hätte sie sich das verdient, um dann zu schmollen, wenn ich zur üblichen Uhrzeit kam. Inzwischen erkläre ich ihr gar nicht mehr, dass so etwas nicht geht, weil sie dann sofort schrecklich aggressiv wird. Der Nachmittag in der Schule scheint sie zu überfordern. Sie kommt immer mit einer finsteren Miene nach draußen, die noch grimmiger wird, sobald sie mich sieht. Und das, obwohl sie nach den Weihnachtsferien sowieso kaum zur Schule gegangen ist. Sie hat eine hartnäckige Grippe mit Fieber und Kopfschmerzen, die sich sofort wieder bemerkbar machen, sobald sie die Klasse betritt oder spätestens ein bis zwei Tage danach. Und so bin ich von ihrer ständigen Bettelei ziemlich genervt.

Auf jeden Fall ist sie heute besonders glücklich, es macht ihr überhaupt nichts aus, dass sie nun die Pause verpasst, im Gegensatz zu ihrem kleinen Bruder, der heftig gemault hat, weil er seine Spiele mit den Freunden unterbrechen musste.

Sie wundert sich sehr, dass ich nicht weiß, wie dieser Hausmeister heißt. Ich antworte ihr, dass ich ihn vor heute so gut wie nie gesehen habe, und frage sie, ob er nett ist. Sie sagt mir, dass Vito supernett ist und ein enger Freund von ihr. Sie mag ihn sehr, weil er sie jeden Tag die Pausenglocke läuten lässt und ihr zehn Bonbons schenkt. Aber nur weil sie sein »Liebling« ist, fügt sie schnell hinzu, sonst darf niemand die Klingel läuten. Ich schimpfe etwas, dass er ihr so viele Bonbons schenkt, zehn halte ich für zu viel, das sei doch nicht gut für sie. Aber nein, antwortet sie, wenn er ihr die gibt, ermahnt er sie, höchstens drei selbst zu essen und den Rest an ihre Mitschüler zu verschenken. Und außerdem, versichert sie mir, sind die, die er ihr gibt, gar nicht schlimm für die Zähne.

»Was ist mit Lena«, frage ich sie, »die Hausmeisterin für die ersten Klassen, die hast du doch auch so gern gehabt, ist die immer noch deine Freundin?«

Ja, meint sie, aber Vito hat sie mehr lieb, denn Lena wäre immer »so in Eile«, während Vito es mit ihr nie eilig hat. Und außerdem versteht er sie und schmust mit ihr, wenn sie traurig ist.

Dieser Satz macht mich etwas stutzig, so reden wir normalerweise nicht in unserer Familie; ich höre zum ersten Mal von ihr dieses »Er schmust mit mir, wenn ich traurig bin«, das sie mir hinwirft, als sei es einstudiert, als würde sie etwas wiederholen, das sie auswendig gelernt hat. Ich begreife nicht ganz, was das eine mit dem anderen zu tun hat, außerdem widerspricht es meiner Vorstellung von S' Alltag in der Schule und von dem, was uns die Lehrerinnen erzählen. Aber vielleicht irre ich mich auch.

»Und wenn er mit dir schmust, was macht er da?« »Er nimmt mich in den Arm … und kitzelt mich.«

»Wo kitzelt er dich?« »Am Hals und hinten am Rücken.«

Ich bin völlig entgeistert, aber ich bemühe mich weiter zu lächeln.

»Und du magst das?« »Ja, weil wir Freunde sind.« »Hast du ihm deswegen zum Abschied ein Küsschen gegeben?« »Er hat mir gesagt, dass ich mich so von ihm verabschieden muss.« Jetzt auch noch dieses »muss« im Zusammenhang mit seinem Wunsch, es ist also weniger ein Bedürfnis von ihr …

Ich schweige kurz, hin- und hergerissen zwischen meinem Drang, mehr zu erfahren, und dem Zurückschrecken davor. Ich frage sie, ob sie froh darüber ist, dass ich sie früher abgeholt habe. »Wir schreiben uns auch Liebesbriefchen«, sagt sie jetzt. Ich schaue sie mit großen Augen an.

»Wir sind feste Freunde.« »Dann ist es also eine dicke Freundschaft?« Sie nickt und strahlt über das ganze Gesicht.

»Und was schreibst du ihm so?« »Ich mag dich sehr. Und er schreibt mir auch, aber das soll geheim bleiben, das soll ich dir nicht erzählen.« »Warum denn?« »Na ja, weil ich es dir eben nicht sagen darf.« »Aber wenn es doch etwas Schönes ist und ich mich darüber freuen würde, warum sollte es dann geheim sein?«

Sie schaut mich an, zögert, doch dann fasst sie sich ein Herz. »Er hat mir geschrieben: Ich will mit dir gehen.« »Und hebst du seine Briefchen auf?« Sie überlegt einen Moment, dann verfinstert sich ihre Miene, und sie erklärt mir, dass er ihr nur ein einziges Mal geschrieben hat, er hat ihr sein Briefchen zu lesen gegeben, und dann hat er es wieder an sich genommen, obwohl er ihre immer behalten darf.

Und vielleicht schleicht sich in eben diesem Moment zum ersten Mal leichte Bestürzung in ihre auf den ersten Blick so überzeugend zur Schau getragene Fröhlichkeit. »Und dann fragt er mich, ob ich ihn heimlich bei sich zu Hause besuchen komme.«

»Bei sich zu Hause? Heimlich? Jetzt nimmst du mich aber auf den Arm, oder?«

»Aber das soll auch ein Geheimnis vor dir sein«, meint sie weiter. Ich schaue sie an. Ich lächle weiter, wir sind am Auto angelangt.

»Entschuldige, Geheimnis hin oder her, wie willst du denn heimlich zu ihm nach Hause kommen, wenn ich dich immer von der Schule abhole oder eine von meinen Freundinnen dich mitnimmt?« »Ich geh da aber hin.« »Wenn ich dich nicht bringe, dann kannst du nicht hin … Aber gut, wenn du unbedingt willst, lassen wir uns sagen, wo er wohnt, und dann gehen wir zu ihm. Ich bringe dich.« »Aber ich war doch schon da.«

Ich schaue sie an, wie um ihr zu sagen, dass all das, was sie mir da erzählt, sehr witzig ist, aber ich nicht darauf reinfalle. Doch sie beharrt: »Ich war schon da.« »Jetzt nimm mich nicht auf den Arm. Das kann nicht sein …« »Doch, ich war da, seine Wohnung ist ganz nah bei der Schule … Man biegt um die Ecke, und schon ist man da. Da drinnen gibt es viele Edelsteine.«

»Edelsteine?« »Ja, ganz viele. Da gibt es einen Schatz … Aber die Goldsteine hat er selbst angemalt.«

»Und wo bewahrt er diese Edelsteine auf?« »In einem Schrank. Im Schlafzimmer. Aber es ist nur eine ganz kleine Wohnung, nicht wie unser Haus, es gibt nur ein Bad, die Küche und ein Zimmer.«

»Und du meinst, die liegt nah bei der Schule?« »Ganz nah. Vom Fenster aus kann man die Kinder sehen!«

»Wie heißt dein Hausmeisterfreund noch einmal? Ich hab seinen Namen schon wieder vergessen.«

Doch sie antwortet mir nicht und beharrt trotzig: »Er fragt mich immer wieder, ob ich nicht noch einmal zu ihm kommen möchte. Er fragt immer wieder. Aber ich habe keine Lust ...«

»Wenn du keine Lust hast, dann musst du auch nicht. Nicht einmal, wenn er darauf besteht ...«

»Und dann hat er gesagt, dass er die Edelsteine in den Keller geräumt hat ... und ob ich nicht dorthin möchte, um sie mir anzuschauen.«

Zuhause

Ich erinnere mich nicht mehr, ob das Gespräch im Auto noch weiterging. Wahrscheinlich versuchte ich, mir einen Reim darauf zu machen und gleichzeitig diese Wut zu unterdrücken, die mich in Wellen überkam. Wahrscheinlich habe ich die Kinder gefragt, was sie gegessen haben, und vielleicht habe ich sie auch schon darauf vorbereitet, dass zu Hause eine Überraschung auf sie wartet, ohne zu verraten, was es war. Fünf Minuten später waren wir da. Nachdem sie ihren Vater begrüßt hatten, sind sie in ihr Zimmer gerannt.

Ich habe keine einzige Erinnerung daran, was für Gesichter sie machten, als sie das kleine Dackelweibchen entdeckt haben. Bestimmt bin ich ihnen gefolgt, schließlich war der ganze Tag daraufhin abgestimmt, aber ich habe kein Bild daran im Gedächtnis. Als die Tür sich geöffnet hat, was haben sie gesagt? Wo war Lila? Hat sie geschlafen? Oder auf uns gewartet? Ich weiß nichts mehr. Sie müssen sie in den Garten gebracht haben – ich erinnere mich nicht einmal mehr daran, wie wir nach draußen kamen, vielleicht habe sogar ich selbst das Hündchen dorthin gebracht – denn S wollte sie dort fotografieren, und L hat ihr gezeigt, wie man mit der Digitalkamera umgeht. Wir haben die Fotos immer noch. Ich erinnere mich nicht einmal an M, der immer so einfühlsam mit Tieren umgeht. Ob er aufgeregt war. Den Fotos nach zu urteilen, schon.

Sosehr ich mich auch bemühe, ich kann mich nicht mehr deutlich erinnern, was ich empfunden habe. Da ist alles verschwommen, mein Kopf ist wie betäubt, ich kann nicht begreifen, was ich gerade gehört habe, und das ist vielleicht für mich der schwierigste Moment des gesamten Nachmittags. Ich kann nun weitermachen oder hier aufhören. Kann so tun, als hätte ich an S nicht diesen Tonfall eines dressierten Hündchens wahrgenommen. Hätte nicht bemerkt, wie ihre Stimmung ständig wechselte. Oder hätte nicht gehört, was sie gesagt hat. Dinge, die man nicht einmal alle wortwörtlich nehmen muss, um zu begreifen, dass sie ein ziemlich beunruhigendes Bild ergeben. Die Traurigkeit, die ihr wohl dieser Mensch einredet, den ich nicht kenne, der mich nicht einmal grüßt und sich nicht bemüßigt fühlt, Informationen an die Lehrerinnen oder die Eltern weiterzugeben, wie zum Beispiel, dass er sich einfach selbst das Recht herausnimmt, mit den Kindern zu »schmusen«. Fragen, die ich mir nicht stellen will. Bonbons. Edelsteine, die nun in den Keller geschafft wurden. *»Ich will mit dir gehen.«* Ein Kind könnte sich niemals, nicht einmal wenn es sich wirklich Mühe gibt, eine so zweideutige Formulierung ausdenken. Die er ihr nur gezeigt und den Brief dann wieder eingesteckt hat. Die Wohnung ganz in der Nähe der Schule.

Die Wut, die mich noch kurz zuvor zu dem Vorsatz getrieben hat, so schnell wie möglich mit dem Rektor zu sprechen, weil es mir unangemessen schien, dass ein Hausmeister sich solche Vertraulichkeiten bei einem Kind, einem Mädchen, herausnahm, ist im Nu verflogen. Man könnte sagen, dass mein Urteilsvermögen auf Eis liegt. Ich spüre gar nichts mehr.

Vielleicht sammelt sich unbewusst in mir eine latente Angst, wenn ich weitermache, würde sich das Ganze in nichts auflösen, ohne dass ich mehr erfahre. Noch nie hat meine Tochter so wenig erzählt, und ich fürchte, auch das Wenige könnte verschwinden.

In der Küche

Dieser Black-out, das schwarze Loch in meinem Bewusstsein, hält mehr als eine Stunde an. Eine unerklärliche Zeitspanne, während der ich rein mechanisch reagiere, ich denke nur daran, was noch alles zu erledigen ist, bevor wir dann ausgehen wollen. Eins steht fest: Um Viertel nach drei – während M und S draußen mit dem Welpen spielen und ich einen Imbiss für die Kinder vorbereite und auch schon das Abendessen, damit meine Mutter später nicht so viel Arbeit hat – sage ich zu L, dass ich vielleicht nicht mitkommen werde. Ich gebe ihm eine kurze Zusammenfassung von dem, was S über den Hausmeister erzählt hat, und erkläre, dass ich noch einmal mit ihr darüber reden möchte. Es tut mir leid, denn wir hatten vor, ein Konzert zu besuchen, bei dem ein Freund von uns dirigieren sollte und von dem es keine weiteren Aufführungen geben würde. Aber gut.

Ich rufe meine Mutter an und teile ihr mit, dass sie abends nicht zu kommen braucht. Jetzt muss ich mich auch nicht mehr beeilen, ich muss nichts mehr erledigen vor dem Weggehen. Ich muss mich nicht umziehen oder mir die Haare waschen, das wollte ich sowieso schon fast ausfallen lassen, damit wir nicht noch später dran sind.

Ich erinnere mich nicht mehr, was ich als Imbiss vorbereitet habe. Auf jeden Fall rufe ich eine Viertelstunde später die Kinder herein, sage ihnen, dass sie kurz aufhören sollen mit dem Spielen, sich die Hände waschen und in die Küche kommen sollen. Lila folgt ihnen und schläft sofort erschöpft unter dem Tisch ein. Viele Tage sollte dies ihr liebster Zufluchtsort bleiben.

M stürzt herein, nimmt sich etwas zu essen und rennt fast sofort wieder hinaus. Diesmal lasse ich ihn gehen. S würde ihm am liebsten auf dem Fuß folgen, aber ich halte sie auf. Sie hat draußen natürlich Besseres zu tun, aber sie soll wenigstens so lange warten, bis ich die Orange zu Ende geschält habe. Ich fange wieder von ihrer Freundschaft mit Vito an und sage ihr, es sei schön, dass sie mir davon erzählt hat. Außerdem fände ich es schade, dass ich ihn nicht besser kenne, da er ja so nett sei. Sie sagt mir, wenn er ein Junge in ihrem Alter wäre, dann würde sie ihn heiraten. »Hast du nicht schon zwei feste Freunde, Riccardo und Mattia?« Nein, mit Vito, das ist »wie verheiratet«. In einem gewissen Sinn ist sie seine »Frau«.

»Aber wenn er doch erwachsen ist, ist er dann nicht eher ein Freund, nicht dein ›Mann‹?« Nein, sie sind »wie verheiratet«, beteuert sie entschieden und fast empört, dass ich eine Bezeichnung anzweifle, die doch umso mehr zählt, da sie von einem Erwachsenen stammt.

»Magst du denn Mattia und Riccardo nicht mehr?« »Doch, schon … Aber das sind bloß Schulfreunde. Und außerdem spiele ich schon eine ganze Weile nicht mehr mit ihnen.« »Spielt ihr denn nicht in der Pause?« Sie schüttelt den Kopf. »Fast nie mehr.« Aber warum, weiß sie nicht.

Jetzt klingt sie ganz anders. Da ist nicht mehr diese Begeisterung und auch nicht dieser unterschwellige Stolz, dass sie der »Liebling« dieses Hausmeisters ist, die noch in unserem Gespräch von vorhin herauszuhören war. Ihre Zufriedenheit darüber wirkt jetzt kraftlos und unsicher. Und sie verfliegt schnell. Es kommt mir so vor, nicht einmal sie weiß, was sie fühlt. Aber gleichzeitig ist es, als ob wir eine tiefere Gefühlsebene erreicht hätten.

Ich sage ihr, meiner Meinung nach seien zehn Bonbons auf einmal zu viel und das sei nicht gut. Es freue mich, dass Vito ihr Freund sei, aber er hätte uns fragen müssen, ob er das darf, denn schließlich seien wir ihre Eltern. Ich erkläre ihr, dass zum Beispiel ihre Lehrerin, die auch ab und zu Bonbons in der Klasse verteilt, uns deswegen um Erlaubnis gefragt hat. »Wenn die Eltern sonst sehr darauf achten, dass ihr nicht zu viel Süßes bekommt, dann passt es mir nicht, wenn Vito dir in der Schule etwas gibt, ohne uns zu fragen. Das ist nicht in Ordnung. Er weiß doch selbst, dass sie nicht gut für dich sind.« Aber ich hüte mich, ihr auch nur im Geringsten Vorwürfe zu machen. Dann erkläre ich ihr noch, dass man vor seiner Mutter keine Geheimnisse haben sollte. Dass man ihr alles sagen kann und dass einer, der etwas macht, was er nicht tun sollte, oder sich schlecht benimmt, normalerweise sagt, das sei ein Geheimnis und man solle es nicht erzählen. Aber das ist Unsinn, seiner Mutter kann man alles erzählen, vor ihr gibt es keine Geheimnisse. Es sei denn, sie wäre mit ihrem Vater oder einer Freundin auf der Suche nach einem Geschenk. »Das darf natürlich ein Geheimnis bleiben, zumindest, bis ihr es mir gegeben habt, denn es soll ja eine Überraschung sein. Aber das ist die einzige Ausnahme.«

Sie sieht mich an. Und schweigt. Sie hat angefangen, ein Bild zu malen. Wahrscheinlich tut es ihr leid, dass sie in Zukunft auf diese Bonbons verzichten soll, die sie, wie gesagt, häufig bekommen hat, aber sie weiß, dass es so richtig ist.

»Es tut mir leid, dass du in der Schule traurig bist«, sage ich zu ihr. »Das hast du mir nie erzählt.« Sie nickt, doch dann schüttelt sie den Kopf, als wüsste sie es selbst nicht so genau. Dann nickt sie erneut, als ob sie sich wieder erinnert hätte, dass es wirklich so ist. Es passt ihr nicht, wie unser Gespräch läuft, aber wenigstens habe ich mit dem Thema »Bonbons« aufgehört. »Deswegen schmust Vito also mit dir?«, frage ich sie. »Wenn du traurig bist?« Sie nickt, diesmal überzeugter. »Und was macht er denn so, wenn er mit dir schmust?«

S antwortet nicht. Sie kritzelt abwesend mit drei Buntstiften auf einem Blatt herum. Und drückt so heftig auf, dass sie an einigen Stellen das Papier durchbohrt. »Ich kuschle doch auch manchmal mit dir, obwohl du jetzt schon allmählich zu groß dafür bist.« Sie schaut nicht vom Blatt auf. »Du hast mir gesagt, dass er dich in den Arm nimmt und kitzelt …«

S sieht mich an. Jetzt ist sie wirklich sauer. Sie will nicht mehr ausgefragt werden. Abrupt steht sie auf, dass die Stifte auf den Boden fallen, und will aus dem Zimmer. Ich bitte sie, noch einen Moment zu bleiben. Wenn sie traurig sei, beharre ich, dann täte mir das leid, ich möchte doch nur wissen, warum, weil ich sie lieb habe.

In ihren Augen ist nichts von der vorherigen Freude geblieben. Stattdessen lese ich darin die Wut, die ich so gut kenne, diese andauernde, unmotivierte Aggressivität, die ständige Provokation, die in den letzten vier bis fünf Monaten unser Verhältnis bestimmt hat. Ein Vorgeschmack auf die Pubertät bereits mit sechs Jahren. In den letzten beiden Wochen haben wir sie ein paarmal vom Abendbrottisch direkt ins Bett geschickt (sie, die bis vor kurzem so ein ruhiges Kind war), weil sie, nachdem wir sie ermahnt, ausgeschimpft und noch einmal ermahnt hatten, immer noch Schimpfworte sagte, ihren Bruder schlug oder irgendwelchen Unsinn machte – sie konnte einfach nicht damit aufhören.

Sie antwortet ruhig wie eine Erwachsene, als ob sie sich

diese Ankündigung schon vorher überlegt hätte: »Ich habe dich, Papa und Vito lieb. Aber ich kann auch beschließen, dich und Papa nicht mehr lieb zu haben und bloß noch Vito.« Und dann geht sie.

Ich brauche etwas, um diesen Tiefschlag zu verdauen. Dann laufe ich ihr hinterher. Sie ist im Wohnzimmer, hat sich also nicht weit entfernt. Ich will ihr nur sagen, dass es mir leidtut, wenn ich sie aufgebracht habe, und dass ich überhaupt nicht mit dem einverstanden bin, was sie gesagt hat, denn auf dieser Welt kann man alle Leute lieb haben, und das eine schließt das andere nicht aus. Sie kann uns und Vito gleichzeitig lieb haben. Ich wiederhole das, damit sie auch genau versteht, was ich meine. Es geht nicht darum, auf jemanden zu verzichten.

Im Kinderzimmer

Ich glaube, seit diesem Wutausbruch fange ich ernsthaft an zu glauben, dass wirklich etwas vorgefallen ist. Ich will es mir nur noch nicht eindeutig eingestehen, aber irgendwo in meinem Inneren weiß ich es. Genauso wie ich weiß, dass es sehr schwer wird, die Wut, die sie im Moment erfüllt, in den Griff zu bekommen.

Ich frage L, ob er nicht auch besser hierbleiben könnte. Es ist kurz nach vier. Eigentlich will er gerade los, hat die Autoschlüssel schon in der Hand. Da stimmt etwas nicht, habe ich wahrscheinlich zu ihm gesagt. Und ganz sicher habe ich die Worte wiederholt, die S so heftig hervorgebracht hat.

Er gibt mir Recht und nimmt mir so meinen inneren Zweifel. Ja, er wird lieber bleiben, obwohl er es sehr bedauert, nicht zum Konzert zu können. Er geht in sein Arbeitszimmer und ruft den Freund an, der mit den Eintrittskarten auf uns wartet. Er versucht jedenfalls, ihn zu erreichen, aber er muss eine Nachricht hinterlassen, da es dort kein Netz gibt.

Ich gehe inzwischen zu S ins Kinderzimmer, schaue mir mit ihr das Buch an, in dem sie blättert, und frage sie, warum sie denn so wütend geworden ist, als ich sie nach diesem »Schmusen« gefragt habe.

Sie sagt, dass sie sich schämt. Und ich meine, Kuscheln wäre doch etwas Schönes und dass man sich deswegen nicht schämen müsse, aber wenn sie das trotzdem tut, dann ist an der Sache vielleicht etwas, das sie stört. Sie sagt nichts. Hört mir nur zu und betrachtet die Bilder.

Ich frage sie, ob sie sich denn zu Hause mit uns auch schämt, nur um etwas zu sagen und nach Möglichkeit das Gespräch wieder in Gang zu bringen. Vielleicht hat ja auch jemand aus Versehen etwas getan, das sie nicht gemocht hat, erkläre ich. Sie überlegt, aber ihr fällt nichts ein. Ich frage nach, vielleicht haben wir ja etwas getan, ohne es zu wissen?

Endlich kommt Leben in ihre Augen. Vorwurfsvoll meint sie: »Das passiert nicht nur da«, beklagt sie sich. »Zum Beispiel, wenn der Doktor mein Pipi anschaut. Da schäme ich mich, und ich will das nicht.« Ich sehe sie verständnislos an.

Sie beharrt: »Wenn der Doktor mein Pipi anschaut.« »Was meinst du denn?«, frage ich sie. »Der Doktor hat doch damit gar nichts zu tun, oder?« Ich kann mir überhaupt nicht vorstellen, was sie meint. »Doch!«, wiederholt sie aufgebracht. »Wenn ich in den Plastikbecher Pipi machen muss und du es zum Doktor bringst. Dann schäme ich mich auch.«

»Ach so«, sage ich erleichtert. »Du redest vom Urintest …« Ich lächele, endlich weiß ich, was sie meint. »Aber sieh mal, der Doktor bekommt doch dein Pipi gar nicht zu Gesicht, da bildest du dir etwas ein, im Labor geht alles in eine große Maschine, und die gibt am nächsten Tag die Ergebnisse aus. Es tut mir leid, dass dir das etwas ausgemacht hat, aber keine Angst, da sieht kein Doktor dein Pipi an … das ist eine ganz normale Untersuchung, die ab und zu gemacht wird, um zu sehen, ob auch alles in Ordnung ist. Ich mache die doch auch. Und Papa. Und M.«

Wieder lächele ich ihr zu. Sie scheint zufrieden zu sein, vielleicht weniger darüber, weil sie nun weiß, wie das mit der Untersuchung wirklich funktioniert, sondern weil sie etwas gefunden hat, das sie mir vorwerfen kann. Weil damit an der Scham, die sie fühlt, zum Teil auch wir schuld sind, oder besser gesagt ich. »Gut, dass du mir das erzählt hast.«

Es überraschte mich. Ich hätte mir nie vorstellen können, dass es ihr so viel ausmachen könnte, in einen sterilen Plastikbehälter zu pinkeln. Das war ja gar nicht so lange her, überlege ich nun, denn vor zwei Monaten, irgendwann zwischen November und Dezember, hatte S sogar drei Mal so einen Urintest machen müssen. Der Kinderarzt befürchtete nämlich, sie hätte eine Blasenentzündung oder eine schlimmere Infektion, weil sie auf einmal das Wasser nicht halten konnte, was noch nie vorgekommen war. Sie hatte häufig beinahe überfallartig das Gefühl, zur Toilette zu müssen, doch dann konnte sie den Harndrang trotzdem nicht mehr beherrschen und machte sich in die Hose. Sie benahm sich wieder wie eine Zweijährige, die ihre Körperfunktionen noch nicht unter Kontrolle hat. Das passierte ihr in der Schule, wo sie die Lehrerin ständig fragen musste, ob sie zur Toilette dürfe, aber sich trotzdem einnässte, und zu Hause, wo sie eines Abends vor dem Schlafengehen drei Mal den Schlafanzug wechseln musste. Sogar nachts im Schlaf wachte sie mitten in ihrem Urin auf. Sie konnte den Schaden nur einigermaßen begrenzen, indem sie ständig zur Toilette lief.

Diese Störung hielt den ganzen November über an und verschwand erst im Dezember mit dem Beginn der Weihnachtsferien. Ich hatte mit ihrer Lehrerin gesprochen, um herauszufinden, ob sie irgendwelche Probleme in der Klasse bemerkt hatte. Das war der Grund für die wiederholten Untersuchungen gewesen. Die übrigens alle ohne Befund blieben. Dann, nachdem die Störung sich gelegt hatte, hatte niemand weiter daran gedacht. Oder gar eine Verbindung hergestellt zu ihrer übersteigerten Reizbarkeit, ihrer Aggressivität, ihren Fieberschüben, die besorgniserregend häufig auftraten, als die Schule wieder anfing. Zu den tagtäglichen Kopfschmerzen, den Nackenproblemen, über die sie auf einmal klagte und wegen denen L sie praktisch jeden Tag bis in den Klassenraum begleiten musste, um ihr den Rucksack zu tragen. Oder dazu, dass sie plötzlich überhaupt nicht mehr zur Schule gehen wollte und darauf drängte, früher von dort abgeholt zu werden. Wir waren alle so mit unserem Alltag, unseren eigenen Gedanken beschäftigt, dass es uns nie in den Sinn gekommen war, diese Dinge in irgendeinen Bezug zu setzen. All diese Auffälligkeiten, die im Oktober begonnen hatten und sich im Lauf der Zeit verschlimmerten. Dass sie Probleme hatte, merkte man natürlich, aber niemand erkannte, dass sich hinter den verschiedenen Störungen eine einzige Ursache verbarg.

L geht ins Bad. Als er wieder herauskommt, bleibt er einen Moment in der Tür stehen, um (vor allem natürlich S) mitzuteilen, dass sich das mit dem Konzert erledigt hat und wir zum Glück nicht hinmüssen. So wird auch er den Nachmittag gemütlich zu Hause verbringen können. Dann geht er in sein Arbeitszimmer.

Ich frage meine Tochter, ob ihr jetzt, wo ich ihr erklärt

habe, wie die Urintests funktionieren, diese immer noch unangenehm sind. Sie sagt, nein. »Gut, wenigstens das haben wir jetzt geklärt«, sage ich. »Und wenn dich diese Schmuserei gestört hat, muss der Hausmeister sich dafür schämen, weil er etwas getan hat, was du nicht wolltest. Nicht du musst dich schämen, sondern der.«

Sie sieht mich an. Hält die Arme so, als würde sie etwas darin hin und her wiegen. Sie erzählt mir, wenn Vito sie in den Arm nimmt, wiegt er sie genauso hin und her und streichelt ihr über die Stirn. Ich sage, daran fände ich nichts Schlimmes und dass er vielleicht keine Kinder hat und deshalb mit ihr spielt, als wäre sie ein Baby, füge aber hinzu, dass er das trotzdem nicht tun darf, wenn sie es nicht mag. Doch sie wirkt überhaupt nicht erleichtert, eher noch verlegener.

Ich frage sie, ob da noch mehr ist. Sie schüttelt zwar den Kopf, aber das wirkt nicht überzeugend. Wieder weicht sie meinem Blick aus, zieht sich in sich selbst zurück. Ich danke ihr, dass sie sich mir anvertraut hat. Es war gut, dass sie mir von den Zärtlichkeiten erzählt hat, jetzt können wir dem Mann alles erklären, und er wird damit aufhören. Sie unterbricht mich gleich und sagt, ich solle alles vergessen, als hätte sie mir nie etwas erzählt. »Warum denn? Du hast mir doch nichts Schlimmes erzählt.« Sie besteht darauf, ich soll alles vergessen. Wiederholt heftig mehrmals, ich weiß nicht, wie oft: »Du musst das alles vergessen!«

Na gut. Es vergehen einige Minuten. Wir wechseln vorübergehend das Thema und schauen uns die Bilder in den Büchern an, die sie sich geholt hatte. Dann kommt M dazu. Jetzt spielen wir alle drei Memory mit Holzsteinen auf dem Boden und drehen sie abwechselnd um, um die Paare zu finden.

»Hör mal«, greife ich das Thema zu Beginn der zweiten Runde wieder auf. »Wenn Vito mit dir kuschelt und dich in den Arm nimmt, sind da die Lehrerinnen oder andere Kinder dabei?« Sie schüttelt den Kopf. »Nein, da ist niemand.« »Und was ist mit deiner Klassenlehrerin? Weiß sie davon, oder merkt sie was?« Sie schüttelt entschieden den Kopf. Da ist niemand. »Wie kann das sein? Wann macht er das denn?« »Nach dem Mittagessen«, erklärt sie mir. »Und wo sind die anderen?« »Er sagt dann: Ich geh mal kurz auf den Hof ...«

Man muss mir wohl angesehen haben, wie bestürzt ich bin, obwohl ich versuche, nach außen hin ruhig zu bleiben, denn sie wiederholt: »Ich hab dir doch gesagt, ich will nicht mehr darüber reden.«

Inzwischen haben wir auch die zweite Runde beendet, und M verschwindet. Ich frage sie, ob es da noch etwas gibt, was sie mir bis jetzt nicht erzählt hat. »Nein«, sagt sie. »Bist du sicher?« »Da ist nichts.« »Ganz, ganz sicher?« Sie schüttelt den Kopf. »Während er dich im Arm hält, macht er da was, keine Ahnung, sagt er da was zu dir, küsst er dich oder bittet dich, du sollst ihn anfassen? Weißt du, es gibt Leute, die machen so was. Die sind ein bisschen dumm, die sind nicht ganz richtig im Kopf ... Und den Kindern macht das überhaupt keinen Spaß.« »Mama, ich hab doch gesagt, du sollst alles vergessen!« »Hör mal, S, jetzt hast du es mir erzählt, und ich kann es nicht so einfach vergessen. Wenn dieser Mensch etwas tut, das dir unangenehm ist, dann ist mir das überhaupt nicht recht, und ich will es wissen.« »Du wirst bestimmt böse, wenn ich es dir erzähle.«

Das ist es also: Sie hat Angst, dass ich wütend werden könnte. (Allerdings kommt diese Bemerkung so überraschend für mich, dass es mir für einen Moment den Atem verschlägt.) Ich verspreche ihr hoch und heilig, dass ich nicht böse werde. Selbst wenn sie mir den merkwürdigsten Blödsinn erzählen würde. Ich werde nicht böse. Versprochen, sie kann sich darauf verlassen. Es gibt ja keinen Grund, sie hat doch nichts Schlimmes getan. Und egal was sie mir gleich erzählt, ich werde mich nicht aufregen. Abgemacht.

Sie schaut mich ängstlich an. Weiß nicht, ob sie mir glauben soll. Sie wirkt so niedergeschlagen, so verunsichert, wie ich sie wohl noch nie gesehen habe. Da ich mich von der Heftigkeit ihrer Wutausbrüche nicht habe einschüchtern lassen, sondern hier bin, um ihr zuzuhören, und nicht müde werde, ihr zu sagen, dass ich nie, wirklich niemals böse werden würde, was sie mir auch erzählen wird, ist jetzt die Wut verschwunden. Und mit ihr der schrille Ton in ihrer Stimme, der ans Schreien grenzte. Jetzt sind wir mittendrin in ihrer Gefühlswelt. Sie wirkt verängstigt und wie isoliert vom Rest der Welt. Ich muss lange auf sie einreden, bis meine Umarmung sie erreicht. (Ich bin deine Mama, S. Du weißt doch, was das heißt, oder? Weißt du noch, wie lieb ich dich habe? Meine Liebe ist größer als die ganze Welt, als das ganze Universum.) Ich drücke sie fest an mich. (Spürst du meine Liebe, S? Fühlst du sie?)

Wie weit ist es mit uns gekommen? Auch ich muss in den letzten Monaten verhärtet sein. Und ich habe nicht bemerkt, wie sehr. Aufgerieben durch ihre ständigen Zurückweisungen, die Diskussionen und die darauf folgenden Streitereien. Ich beginne zu begreifen, wie tief die Wunde, die Kluft zwischen uns ist, die sich jeden Moment wieder öffnen und uns erneut trennen könnte. Damit S mir glaubt und mir vertrauen kann, wiederhole ich zwei Mal den Schwur nach Kinderart. Ich kreuze die Finger und führe sie an die Lippen, küsse die Finger erst von vorn und dann von hinten. Dann noch einmal von vorn. Als wäre das ein Spiel. »Flüstere es mir ins Ohr«, sage ich zu ihr. »Nein.« »Dann schreib es auf.« »Nein.«

Sie geht ins Bad. Ich folge ihr, oder vielleicht verfolge ich sie sogar. Denn sie flieht buchstäblich vor mir. Ein letzter Versuch. Wieder bittet sie mich, ich soll alles vergessen. Ich erzähle ihr, dass ich zaubern kann: Sobald sie mir das Ganze erzählt, wird sie es vergessen und ich gleich mit. Ein echter Zauber. Sie schaut mich an. Ja, versprochen, sobald sie mir erzählt, was sie so verlegen macht, wird sie es vergessen und ich mit ihr. Okay. Sie fasst Mut. Aber ich musste wirklich sehr hart darum kämpfen, damit wir unser Leben wieder wie früher teilen.

»Er fasst mich am Popo an«, flüstert sie kaum hörbar.

Ich umarme sie und halte sie für eine Weile ganz fest.

»Es tut mir so leid, dass du dich so geschämt hast. Und dass du sogar Angst gehabt hast, ich würde böse werden. Ich bin zwar böse, aber doch bloß auf den Kerl, der so getan hat, als wäre er dein Freund. Nicht auf dich. Was soll denn so schön daran sein, einen Popo anzufassen, das macht doch keinen Spaß, damit will man doch bloß jemanden ärgern?« Ich versuche, beruhigend zu klingen. »Ich hab dir doch gesagt, es gibt dumme Leute, Leute, die nicht ganz richtig im Kopf sind, denen es Spaß macht, Kinder anzufassen. Die ihnen Bonbons schenken, und die Kinder fallen dann auf sie herein. Aber der da ist nicht dein Freund. So benimmt sich kein Freund. Und das ist schlimm, denn er ist erwachsen und du nicht. Und das nutzt er aus. Kinder kann man eben leichter ausnutzen als Erwachsene. Aber es ist auch schlimm, dass er in einer Schule arbeitet. So einer wie der darf nicht dort arbeiten, wo Kinder sind. Das geht gar nicht.«

Während ich rede, schlucke ich meine Wut hinunter. Diese Wut macht mich so klar und aufmerksam wie noch nie in meinem Leben. Ich atme tief ein. Die Luft dringt in meine Lunge, und diese füllt sich mit einem starren, ewigen Zorn, ich bin ganz ruhig, stehe über den Dingen. Ich schaffe es, das Ganze erst einmal herunterzuspielen und so zu tun, als mäße ich dem nicht mehr Bedeutung bei als einem Streit unter Kindern, den ich zwar ernst nehme, aber der doch nicht mehr als das ist, ich sage S, wie froh und erleichtert ich darüber bin, dass sie es mir endlich erzählen konnte, endlich geredet hat, endlich das Zutrauen gefunden hat.

Das Wissen um das Geschehene fängt an, in mir zu nagen, aber äußerlich bleibe ich weiter ruhig und sage meiner Tochter, dass sie sehr tapfer war. Noch, aber nicht mehr lange schützt mich meine Wut vor inneren Zweifeln und Schuldgefühlen. Ich war zu streng, zu hart ihr gegenüber. Sie hatte Angst, ich würde böse werden. Hatte Angst vor *mir.* All die Monate voller unnötiger Auseinandersetzungen und Strafen. Ich habe sie mit ihrem Geheimnis allein gelassen. Mit ihrem Schweigen. In meinem Kopf wirbeln die Gedanken wild durcheinander, es ist eine Falle, die jeden Zweifel, jede Schwäche benutzt und einen mit Schuldgefühlen zerfleischt. Völlig zwecklos, es erst einmal hinzunehmen oder emotionslos darüber nachzudenken. Ein tückisches, sinnloses Gedankenspiel. Sie hatte Angst vor mir, das ist die Wahrheit.

Trotzdem bringe ich noch die Kraft auf, sie zu fragen, wie, wann und wo das geschehen konnte. Ich kann einfach nicht glauben, dass sie wirklich bei ihm zu Hause war, vielleicht hat er es ihr ja vorgeschlagen, hat ihr nur erzählt, wie es dort aussieht, damit sie zu ihm kommt, hat ihr alles genau beschrieben. Aber ich kann mir nicht vorstellen, dass sie tatsächlich dort gewesen ist, irgendwann an einem ganz normalen Schultag.

Ich irre mich.

Eines Tages hat der Hausmeister sie nach dem Mittagessen beiseitegenommen und ihr zugeflüstert: »Komm mit …« Das war ihr Geheimnis.

Und sie ist ihm gefolgt, hat die Schule verlassen, dabei ist sie gerannt und hat darauf geachtet, dass niemand sie sieht. Als wäre das alles ein Spiel.

Er hat ein Tor aufgeschlossen, und sie sind hineingegangen. Von den Fenstern des Hauses konnte man die Schule sehen. Und im Schrank im Schlafzimmer waren dann ganz viele Edelsteine. Ein richtiger Schatz. Silberbecher und Schachteln voll mit goldenen Herzen und Sternen, die die Kinder gemacht hatten. Ein unglaublicher Schatz, so dass S nun glaubt, hinter der Maske eines einfachen Hausmeisters verberge sich in Wirklichkeit ein reicher und mächtiger Herr, von dem nur die wenigsten wissen.

Niemand in der Schule hat ihr Verschwinden bemerkt. Außer einer Lehrerin, die zu ihr sagte, als sie wieder zum Schulhof zurückkam: »Ach, da bist du ja … habe ich dich endlich gefunden!« Aber S erinnert sich nicht mehr, wer das gewesen ist.

In diesem Haus war sie nur ein einziges Mal. Auch dort hatte er ihren Popo angefasst, wie schon in der Schule, in dem »Privatzimmer«. Anscheinend sagt er zunächst zu ihr: »Ich gehe mal kurz auf den Hof …« Das ist dann das Zeichen. Aber S kann nicht sagen, wie lange das schon geht, nun, da sie darüber spricht, fällt es ihr schwer, die Geschehnisse zeitlich einzuordnen. Doch auf jeden Fall müssen sie einen längeren Zeitraum umfassen, so dass sich zwischen ihnen eine gewisse Routine oder eine Art Ritual entwickelt hat, da er ihr am Schluss immer Bonbons geschenkt hat.

Sie sagt: »Es passiert jeden Montag.« Und ob man nun diese

Angabe wörtlich nehmen muss oder nicht, fest steht, dass sie montags immer am heftigsten herumjammerte und Geschichten und Ausreden erfand, nur um nicht zur Schule zu gehen oder zusammen mit ihrer Klasse und allen anderen Schülern nicht bis um vier Uhr bleiben zu müssen. Und ich bemühte mich nach allen Kräften, dass sie gerade diesen Tag nicht verpasste. Der Montag war eine einzige Katastrophe. Erst morgens der Kampf, bis sie ging. Dann ihre schlechte Laune beim Abholen. Und schließlich noch die Ausreden, nur um später nicht zum Turnen zu müssen. Am Montag sträubte sie sich auf jeden Fall mehr als sonst.

Ob es wirklich jeden Montag geschah oder sie befürchtete, weil es das erste Mal an einem Montag vorgefallen war, könnte es sich an diesem Tag immer wiederholen, ist nicht wichtig. Sie muss auf jeden Fall unter einer ungeheuren Anspannung gestanden haben. Obwohl ich lieber glauben möchte, dass mehr ihre Angst der Grund für diese Verweigerungshaltung gewesen ist und nicht das, was wirklich geschehen ist. Aber da ich mir nicht sicher sein kann, ist es sinnlos, darüber nachzugrübeln. Ich würde mich nur unnötig quälen.

Neu, nicht nur schmerzhaft war für mich an diesem Nachmittag die Erkenntnis, wie reif, genau und bewusst das klang, was sie mir erzählte. Mitzuerleben, welche Kluft sich zwischen ihr und dem ihrem Alter entsprechenden Verhalten aufgetan hatte. Und zwischen ihr und uns. Sie beschrieb eine andauernde Beziehung, ein Abhängigkeitsverhältnis, und je weiter sie in ihrer Erzählung zurückging, wurde immer deutlicher, dass es über Monate gezielt aufgebaut worden war: in den Pausen, zwischen den Unterrichtsstunden, nach dem Mittagessen, eben jedes Mal, wenn keine Lehrerin anwesend war, sogar morgens, wenn sie von ihrem Vater früher zur Schule gebracht wurde, weil er den Kleinen noch in den Kindergarten fahren musste.

Ein Verhältnis, bei dem es genügte, wenn der Hausmeister sie ansah oder in der Klassentür stand, und sie glaubte dann, ihm gehorchen zu müssen. Eine Beziehung, die auf Geheimhaltung und Schweigen beruhte und jedes Mal mit einem Geschenk bezahlt wurde, eine Verbindung, die nur dadurch erträglich wurde, dass sie die Übergriffe als »Liebe« bezeichnete und als »Glück« die Last, die sie fast zu Boden drückte. Sie war davon überzeugt, dass die beiden Männer über die ganze Schule herrschten, ja sogar über den Rektor, und es wunderte sie, dass ich nicht wusste, dass diese zwei auch Vertretungsstunden übernahmen und die Kinder regelmäßig zum Essen begleiteten.

Er sagt jedes Mal: »Ich gehe mal kurz auf den Hof …« Wen der Mann damit anspricht, wer seine Mitwisser sind, wird niemals geklärt werden, da sich in den Monaten nach unserer Anzeige niemand die Mühe machte, unsere Zeugenaussage aufzunehmen oder auch irgendjemanden dazu zu befragen.

Ich frage sie, ob sie auch mit dem anderen Hausmeister befreundet ist, dem mit dem Schnurrbart.

Doch sie schüttelt energisch den Kopf. Vito sei nett und freundlich, aber der andere nicht. Sie kann sich kaum an seinen Namen erinnern.

»Und die Lehrerinnen merken nichts? Hat dich nie jemand gesehen oder dich etwas gefragt?«

»Nein.«

Ich frage nicht weiter. Jetzt wollen beide Kinder einen Zeichentrickfilm sehen. Es muss gegen halb sechs sein. Ich helfe ihnen die DVD einzuschieben, die sie sich ausgesucht haben, und gehe zu L, der während meiner Unterhaltung mit S schon ein paarmal hinter ihr aufgetaucht und dann leise wieder verschwunden ist. Vieles hat er dabei schon gehört. Auch er hat ihre Ängste gespürt: die Scham, die Furcht, bestraft zu werden, weil sie mit dem Hausmeister das Schulgelände verlassen hat, obwohl sie wusste, dass es verboten ist, und darüber hinaus ein ganz allgemeines schlechtes Gewissen wegen der Vorkommnisse. Doch er wusste noch nicht, dass der Mann sie am Po angefasst hat, dieser letztlich nur logische Abschluss der ganzen Angelegenheit war ihm entgangen.

Wie vor den Kopf geschlagen sehen wir uns an. Diese Bilder werden uns nun nicht mehr loslassen: Wir sehen das Haus vor uns, in das der Hausmeister S gebracht hat, denn im Moment zweifelt keiner von uns, dass sie wirklich dort war. In unserem Kopf dreht sich alles. Wir sind sprachlos, können als Einziges uns nur gegenseitig versichern, dass wir diesem Kerl (anscheinend) noch rechtzeitig Einhalt geboten haben. Wir müssen aufpassen, dass wir nicht in diesem schwindelerregenden Abgrund, der sich vor unseren Füßen auftut, versinken. Daher soll S nicht mitbekommen, worüber wir jetzt reden, und L noch eine Weile so tun, als wüsste er von nichts. Ich öffne die Tür wieder und unterhalte mich mit ihm, so laut, dass man es auch im Wohnzimmer hören kann, über alltägliche Dinge: über das Telefongespräch, mit dem er unseren Konzertbesuch abgesagt hat, über unseren neuen Hund bis zu der Frage, was es heute zum Abendessen geben soll, und führe so scheinbar ein Gespräch fort, das wir hinter der geschlossenen Tür begonnen haben. Die Hauptsache ist, dass wir uns vollkommen gelassen und selbstsicher geben.

Mit dieser inneren Einstellung gehe ich ins Wohnzimmer, was gar nicht so einfach ist, denn ich habe ganz weiche Knie, und setze mich auf das Sofa. S lehnt ihren Kopf an meine Schulter und lutscht am Daumen. Unser Kleiner dagegen bleibt auf der Armlehne sitzen und kauert dort oben wie ein Geier.

Und hier vor dem Fernseher passiert jetzt etwas ganz Seltenes, so ungewöhnlich, dass es nach diesem Nachmittag nie wieder geschehen ist: Ich sitze nun schon etliche Minuten neben S und schaue mir diesen Zeichentrickfilm an, den ich schon Dutzende Male gesehen habe, starr, manchmal schweife ich in Gedanken ab (wie auch nicht?), aber die meiste Zeit lasse ich mich doch von der Handlung mitziehen. Meine Tochter aber, die sonst wie ihr Bruder und wahrscheinlich jedes Kind in ihrem Alter die Gegenwart (meist sind das die Eltern, die etwas wollen) so lange nicht an sich heranlässt, ehe der Fernseher nicht endgültig abgeschaltet ist, und sich durch nichts aus der Handlung reißen lässt, die sich auf dem unantastbaren Bildschirm abspielt, meine Tochter also dreht sich plötzlich um und fängt wieder an zu reden: »Wenn er meinen Popo anfasst ... fasst er seinen Pimmel an.«

Auch diesmal erwischt sie mich wieder eiskalt. Ich hatte angenommen, das wäre alles gewesen. Ich lasse einige Sekunden vergehen, bevor ich ihr sage, dass ich sehr böse bin. Ich betone dieses »sehr«, was ich vorher bewusst vermieden und durch ein »ein wenig« ersetzt habe. Schließlich wollte ich der Angelegenheit nicht zu viel Gewicht beimessen.

»Ich bin wirklich sehr böse auf diesen Hausmeister.«

»Ich auch ...« Dann wird ihre Stimme ganz leise, und kaum hörbar fügt sie hinzu: »Er hat gesagt, er bringt uns um. Wenn ich dir was erzähle, dann bringt er dich und mich um.« Ich bin völlig überrascht und kann nicht glauben, was ich eben gehört habe. »Und M und Papa. Wenn ich es euch erzähle.«

Ich schlinge die Arme um sie und drücke sie noch fester an mich. Ich habe das Gefühl, dass ich vor Wut nicht mehr klar denken kann. »Was fällt dem Kerl eigentlich ein? Wie kann er es wagen, dich so zu bedrohen? Uns alle zu bedrohen?«, platzt es aus mir heraus. Ich versuche möglichst verächtlich zu klingen, um ihr begreiflich zu machen, dass es nichts als ungeheuerliche Lügen sind, was dieser Kerl ihr erzählt hat, und stelle mich deshalb anfangs auf eine Stufe mit ihm – hier geht es um Gewalt und verbale Aggression. Sie soll erkennen, dass seine Worte nur Ausdruck seiner Gemeinheit, seiner Feigheit und seiner Schwäche sind. »Jetzt bekommt der es mit mir zu tun«, schimpfe ich. »Ich bin gespannt, ob er den Mut hat, vor mir zu wiederholen, was er zu dir gesagt hat. Den mach ich fertig. Und Papa erst … Wenn der auch nur versucht, den Mund aufzumachen, dann schlägt Papa den k. o.«

S sieht mich an. Sie hat Angst. Monatelang hat sie wirklich befürchtet, er würde sie umbringen, wenn sie es uns erzählt. Und uns gleich mit. Sie kann es fast nicht glauben, dass ich so über die ganze Sache rede und gar keine Furcht zeige. Für sie ist dieser Mann gefährlich, auch jetzt noch. Und doch, wenn ich so selbstsicher bin, werde ich bestimmt wissen, was ich tue. Aber wenn sich eine Meinung einmal festgesetzt hat, dann braucht es Zeit, sie wieder aus dem Kopf zu bekommen. S muss ihre Angst herauslassen.

»Er ist so viel stärker«, sagt sie. »Du kennst ihn nicht.«

Angesichts so viel körperlich spürbarer Angst habe ich mich für den Bruchteil einer Sekunde gefragt, ob er sie etwa geschlagen, ihr vielleicht eine runtergehauen hat, um ihr auf die grobe Art klarzumachen, wer das Sagen hat. Doch genauso schnell muss ich diese Angst schon unterdrückt haben, bevor sie noch in mein Bewusstsein dringen konnte, bis ich sie ganz vergaß.

»Er bringt uns um«, beharrt sie.

Ich sage ihr, dass er das unmöglich kann. Dass er das nur zu ihr sagt, weil sie ein Kind ist und ihm glaubt. Dass er damit bei Erwachsenen nicht durchkommt.

»Das wollen wir doch mal sehen. Wenn hier einer Angst hat, dann ist der das. Deswegen hat er dir das auch erzählt, weil er Angst vor den Erwachsenen hat. Der bringt uns nicht um, auf keinen Fall. Das ist ein armes Würstchen, ein mieser kleiner Feigling, der sich einen Spaß daraus macht, Kinder zu erschrecken. Aber jetzt bekommt er es mit uns zu tun. Du wirst schon sehen, wie wir den kleinmachen, wie er für das bezahlen wird, was er gemacht hat. Dieser armselige Mistkerl. Ich bin so was von sauer. Das ist doch kein Freund. Bonbons als Belohnung, pah. Der wird deine Eltern schon noch kennenlernen. Aber du hast das ganz toll gemacht. Du bist ein mutiges kleines Mädchen, und dafür bewundere ich dich. Wirklich, S. Ich bin sehr stolz auf dich.«

Ich drücke sie an mich. »Es tut mir so leid, dass ich nichts davon wusste und dich nicht beschützen konnte. Du weißt gar nicht, wie leid mir das tut … Aber du darfst dich nie mehr deswegen schämen, Angst haben oder dich schuldig fühlen. Nie mehr wieder. Er ist derjenige, der sich schämen und jetzt Angst haben muss.«

Im Bad

Ich gehe ins Bad, um mir kaltes Wasser über das Gesicht laufen zu lassen. L habe ich über die neuesten Entwicklungen informiert. Ich schließe die Tür, weil ich nicht will, dass M oder S zufällig mitbekommen, wie erschöpft und durcheinander ich bin. Minutenlang verharre ich so, die Hände auf den Waschbeckenrand gestützt, bleibe starr vor dem Spiegel stehen. Unfähig, mich zu rühren.

Die Tür geht auf. S kommt herein, sie hat vorher sogar angeklopft. Unter ihrem Blick trockne ich mir Hals und Hände ab, als hätte ich sie mir eben erst gewaschen. Sie wartet, bis ich fertig bin, dann platzt sie heraus: »Du willst es doch nicht der

Lehrerin sagen, oder?« Sie ist eine von den Besten in der Klasse, und die Vorstellung, die Lehrerin könnte nun herausfinden, dass sie heimlich das Schulgelände verlassen hat, erschreckt sie mit am meisten. »Nein, mein Schatz, nicht, wenn du es nicht willst.«

»Und Vito auch nicht?«

»Auf keinen Fall. Nur keine Sorge. Ich erzähle niemandem davon, wenn du es nicht willst. Das ist unser Geheimnis.«

Ich knie mich vor sie hin, damit unsere Gesichter auf gleicher Höhe sind. »Keine Sorge. Ohne deine Erlaubnis erzähle ich es niemandem. Versprochen.«

»Willst du zum Rektor gehen?« Das klingt jetzt wie ein Vorschlag.

»Fürs Erste erzählen wir niemandem etwas«, antworte ich ihr. »Nicht einmal dem Rektor. Ich weiß noch nicht, mit wem wir am besten reden sollten. Aber das werden wir gemeinsam entscheiden.«

Sie sieht mich an, und etwas regt sich in ihren Augen. Sie zögert. Weiß nicht, ob sie fragen soll. »Mama, darf ich sagen, dass Vito S-C-H ist …?« S-C-H ist bei uns zu Hause die Abkürzung für Scheiße. »Ja«, meine ich, »aber ganz bestimmt.« Sie lächelt schüchtern. »Vito ist Scheiße!«, bricht es dann aus ihr heraus. Und sie kann gar nicht mehr aufhören, wiederholt es noch fünf oder sechs Mal.

Ich gebe ihr vollkommen Recht und rufe ein paarmal mit ihr zusammen »Scheiße!«. Dann fragt sie mich, ob sie jetzt alles ihrem Papa erzählen darf. »Natürlich«, antworte ich. »Wenn hier jemand um Erlaubnis bitten muss, ob er es erzählen darf, dann bin ich das. Nicht du. Vergiss das nicht.«

Sie gibt mir einen Kuss, bedankt sich (dass ich ihr erlaubt habe, Scheiße zu sagen) und rennt aus dem Bad zu ihrem Vater hin.

Im selben Moment kommt L durch das dunkle Wohnzimmer auf uns zu. Durch die Fenster fällt kein Licht mehr herein, die einzige Lichtquelle, die ihm den Weg weist, kommt vom eingeschalteten Fernseher. Sobald sie ihren Vater bemerkt, springt S an ihm hoch und schlingt ihm die Arme um den Hals. Das kommt so plötzlich, dass er nur durch Zufall das Gleichgewicht halten kann und stehen bleibt. Beinahe wären beide auf dem Boden gelandet. Jetzt lachen sie. Er packt sie richtig fest in seine Arme, S schmiegt sich wortlos an ihn. Es ist sechs Uhr abends. Draußen ist auch der letzte Rest Tageslicht verschwunden.

Ich sehe, wie sie ins Esszimmer verschwinden und L sich mit dem Rücken an die Wand gelehnt auf den Boden sinken lässt, S liegt immer noch in den Armen ihres Vaters. Bevor ich gehe, höre ich, wie sie ihn darüber informiert, dass dieser Vito »Scheiße« ist. Es gibt keinen anderen Weg, sage ich mir. Das spüre ich instinktiv, aus dem Bauch heraus, während das schwache Gefühl der Erleichterung mir jetzt noch stärker die Eingeweide zusammenpresst. Für S kann der Weg eben nur über diesen Kraftausdruck führen. Schon die Tatsache, dass sie ihn sagen darf, ist ein Erfolg für sie. Was bleiben einer Sechsjährigen schon für Ausdrucksmöglichkeiten? Es ist also gut, dass sie es ihrem Vater gegenüber wiederholt, von mir aus auch vor der ganzen Welt, wenn sie will! Ja, stimmt, der Hausmeister ist Scheiße! Und dass sie sich diesen Satz selbst immer und immer wieder vorsagt: Gut so!

L berichtet mir später, S habe ihm danach erzählt, dass Vito sie am Po berührt hat und dass er dabei seinen Penis angefasst hat. Und dass er ihr gedroht habe, wenn sie etwas sagt, würde er die ganze Familie umbringen. Diese Drohung, die sie als Letztes enthüllt hat, war für sie das Schwerwiegendste und Furchtbarste von allem.

Ich verschwinde für eine Weile, weil sie ein wenig für sich sein sollen, aber jetzt, da der Trickfilm im Fernsehen zu Ende ist und M durch die Wohnung tigert und nachdrücklich etwas zu essen verlangt, muss ich ihm hinterher.

L und S sitzen noch auf dem Boden und reden miteinander, und ihr Vater versucht, sich so gut wie möglich zu schlagen: Eigentlich weiß er ja schon alles, obwohl er so tut, als sei das nicht der Fall. Und ab und zu verrät er sich auch. Doch das spielt jetzt keine Rolle mehr, da S sich beinahe in eine Euphorie hineingesteigert hat. Sie plappert aufgeregt vor sich hin, der Spruch über den Hausmeister ist ihr Motto geworden, so etwas wie ein Kinderreim, den man nur oft genug wiederholen muss, um das Geschehene aus dem Kopf zu verbannen.

Als M mit einer Scheibe Brot in der Hand zu ihnen kommt, auf der Suche nach einem freien Eckchen Bein von seinem Vater, damit er sich ebenfalls auf ihn setzen kann, erklärt S ihm, dass Vito Scheiße ist, diese Botschaft stößt sie so heftig hervor, als würde sie einen Stein ausspucken, während er aus dem Blickwinkel seiner fünf Jahre herauszufinden versucht, warum sie sich so übertrieben aufregt und warum sie heute ausnahmsweise dieses Schimpfwort benutzen darf.

Wie vorherzusehen war, ist für beide auf dem Schoß ihres Vaters nicht genug Platz, wenn er sich nicht seine Kniegelenke ruinieren will, aber bevor er sich entschließt aufzustehen – zu dem Zeitpunkt müssen seine Muskeln schon ziemlich steif sein –, findet er trotzdem noch einen Weg, S zu umarmen und ihr zu sagen, dass sie sehr mutig gewesen ist und dass sich jetzt wir Erwachsenen um das Problem kümmern werden.

M sagen wir nicht, was passiert ist, und obwohl er es unbedingt wissen will, muss er sich mit vagen Andeutungen begnügen. Inzwischen geht S ins Wohnzimmer, legt eine CD mit Musik aus der *Zauberflöte* ein, dreht sie ganz laut auf und beginnt auf den Zehenspitzen zu tanzen, sie springt, fliegt, dreht sich um sich selbst, läuft, dass ihre Füße kaum noch den Boden berühren, und schwebt durch die Luft, als könnte die Bewegung die Schwerkraft und das Gewicht ihres Körpers aufheben. Als würde dieser ganze Energieausbruch, der sie erfasst hat und jetzt allmählich in Überdrehtheit ausartet, auf beeindruckende Weise beweisen, wie groß der Felsblock war, den sie von ihren Schultern abgeschüttelt hat, wie erleichtert sie nun ist und dass sie sich wieder frei entfalten kann. Sie nimmt wieder von sich selbst Besitz und erobert sich den Raum innerhalb verloren gegangener Grenzen zurück.

Diesem Schwung und der überbordenden Energie, schließlich springt S jetzt schon über eine halbe Stunde herum, wirft die Beine in die Luft und schwebt über den Boden, wissen L und ich nichts entgegenzusetzen, wir erreichen nicht einmal, dass sie langsamer wird, jede Ermahnung von uns geht ins Leere, bis ihr schließlich ihr Bruder, der sich unvorsichtigerweise genähert hat und gleich in ihren wilden Tanz miteinbezogen wird, bei ihrem Versuch, ihn hochzuschleudern, einen so heftigen Schlag in den Bauch versetzt, dass ihr die Luft wegbleibt und sie sich vor Schmerz zusammenkrümmt. Dies und unser darauf folgendes Einschreiten beenden ihre entfesselte Euphorie.

Nachdem die Tränen getrocknet sind, wir S lange getröstet (der Schlag war so heftig, dass wir uns ernsthaft Sorgen machen) und M ausgeschimpft haben, obwohl der Arme sich ja eigentlich nur gewehrt hat und für ein chaotisches Intermezzo büßen musste, an dem er keinen Anteil hatte, kehrt zu Hause fast so etwas wie Normalität ein.

Sieben Uhr. Es ist jetzt fast fünf Stunden her, dass ich S aus der Schule abgeholt habe; vierzig Minuten, dass sie mit dieser überdrehten Tanzerei begonnen hat.

Wir fragen die Kinder ein paarmal, ob sie denn noch zu der Pyjamaparty gehen wollen, zu der S' beste Freundin eingeladen hat. Leider antworten sie jedes Mal mit Ja, obwohl wir auf eine Absage gehofft hatten. Wir sind spät dran, eigentlich waren sie vor einer halben Stunde verabredet. Jetzt müssen wir hastig alles Nötige zusammenpacken, es gibt bloß eine Katzenwäsche, und dann geht es schnell aus dem Haus.

Außerdem dürfen wir nicht vergessen, für das Frühstück morgen diese mit Marmelade gefüllten Kekse zu besorgen.

Abend

Eine Stunde später sind wir allein. Wir sitzen einander gegenüber auf dem Sofa, unsere Augen klammern sich unlösbar an denen des anderen fest. Wir sind am Boden zerstört, sprachlos. Es ist alles gesagt. Als wir an der Schule vorbeikamen, hat S sogar auf ein Gebäude in einer Seitenstraße gezeigt und gemeint, da wäre sie hineingegangen. Es fühlt sich alles so unwirklich an, vor allem jetzt, wo das Haus so leer ist. Die Zweifel, die Müdigkeit, die Schuldgefühle, der Schmerz über die räumliche Trennung ausgerechnet in dieser Nacht haben uns fest im Griff. Doch es ist wichtig, S ihren Willen zu lassen und zu verstehen, was sie wirklich will, und sie wollte auf jeden Fall dorthin, selbst wenn die Abwesenheit beider Kinder in diesem Moment so unerträglich ist, dass jeder Widerstand gegen den Schmerz zwecklos ist.

Das Zimmer der Kinder ist leer. Ich gehe zweimal nachsehen. Die Betten sind gemacht, nur die Kissen liegen nicht an ihrem Platz, weil ich die Schlafanzüge darunter hervorgeholt habe. Wer weiß, vielleicht erwarte ich ja, dass die Kinder unter den Decken hervorschauen. Doch ich finde nichts als Leere, und sie fehlen mir schrecklich.

Wir sind wie zwei Masken, keine Ahnung, wer oder was sich darunter verbirgt, ausgehöhlt und betäubt. Und ich kann nicht unterscheiden, aber das kann keiner von uns beiden, was uns mehr mitnimmt, der Schmerz über die bestürzende Eindeutigkeit der von S geschilderten Umstände, ihre ebenso einfache wie gesicherte Wahrscheinlichkeit, die so schwer zu ertragen ist, oder die damit verbundene Ungewissheit? Der ungeklärte, unbekannte Hintergrund der Geschichte, der die darin verwickelten Erwachsenen betrifft. Die unausgesprochene Angst vor dem, was sie uns *nicht* erzählt hat? (Diese Fragen werde ich mir nie beantworten können; nicht einmal jetzt, wo die Ereignisse so viele Monate zurückliegen, kann ich sagen, ob der Schmerz über das, was sie erzählt hat, schwerer zu ertragen ist als die Sorge um das, was wir nie erfahren werden.) So absurd, so unglaublich, ja so unannehmbar es auch erscheinen mag, ihre Angst, Scham und Schuldgefühle waren jedenfalls echt. Die Worte, die sie gebraucht hat, waren authentisch. Die Einzelheiten. Wie konnte das passieren? In der Schule, während der Unterrichtszeit? Wo waren die Lehrerinnen? Was haben sie getan? Worauf haben sie geachtet? Wie kann es sein, dass ein kleines Mädchen nach Hause kommt und so etwas erzählt, wieso hat es jetzt Angst, so große Angst, dass es sich ganz klein fühlt, dass seine Stimme zittert, es sich von der übrigen Welt isoliert fühlt und sich schämt, als wäre das, was geschehen ist, seine Schuld? Eine furchtbare Schuld. Wie sollte ein Kind von selbst darauf kommen, dass jemand sich am Pimmel berührt, wenn er seinen Po anfasst? Wieso sollte sie sich ausdenken, dass jemand sie mit dem Tod bedroht? Oder einen Schrank voll mit Edelsteinen erfinden, ein »Privatzimmer«? In der Schule, während der Unterrichtszeit. Wo waren denn bloß die Lehrerinnen?

Ich stehe dreimal auf und rufe an, um zu hören, ob alles in Ordnung ist, lasse mir S ans Telefon holen und wünsche ihr eine gute Nacht. Jetzt schlafen sie. Die Mutter von S' Freundin macht sich über meine plötzliche Ängstlichkeit lustig. Ich nehme den Schlag, den ihr ihr Bruder versetzt hat, zum Vorwand, um meine auffällige Sorge zu rechtfertigen. Ich bitte sie sogar, noch einmal nach meiner Tochter zu sehen, weil der Schlag sehr heftig war, und mich auf jeden Fall und jederzeit anzurufen, falls es Probleme gibt. Am nächsten Morgen bei einem Kaffee zieht sie mich noch einmal damit auf und teilt mir mit, dass meine Tochter während der Nacht ziemlich unruhig geschlafen hat, sie hat so heftig gestrampelt, dass all ihre Freundinnen das Bett verlassen und auf dem Boden weitergeschlafen haben.

Ich gehe zurück ins Wohnzimmer. L sitzt immer noch so da wie vorhin. Er hatte zwar den Versuch gemacht, etwas zum Abendessen vorzubereiten, es aber dann aufgegeben. Wir würden doch keinen Bissen herunterbringen. Wir sind allein. Wieder allein. Mit dieser seltsamen Leere, die sich vor uns auftut. Ein Albtraum, der den Boden vor unseren Füßen verschlingt und uns von all dem trennt, was wir vorher waren. Natürlich müssen wir jetzt weiter einfühlsam und taktvoll nachforschen und versuchen zu verstehen, was passiert ist, müssen S vorsichtig begreiflich machen, wie ernst die Sache ist. Es liegt noch viel vor uns. Zur Polizei gehen. Sofort einen fähigen und vertrauenswürdigen Kinderpsychologen finden. Uns erkundigen, was wir unternehmen, wie wir uns weiter verhalten sollen. Und sie für den Moment auf keinen Fall in die Schule schicken. Hilfe suchen. Versuchen, lebend aus der Sache herauszukommen. Verstehen, wie wir uns aus dem unergründlichen Gefühlschaos, das über uns hereingebrochen ist, befreien können.

Das Telefon klingelt. Wir sehen uns bestürzt an.

L geht im letzten Moment ran; als er sich meldet, klingt seine Stimme vollkommen fremd. Es ist der Freund mit dem Konzert. Er will wissen, was los ist, ahnt Schlimmes, Ls Tonfall vorhin auf der Mailbox hat ihn beunruhigt. Er hat gewartet, bis alle gegangen sind. In kurzen Worten erläutert ihm L, was S erzählt hat. Der Freund ist fassungslos. Seine Tochter ist nur zehn Tage älter als S, sie sind beinahe gemeinsam geboren, fast wie Schwestern, genauso vertraut wie wir, eine Familie.

Nachdem er alles erzählt hat, verstummt L, es verschlägt ihm vor Zorn die Stimme. Er reicht den Hörer an mich weiter. Ist nicht in der Lage, fortzufahren. Er bittet mich, ihn zu entschuldigen, und versinkt noch tiefer im Sofa. Sein Gesicht ist starr und grau.

Ich übernehme den Hörer. Doch kaum vernehme ich den Freund am anderen Ende der Leitung, der vollkommen verwirrt ist, es nicht glauben kann, wird auch meine Stimme rau, ich beginne, hysterisch zu lachen, schließlich bringe ich gar nichts mehr heraus. Ich entschuldige mich, aber es geht einfach nicht, und lege auf. Es ist zu viel für mich. Ich breche in Tränen aus.

Mir kommt es vor, als sei das Leben wie ein zufälliger Schuss in die Menge. Diesmal hat die Kugel uns getroffen. Und alle in unserer Umgebung gestreift, auch wenn sie es nicht wissen und niemand es gemerkt hat.

Und nichts kann diesen Treffer abmildern. Nicht einmal die tiefste Liebe von dem, der einem am nächsten steht. Nichts. Nicht einmal L, der neben mir sitzt. Er ist genauso rettungslos allein, hat genau wie ich schwer an der Bestürzung und Wut zu kauen, schluckt sie runter, würgt sie wieder hoch, schluckt sie erneut runter, um sie zu verdauen. Jedes Mal, wenn die Wut wieder hochkocht, kämpft man mit enger Kehle erneut dagegen an.

Ich werde wieder unruhig. Ich kann einfach nicht sitzen bleiben und nichts gegen meine Beklemmung unternehmen. Wo sind die Kinder, ihre Abwesenheit verstört mich, ich wünschte mir, sie würden nebenan schlafen, nur das könnte mich jetzt beruhigen. Da ruft mich endlich meine Psychotherapeutin zurück, ich hatte ihr am Nachmittag dreimal auf den Anrufbeantworter gesprochen. Sie hat unter ihren Kollegen nach einem Experten auf dem Gebiet der Kinderpsychologie für uns gesucht und gerade mit ihm gesprochen. Ich schreibe mir seine Daten auf. Morgen ist Samstag, wir können ihn zwischen neun und zehn Uhr morgens anrufen. Und wenn ich möchte, kann ich um sieben zu ihr kommen. Um acht Uhr hat sie einen anderen Patienten. Ich bedanke mich.

Dann bin ich wieder mit mir allein. Es gibt nichts, was ich sonst noch tun könnte. Schlagartig bricht die Nacht herein. Panik steigt in mir auf. L sitzt immer noch auf dem Sofa, sein Gesicht ist genauso reglos und grau wie vor einer Stunde. Ich muss nur auf den Morgen warten. Ich muss es schaffen, diese Nacht zu überstehen. Wir wärmen ein paar Reste auf und zwingen uns mehrere Gabeln davon hinein. Nur aus Pflichtgefühl. Um die Normalität wiederherzustellen. Den Rest werfen wir weg.

Es ist ein Uhr vorbei. In allen Zimmern brennt Licht, auch dort, wo niemand sich aufhält. Keiner von uns denkt daran, aufzustehen und die Lampen auszuschalten. Aber eigentlich sollten wir jetzt ein paar Stunden schlafen.

Auf einmal bemerke ich Lila, sie sitzt unter dem Tisch und schaut mich an. Ich hatte sie vollkommen vergessen.

19. Februar, bis 14 Uhr

In der Nacht haben wir kaum geschlafen, vielleicht sind wir für eine Stunde in eine Art Bewusstlosigkeit gefallen. Und wie nach einem echten Fall macht sich unmittelbar nach dem Erwachen der Schmerz wieder pochend bemerkbar. Als wir dann im Wagen sitzen, um unsere Kinder abzuholen (um sieben Uhr war ich schon bei meiner Therapeutin), fallen mir fast die Augen zu.

Aber S hat geredet, sie hat den ersten, entscheidenden Schritt gemacht. Und diesem perversen Einschub in unser Leben ist durch ich weiß nicht welches gnädige Eingreifen des Schicksals ein Ende gesetzt worden. Wir sind gerade noch rechtzeitig gekommen. Egal, was bis dahin passiert war und wohin es geführt hätte. Dass wir dem Einhalt geboten haben, ist zumindest ein Erfolg. Davon zu wissen. Erfahren zu haben, was seit Monaten vorging. Es hätte schlimmer kommen können. Vielleicht hätte ich sie ja niemals früher aus der Schule abgeholt, dann hätte sich der Missbrauch bis zum Ende der Grundschule fortgesetzt.

Der Kinderpsychologe, dem wir gerade ausführlich alles geschildert haben, was wir von unserer Tochter erfahren haben – und den wir in diesem Jahr regelmäßig konsultieren werden –, gibt uns den Rat, wir sollen uns genau bewusst machen, dass S von jetzt an das Geschehene durch die Bedeutung interpretieren wird, die wir ihm beimessen, sie wird die Schwere des Vorfalls an unserem Verhalten ablesen und dann verinnerlichen. Wir tun also gut daran, uns dessen grundsätzlich bewusst zu sein und der Situation mit der Ruhe und der Selbstbeherrschung zu begegnen, die wir bis jetzt bewiesen haben, wir sollen besser nicht zu viel fragen, es ihr überlassen, ob sie darüber reden will oder nicht, ihr immer, wenn sie es braucht, zuhören oder Hilfe anbieten. Kurz gesagt, wir sollen ihr die Zeit lassen, die sie braucht, und ihre Gefühle respektieren. Außerdem sollen wir ihr immer wieder ruhig, aber bestimmt erklären, dass dieser Mann etwas Schlimmes getan hat und sexuell gemeinte Berührungen und Verhaltensweisen zwischen zwei Erwachsenen oder im Spiel auch unter Kindern völlig in Ordnung sind, aber nicht zwischen einem Erwachsenen und einem Kind; wir sollen ihr erklären, dass wir so schnell wie möglich mit der Polizei sprechen werden, damit mit ihrer Hilfe der Mann aus der Schule entfernt und bestraft wird.

Sonst sollen wir unser Leben ganz normal weiterführen und ihr sagen, dass sie nicht zur Schule gehen wird, solange der Hausmeister noch dort ist, sondern dass wir zu Hause den Unterrichtsstoff der Klasse nacharbeiten. Im Grunde soll sich in unserem Alltag bis auf ihr unvermeidliches Fernbleiben von der Schule nichts ändern.

Darin sind wir uns alle einig.

Und obwohl wir von dem Schock noch so betäubt sind, dass wir uns nicht vorstellen können, was wir in einer Stunde tun werden, geschweige denn später am Nachmittag oder morgen, sind wir beide fest entschlossen, dass bis auf die Polizei niemand etwas von dieser Sache erfahren darf. Selbst den engsten Familienangehörigen gegenüber müssen wir sehr vorsichtig abwägen, wer sein Entsetzen und seine Sorge beherrschen können wird, denn S darf keinesfalls bewusst werden, dass das, was geschehen ist, so schwer wiegt, dass zu Recht außer uns Eltern auch noch andere davon erfahren müssen. Dass sie nicht darüber reden will, ist offensichtlich, und darüber darf man sich auch nicht so einfach hinwegsetzen; außerdem habe ich ihr versprochen zu schweigen.

S zu schützen bedeutet für uns, dass wir mit allen uns zur Verfügung stehenden Mitteln versuchen werden zu verhindern, dass sie sich verliert, was sich als viel gefährlicher erweisen könnte als das erlittene Trauma, und ihr ein intaktes Umfeld erhalten müssen, während die Ermittlungsbehörden ihre Pflicht tun. Das ist die Richtlinie, nach der wir ab sofort von Mal zu Mal entscheiden werden, was zu tun ist. Wozu wir bereit sind und wie weit wir gehen wollen. Das instinktive Bedürfnis, S zu beschützen, ist alles, was uns jetzt geblieben ist, vielleicht hat sich dieses Bedürfnis auch erst so stark in unseren Köpfen geformt, nachdem unser Denkvermögen durch den unerwarteten Tiefschlag zunächst komplett ausgelöscht war. Der Wunsch, für sie die Rahmenbedingungen zu schaffen, damit sie das Geschehene verarbeiten kann. Und ihr Schweigen zu wahren.

Um zehn Uhr holen wir unsere Kinder ab. Sie sind müde, aber glücklich. Sie haben kaum geschlafen, wie immer, wenn sie die Nacht bei ihren Freunden verbringen. Um sieben Uhr waren sie schon wieder auf. Dann haben sie gefrühstückt, aufgeräumt, ein wenig im Haushalt geholfen und im Garten gespielt. Jetzt möchte S zur Turnhalle, dort ist samstags Training, ich sage ihr zwar, dass sie blass aussieht und Ringe unter den Augen hat, aber sie will ihr geliebtes Kunstturnen auf keinen Fall ausfallen lassen. Die Leber, wo ihr Bruder sie gestern Abend getroffen hatte, tut ihr auch nicht mehr weh, deshalb spricht nichts weiter dagegen.

Ich begleite sie und bleibe da, um ihr zuzusehen. Zum Glück haben wir gerade die Woche, in der die Eltern mit in die Halle und das Training beobachten dürfen. Die warme Luft drinnen nimmt mir den Atem. Der Schmerz hat mich fest im Griff. Sogar das Luftholen tut mir weh.

Ich helfe S beim Abtrocknen nach dem Duschen. In der Umkleide kommt sie noch einmal auf das Geschehene, auf die Drohungen des Hausmeisters zurück. Ich sage ihr, es sei gut und sehr tapfer von ihr gewesen, es uns zu erzählen. Dann fahren wir nach Hause. L hat schon ein leckeres Mittagessen für uns gekocht. Es ist ein sonniger Tag, auch Lila ist nicht mehr so scheu. S und M spielen noch ein wenig Fangen draußen auf dem Rasen. Ich weiß nicht, woher sie jetzt die Kraft dazu nehmen.

Nach dem Essen hole ich sie zum Mittagsschlaf mit in unser Bett, den einen links, die andere rechts von mir. Ich sage ihnen, dass sie den Schlaf der letzten Nacht nachholen müssen, obwohl eigentlich ich diejenige von uns bin, die das am meisten nötig hat. Einladend breite ich die Arme aus: »Ihr seid die Küken, und das sind meine Flügel.« M wünscht sich immer, dass ich das tue. Heute bin ich ihm zuvorgekommen und ernte dafür einen dankbaren Blick.

Beide schlafen auf der Stelle ein. Ich kann ihnen nicht so leicht ins Reich der Träume folgen. Nichts zu machen. Ich bin wach. Ich brauche Ruhe – und Zeit. Ganz langsam. Eins nach dem anderen. Jetzt denke ich zunächst bis zum Nachmittag, dann wird man sehen. Mehr geht nicht. Wenn ich doch wenigstens für ein paar Minuten die Augen schließen könnte. Nur einen kurzen Moment entspannen. Und den Schmerz lindern.

Nachmittag

Als wir unserer Tochter erklären, dass wir zur Polizei wollen, ist sie einverstanden. Noch einmal beschreibt sie uns die Wohnung des blonden Hausmeisters, und zwar mit den gleichen Worten wie gestern, dass sie in der Nähe der Schule liegt, sie erwähnt die Edelsteine, die Fenster, die auf den Schulhof gehen, wo man die anderen Kinder spielen sieht. Geschockt, ungläubig hören wir ihr zu, sie wiederholt alles, nicht für sich, sondern vor allem für uns, weil wir es unbedingt noch einmal hören müssen, um es in seiner ganzen Bedeutung akzeptieren zu können. Dennoch erfüllt uns der uneingestandene Wunsch, das gestern sei nur ein schlechter Scherz gewesen. Inzwischen scheint auch sie begriffen zu haben, dass wir allein nicht viel ausrichten können und dass nur die Polizei in der Lage ist, den Mann aus der Schule zu entfernen und zu bestrafen, damit er diese schlimmen Dinge nicht auch noch mit anderen Kindern macht.

Das ist gut gegangen. Wenn wir ihn gegen ihren Willen hätten anzeigen müssen, hätten wir eine Sorge mehr gehabt. Aber was sie uns erzählt hat, war so präzise und in sich stimmig und der Tatbestand ist so schwerwiegend, dass uns keine Wahl bleibt.

Die Möglichkeit, mit der Schulleitung zu reden, ziehen wir gar nicht erst in Betracht. Als im vergangenen Jahr jemand aus dem Elternkreis vorgeschlagen hatte, Themenabende über Pädophilie zu organisieren, hat ihm unser Rektor offen ins Gesicht gelacht und süffisant erklärt, dass Kinder bei diesem Thema immer lügen.

Wir möchten uns nicht einmal an die hiesige Carabinieristation wenden. Es ist wirklich besser, wenn hier im Ort niemand etwas erfährt. Zu groß ist unsere Angst, dass persönliche Kontakte der Wahrheitsfindung im Weg stehen oder Dinge ausgeplaudert werden könnten.

Als Grund dafür, dass S dem Unterricht fernbleibt, werden wir sagen, sie hätte Fieber, was gar nicht so weit entfernt von der Wahrheit ist, da sie seit einem Monat ständig krank wird, kaum dass sie wieder zur Schule soll, und seit Januar über die Hälfte der Stunden versäumt hat.

Dann bittet mich S, ich soll sie ins Bad begleiten. Sie wirkt beunruhigt, schwer zu sagen, was in ihrem Kopf vorgeht. Als ich die Tür schließe, will sie von mir wissen, ob es auch weibliche Polizisten gibt. Ich antworte, ja, natürlich und wenn sie möchte, werden wir nur mit einer Polizistin sprechen. Und ich bin mir sicher, füge ich hinzu, dass darunter auch ein paar ganz nette sind, selbst wenn sie Waffen tragen.

»Mama«, sagt S jetzt. »Das *Schlimme*, das hat nicht Vito gemacht, sondern der andere.« Ich starre sie verständnislos an. Sie zeichnet mit ihren Händen die Figur eines dünnen Mannes mit flachem Bauch nach; das bedeutet, der Dicke mit dem ausladenden Bauch, also Vito, hat nichts damit zu tun. »Es war der Dünne … denn Vito ist gut, und er mag mich … Er war das nicht. Es war der andere, der Dünne, der das Schlimme gemacht hat … Glaubst du mir das?«

Ich lasse sie alles wiederholen, als hätte ich sie beim ersten Mal nicht verstanden. Jetzt nennt sie gar keine Namen mehr, sondern benutzt, um die beiden Hausmeister zu unterscheiden, nur die Hände, führt sie zusammen, um den mit dem Schnurrbart anzudeuten, und breitet sie aus, wenn sie Vito meint, der, wie sie beharrt, sie gern hat und das »Schlimme« nicht getan hat.

Das ist eines der letzten Male, dass ich sie Vitos Namen aussprechen höre. Denn das wird sie von nun an nicht mehr tun. In den folgenden Monaten wird sie den Hausmeister nur noch mit dieser Geste beschreiben, als wollte sie sagen »der Dicke«, um ihn von dem anderen Mann, der dünn ist, zu unterscheiden.

Und nur auf nachdrückliches Beharren des Richters wird sie ganz selten den Mut finden, ihn beim Namen zu nennen, denn zu mehr als dieser beschreibenden Handbewegung kann sie sich nicht aufraffen. In ihrem Innern hat sie ihn »zensiert«, seine Existenz so radikal ausgelöscht, dass sie seinen Namen nicht mehr aussprechen will. Und in Zukunft ist es ihr sichtlich so unangenehm, auch nur seinen Namen zu hören, dass dieser Mensch ab sofort wieder nur zum »Hausmeister« wird. Später, vor der zweiten Anhörung, als ich ihn als ihren »Freund« bezeichne, wird sie diese Bezeichnung so energisch zurückweisen, dass ich mich sofort korrigieren und sie um Entschuldigung bitten muss.

Ich frage sie, warum sie mir am Vortag etwas anderes erzählt hat. Das weiß sie selbst nicht, sic findet keine Antwort darauf, sie muss sich geirrt haben, meint sie, jetzt will sie nur eins: dass ich ihr glaube. Dann gesteht sie mir, dass sie nicht zur Polizei gehen mag, zuerst hätte sie ja gewollt, aber jetzt nicht mehr. Sie fragt mich, wie die Strafe für den Täter aussehen und ob er im Gefängnis landen wird.

Obwohl ich nicht genau begreife, was hier gerade geschieht, beruhige ich sie und versichere ihr, dass ich ihr glaube. Und es sei überhaupt nicht gesagt, dass die Polizeibeamten sie sehen wollen. Wir wüssten gar nichts, wir haben noch nicht mit ihnen gesprochen. Es gäbe also keinen Grund, sich jetzt schon deswegen zu beunruhigen.

Aber was Vito beträfe, erkläre ich ihr, der würde bestimmt aus der Schule entfernt und man würde ihn irgendwohin in ein Büro versetzen, wo er nicht mit Kindern in Kontakt kommt. Vielleicht würde man ihn auch härter bestrafen, aber das wüsste ich nicht, denn damit hätte ich nichts zu tun. Andererseits, so wie ich das sehe, habe er sehr Schlimmes getan und sollte bestraft werden.

»Aber es war doch der andere«, wirft S hastig ein.

20. und 21. Februar

Uns läuft die Zeit davon. Wir müssen schnell herausfinden, bei welcher Stelle wir den Vorfall am besten anzeigen sollten. Auch S' Zweifel zeigen uns, dass wir uns beeilen müssen. Mir fällt ein, dass ich vor einigen Monaten in einer Zeitung gelesen habe, dass es in den größten Polizeipräsidien des Landes Spezialabteilungen für Kindesmissbrauch gibt. Ich erinnerte mich, wie sehr im Artikel betont wurde, dass die Beamten besonders geschult sein müssten, um die Minderjährigen zu schützen und absolute Verschwiegenheit zu garantieren. Menschliches Einfühlungsvermögen gepaart mit großer fachlicher Kompetenz – das sei der Schlüssel für die Vorgehensweise in so gelagerten Fällen. Aber das liegt schon einige Zeit zurück, und ich weiß nicht mehr, von welchen Städten die Rede war.

Wir suchen im Internet. Mit der ersten Anfrage finden wir kaum etwas. Unser zweiter Versuch bringt mehr. Im Polizeipräsidium in der Stadt gibt es wirklich eine Sondereinheit für Sexualverbrechen gegen Minderjährige. Wir finden dort sogar den Namen des Leiters und einige Informationen über seine beruflichen Erfahrungen. Bereits am Sonntag versuchen wir ihn zu erreichen. Man sagt uns, dass er nicht mehr dort arbeitet, er sei versetzt worden. Man gibt uns seine alte Nummer, damit wir versuchen können, ihn an seinem neuen Arbeitsplatz zu finden. Aber leider wissen sie dort nichts weiter über seine Versetzung und haben keine Ahnung, wo er jetzt ist. Vielleicht weil Sonntag ist, sage ich mir. Dann versuchen wir es eben morgen noch einmal.

Damals habe ich gar nicht gemerkt, wie weit wir uns schon mit diesem Namen verbunden fühlen, wie wir dem Mann ohne sein Wissen schon die Verantwortung für den Fall, ja unsere Rettung aufgebürdet haben. Wir sind schon ganz fixiert auf ein Idealbild, klammern uns an die Hoffnung, dass es ihn einfach geben muss, dass wir nicht einmal die Möglichkeit in Betracht ziehen, mit jemand anderem zu reden. Wir stehen noch so unter Schock, dass wir überhaupt nicht realisieren, dass dieser Mann nicht mehr dort arbeitet. Ich weiß nicht, glauben wir etwa, wenn wir morgen oder in zwei Tagen erneut anrufen, könnte er sich dort plötzlich wieder materialisieren und uns helfen? Als würde es auf der ganzen Welt keine andere Hilfe als durch ihn geben. Aber ganz offensichtlich könnten wir es nicht ertragen, noch einmal von vorn mit der Suche anzufangen.

Für den Augenblick ist das Problem um einen Tag aufgeschoben.

Am Nachmittag bringe ich die Kinder zum Geburtstagsfest einer Kindergartenfreundin von M. Es ist ein grauer, kalter Tag, der Nebel hat sich eisig auf alles gelegt. Ich beobachte S beim Spielen, jede ihrer Bewegungen, ich sehe, dass sie im Kontakt mit den anderen Kindern noch sehr aufgekratzt ist, sie redet viel zu laut und bekommt es nicht einmal mit. Ein Haufen Eltern sind auch da, mit denen ich Smalltalk machen muss, als wäre nichts passiert. Mir fallen vor Müdigkeit die Augen zu, und ich habe schreckliche Kopfschmerzen. Ich esse etwas, aber das hilft nichts. Wir sind zu viele in diesem Haus, Kinder, Eltern, der Clown, der drinnen in ein Mikrofon spricht, und die überlaute Musik, die die Kinder zum Tanzen anregen soll. Aber draußen kann man sich nicht aufhalten, es ist zu kalt. Ich suche mir eine etwas ruhigere Ecke und setze mich hin.

Die Cousins des Geburtstagskindes sind gekommen. S erkennt sie sofort wieder, das sind doch die Kinder, mit denen sie und ihr Bruder letzten Sommer am Strand auf Korsika gespielt haben. So ein Zufall, dass man sich heute hier trifft!

Ich muss all meine verbliebene Kraft zusammenkratzen, um bei den Erinnerungen, den neugierigen Fragen, dem banalen

Geplauder mit den Eltern mithalten und wenigstens ein bisschen Freude vortäuschen zu können, bis hin zum Austausch von Adressen und Telefonnummern. All das kommt mir so unwirklich vor.

Um sieben Uhr gehen wir. Wenigstens L hat sich ein bisschen ausruhen können. Wenn jemandem aufgefallen ist, dass ich nicht ganz bei der Sache bin, habe ich erzählt, dass mir der Gesundheitszustand eines Menschen, der mir nahesteht, Sorgen bereitet.

Am Montag bringt L M zum Kindergarten und fährt dann zur Arbeit. Ich bleibe mit S zu Hause. Auch heute Nacht hat keiner von uns sehr viel Schlaf bekommen. Das veränderte Verhalten von S beunruhigt uns. Nicht so sehr, dass sie wegen des Namens einen Rückzieher gemacht hat, sondern dass sie nicht mehr zur Polizei will.

Sobald S in den Garten geht, um mit dem Welpen draußen zu spielen, beginne ich wieder mit meiner Telefonrecherche. Leider wieder ohne Erfolg. Dieser Beamte scheint sich in nichts aufgelöst zu haben. Dass unsere Bemühungen seit zwei Tagen ins Leere laufen, zehrt meine letzten Kräfte auf. Doch zum Glück muss man in der Telefonzentrale der Abteilung, wo der Mann bis letzten Monat gearbeitet hat, gemerkt haben, dass ich kurz davor stehe in Tränen auszubrechen (was mich allerdings nicht sehr von allen anderen unterscheidet, die sich aus welchen Gründen auch immer entschließen, dort anzurufen). Man versichert mir nachdrücklich, dass das Team noch das gleiche ist, selbst wenn er nicht mehr dort arbeitet, alle seine Beamten sind geblieben, und die Leitung hat sein Stellvertreter übernommen.

Das mit dem Glück habe ich deswegen erwähnt, weil man mich doch noch zu einem weiteren Telefonat überreden kann, mit einer Kommissarin, die sich, sobald sie verstanden hat, worum es geht, meinen Namen notiert und mir nahelegt, morgen vorbeizukommen, wenn alle im Haus sind.

Geschafft. Also morgen. Wir sollen gegen zehn Uhr dort sein. Ich sage L Bescheid, dass er seine Termine verschieben soll, und suche nach einer Lösung, wie wir mit S verfahren sollen.

Am Nachmittag beschließe ich, doch zur Schulversammlung zu gehen. (Ich begreife gar nicht, wie ich die bis jetzt vergessen konnte.) Sie findet in der Turnhalle der Grundschule statt. Natürlich werden die Hausmeister anwesend sein, deshalb ist es gut, wenn ich mich sehen lasse, ich muss die Situation nutzen, gerade heute, da S nicht in die Schule gegangen ist, nach dem Kuss, den sie am Freitag vor meinen Augen dem Hausmeister gegeben hat. Ich möchte verhindern, dass Vito oder beide Verdacht schöpfen. Sie sollen sich keine Sorgen machen und besser glauben, dass S nur eine Grippe hat und alles normal weiterläuft, da ich mich ihnen gegenüber so gleichgültig wie üblich zeige. Da ich Elternvertreterin für die Klasse bin, würde meine Abwesenheit umso mehr auffallen.

Mir gelingt es tatsächlich, diese Unbeteiligtheit vorzutäuschen, trotz meiner zehn Minuten Verspätung, während Vito mir umsichtig einen Stuhl holt, die anderen sind alle besetzt, und mich ungewöhnlich höflich begrüßt. Während mich der andere Hausmeister, der an die Mauer gelehnt seitlich zu den 50 Teilnehmern der Veranstaltung steht, ab und zu beobachtet, wie ich genau bemerke, wenn ich zerstreut mit meiner Nachbarin plaudere.

Am Ende der Versammlung, draußen ist es schon lange dunkel, schlägt der Vertreter der Non-Profit-Organisation, der heute einen Vortrag gehalten hat, vor, man solle doch als Erinnerung an den gemeinsamen Nachmittag ein Gruppenfoto machen. Vito, der sich bis jetzt persönlich um das An- und Ausschalten des Lichts gekümmert hat, damit man die Folien auf dem Overheadprojektor erkennen konnte, antwortet ihm mit einem Scherz, der alle zum Lachen bringt (kurz zuvor hatte er schon einmal einen Witz gemacht, er scheint heute besonders gut gelaunt, ja geradezu euphorisch zu sein), und wirft sich ebenfalls lächelnd vor der Kamera in Positur, die ihn gemeinsam mit den Lehrern verewigt.

Es ist spät geworden. Ich lasse mir diese Gelegenheit nicht entgehen und verabschiede mich ganz bewusst einzeln von den Lehrerinnen von S und ein paar Eltern, denen ich auf dem Weg nach draußen begegne. Doch plötzlich habe ich es eilig. Ich kann nicht mehr. Beinahe im Laufschritt entferne ich mich in der Dunkelheit, während drinnen das Geplauder weitergeht, mit dem die Leute die lange Bilderreihe von unterernährten Kindern und ärmlichsten Familienverhältnissen aus dem Kopf zu bekommen suchen, die wir gesehen haben. Aber ich habe getan, was ich musste, bei meinem Anblick müssen sie aufgeatmet haben. Vito ganz bestimmt, angesichts seiner wiedergefundenen guten Laune, der andere verhält sich distanzierter, vorsichtiger.

Als ich S von ihrem Freund abhole, wirft sie mir vor, dass ich zu spät bin. Wir treffen beinahe zeitgleich mit ihrem Vater zu Hause ein, der M von einem seiner Freunde abgeholt hat.

21. Februar, Abend

Heute Abend ist S erschöpft. Ihr Blick wirkt traurig. Aus ihm ist das Leuchten verschwunden, durch das ihre Augen immer zu lächeln schienen. Nach drei Tagen ununterbrochener Aktivität und überbordender Energie, durch die sie beständig bis an ihre körperlichen Grenzen ging, als wäre sie von einem Dämon besessen, ist sie jetzt niedergeschlagen. Ihre Stimme, die so laut war, dass wir sie dauernd bitten mussten, leiser zu sein, ist jetzt kaum noch vernehmbar.

Auf dem Sofa, wo sie sich mit ihrem Bruder einen Zeichentrickfilm ansieht, liegt sie da wie ein lebloser Kleiderhaufen. Ein kleines Ding, das nicht weiß, wie es funktioniert und wo es herkommt, verwirrt, in jeglicher Hinsicht verloren. Sie nuckelt so gierig an ihrem Daumen, als brauchte sie nichts mehr auf dieser Welt.

Zum Glück ist M ruhig und hat sich schon seinen Pyjama angezogen. In den letzten drei Tagen hat er so unter der Aufgedrehtheit seiner Schwester gelitten, dass er jetzt bei der geringsten Kleinigkeit auf sie losgeht. Doch nun merkt er, vielleicht instinktiver als wir, dass der Sturm sich gelegt hat. Er muss es spüren, denn die beiden sitzen nebeneinander, unter einer Decke, ganz einträchtig und haben einander wieder lieb.

22. Februar

Am Dienstagmorgen gehen wir ins Polizeipräsidium. S haben wir bei den einzigen Freunden gelassen, die über den Vorfall informiert sind. Da sie ein sehr kleines Kind haben, ist die Mutter zu Hause, sie lässt sich von S helfen, gemeinsam werden sie das Baby ausfahren und ein Eis essen gehen. Wenn nötig, wird S auch zum Mittagessen bleiben, und wir haben ausgemacht, solange S nichts erwähnt, wird sie so tun, als wüsste sie von nichts.

Wir stellen den Wagen in einem Parkhaus ab, es ist früh,

noch vor zehn Uhr, überqueren eine Straße, eine zweite und eine dritte, insgesamt sind es nicht einmal 500 Meter. Wir laufen seitlich am Gebäude entlang, der Eingang ist vorne an der anderen Straße. Obwohl ich hier mindestens schon ein Dutzend Mal vorbeigekommen bin, bin ich nie davor stehen geblieben, um es aufmerksam zu betrachten. Ich habe keinen Gedanken an diesen Ort verschwendet. Ich weiß nicht einmal, wie die Polizisten hier aussehen. Jetzt stehen da jede Menge Beamte draußen, in Zivil, sie reden miteinander, flachsen, rauchen ihre Zigaretten auf. Für sie ist das nicht mehr als der Beginn eines ganz normalen Tages.

Am Eingang nennen wir den Namen der Kommissarin, mit der ich gestern gesprochen habe, und geben unsere Personalausweise ab. Der Beamte nimmt unsere Personalien auf und erklärt uns, wo wir hinmüssen. Wir werden schon erwartet, sagt er. Mein Herz schlägt wie wild, und ich bekomme kaum Luft. Auch Ls Gesicht ist gezeichnet, seine Augen liegen tiefer in den Höhlen als sonst. Er sieht ziemlich blass aus. Ich zittere beinahe vor Wut. Seit wir hier drin sind, muss ich mich bei jedem Schritt zwingen, die Tränen zu unterdrücken.

Wir nehmen den Aufzug. Beamte kommen und gehen und steigen irgendwo aus. Einige grüßen. Wir sind Fremde, gehören zu der anonymen, gesichtslosen Masse von Leuten, die hier Hilfe suchen und einen Besucherausweis am Revers tragen, auf dem steht, wohin sie gehen. Zwei relativ junge Eltern auf dem Weg zu der schlimmsten Abteilung, um mit dem zerbrochenen Bild ihres Kindes im Herzen das übelste aller Verbrechen anzuzeigen. Zutiefst verletzte Menschen, die kaum begreifen, was sie hier eigentlich machen, und die niemals in Betracht gezogen hätten, dass ihnen so etwas zustoßen könnte, die das sogar ganz bewusst ausgeschlossen hätten, da sie ja an ganz andere Lebensumstände gewöhnt sind, so behütet, dass sie der Meinung sind, die Extreme der menschlichen Existenz würden nur unter extremen Bedingungen, am Rande der Gesellschaft auftreten, und die nun merken, dass diese auch in ihr Leben dringen können.

Weder ich noch L hätten uns jemals vorstellen können, dass wir dieses Gebäude einmal betreten würden.

Doch hier überschreitet man die Grenze, hier verlieren wir unsere Individualität, jede Form von Persönlichkeit, sind nur noch Teil einer unpersönlichen Masse. Von hier an gibt es kein Zurück mehr. Hier beginnt ein Weg, der uns von denen trennt, die uns nahestehen, und uns von ihnen entfremdet. Hier an diesem Ort entsteht dieses Bewusstsein. Und die Distanz zu denen, die dabei zurückbleiben.

Endlich finden wir die richtige Tür, aber sie ist verschlossen. Es gibt weder Sprechanlage noch Klingel, das ist einfach absurd, drinnen warten sie auf uns, und wir können nicht hinein. Wir klopfen, keine Reaktion. Jetzt können wir nur darauf warten, dass jemand vorbeikommt. Ich weiß nicht mehr, wie wir letzten Endes doch noch hereingekommen sind. Ich sehe nur noch den langen grauen, schlecht ausgeleuchteten Flur vor mir, von dem eine Reihe von Räumen abgehen.

Die Kommissarin, mit der ich gestern gesprochen habe, nimmt uns dann in Empfang, bittet uns in das Büro ihres Vorgesetzten, wo wir warten sollen. Fast unmittelbar darauf kommt er zu uns mit einigen seiner Kollegen, die Männer sind so um die vierzig, die beiden Frauen etwas jünger. Alle tragen Zivil, Jeans, Pullover und Hemden wie wir selbst. Der Leiter der Sondereinheit wirkt entspannt, er schüttelt uns lächelnd die Hand, ein Mann mit graumeliertem Haar, er könnte genauso gut einer der Väter sein, die ich jeden Tag nach dem Unterricht grüße. Er könnte genauso gut einer von uns sein.

Sie verteilen sich im Raum und sehen uns vorsichtig und auffordernd an. Der Anfang fällt mir schwer, dann brechen völlig unerwartet Wut und Schmerz hervor, und meine Stimme bricht. L erklärt ihnen, dass wir zwei Tage gebraucht haben, um sie zu finden und dem Mann hinterherzuspüren, dessen Namen wir im Internet entdeckt haben. Um mir etwas Zeit zu geben, mich zu beruhigen, erzählt er ihnen, wo wir leben und seit wann, er erzählt ihnen von unserer Tochter, dass sie S heißt und sechseinhalb Jahre alt ist, und von unserem Sohn, M, der zwei Jahre jünger ist und in den Kindergarten geht. Und dass S jetzt die zweite Klasse der Grundschule besucht. Er erzählt ihnen von dem Welpen und jenem Freitag, an dem ich die Kinder früher von der Schule abgeholt habe, um sie zu überraschen. Alle hören ihm aufmerksam zu.

Ich kann mich nicht erinnern, wann meine Stimme seine ersetzt, ich weiß nur, dass sich irgendwann der Kloß in meinem Hals auflöst und Worte hervorsprudeln, eins nach dem anderen, wie ein ununterbrochener Fluss, mit aller Kraft beschwöre ich alle Einzelheiten dieses Nachmittags herauf, versuche es genau mit den Worten von S wiederzugeben und nichts auszulassen.

Ich weiß nicht, wie lange ich so rede, irgendwann bin ich fertig, bin der Meinung, dass ich alles gesagt habe. L ist in seinem Stuhl versunken, jeder Muskel seines gequälten Gesichts ist angespannt, die anderen stehen immer noch um uns herum, an die Wand oder den Schreibtisch gelehnt, mit freundlichen Gesichtern, aber auch sie wirken angespannt. Zum Schluss beschreibe ich den erleichterten, entfesselten Tanz von S und wie sie am nächsten Tag etwas zurückgerudert ist, indem sie den anderen Hausmeister beschuldigt und Vito entlastet hat. Ich berichte auch noch ein Detail, das muss ich: ein leichter Unfall aus den letzten Monaten, der beinahe unbemerkt geblieben ist, den S jedoch an dem Nachmittag erwähnt hat, ehe sie die Schuld dem anderen Hausmeister angelastet hat, und der leider befürchten lässt, dass der Missbrauch schlimmer ist, als sie uns erzählt hat. Aber am 22. Februar dort mit den Polizeibeamten ist diese Vorstellung noch so unglaublich, dass ich davon nur berichte, um das Bild zu vervollständigen, weil es Teil von dem ist, was S mir erzählt hat, und ich nichts auslassen will, selbst wenn meine Stimme währenddessen zu einem Röcheln verkommt und einer der Kommissarinnen Tränen in die Augen steigen.

Wir werden gefragt, ob das Mädchen in den letzten Monaten Probleme hatte oder psychische oder physische Auffälligkeiten gezeigt hat.

Und zum ersten Mal, hier mit ihnen, in diesem Büro, bringen wir die Dinge in einen Zusammenhang. S ist tatsächlich seit Monaten grundlos aggressiv, jeder Vorwand ist ihr recht, sie will nicht zum Turnen, nicht in die Schule, sie hat zu nichts Lust, in letzter Zeit ist sie sogar auf ihren Bruder ausgesprochen eifersüchtig; und dann dieses Fieber, das mit beunruhigender Häufigkeit wiederkehrt. Und diese unerklärliche Blasenschwäche seit November, die mit dem Beginn der Weihnachtsferien endete und die wir warum auch immer nicht mit den Ereignissen in Verbindung gebracht hatten. Der Kinderarzt hatte etwas von Stress erzählt, ich war sogar zu der Lehrerin von S gegangen, um zu erfahren, ob die Schule der Auslöser sein konnte, und um sie zu bitten, S deswegen keine Vorwürfe zu machen, denn es bestünde wirklich ein Problem, sie konnte das Wasser nicht halten und deshalb fragte sie ständig, ob sie zur Toilette dürfe.

Ja wirklich, seit vier oder fünf Monaten war S vollkommen verändert, wir erkannten sie kaum wieder, sie lächelte nie mehr, war bockig und schmollte, und da sie im November begonnen hatte, sich einzunässen, wird uns jetzt klar, dass das Ganze aller Wahrscheinlichkeit nach mindestens seit der Zeit gehen musste.

Und wie bei einem Mosaik, das sich allmählich zusammensetzt, taucht jetzt in meinem Hirn ihre plötzliche Angst auf, allein ins obere Stockwerk zu gehen, und ihre genauso neuen Schwierigkeiten, abends einzuschlafen. Und dass sie mir vor fünf Tagen erzählt hat, sie möchte die Schule wechseln.

Leider passt alles genau ins Bild. Eine der Beamtinnen leitet die Verbrechensmeldung sofort an die zuständige Staatsanwaltschaft weiter. Wir sind so erschüttert, dass wir überhaupt nicht mitbekommen, was sie sagen. Einige Beamte werden zum Tatort geschickt. Erst später begreifen wir, dass einer der Männer, der gerade noch hier war, jetzt schon vor der Schule steht, denn er ruft an, um sich bestätigen zu lassen, dass er sich vor dem richtigen Gebäude befindet, und lässt sich L geben.

Der Leiter der Sondereinheit erklärt uns, dass wir uns mitten in einem Tunnel befinden, wir sind drinnen, doch der Ausgang ist ganz hinten, es gibt ihn, aber das Licht ist noch weit, und es wird ein schwerer Weg dorthin. Jetzt sollen wir uns eine glaubwürdige Ausrede überlegen, warum S dem Unterricht fernbleibt, und zwar auch für einen längeren Zeitraum, und zum Schluss ermahnt er uns, dass wir S auf keinen Fall weitere Fragen zu den Ereignissen stellen dürfen, sonst riskieren wir, sie »zu beeinträchtigen«, wir sollen einfach abwarten und sie zu einem Kinderpsychologen bringen, bevor sie auf den Staatsanwalt trifft. Und auch wir sollen uns sofort bereit erklären, die behördlichen Psychologen zu treffen, von denen S auch bald befragt werden muss.

Wir sagen ihm, dass wir uns große Sorgen um die Mitschülerinnen machen und uns auch ihren Eltern gegenüber moralisch verpflichtet fühlen. Er erklärt uns, dass wir mit niemandem über die Sache reden dürfen, sonst könnte es vielleicht nie zur Anklage kommen, und dass der Schutz der Kinder in der Schule nun in ihrer Verantwortung liegt. Er fügt hinzu, dass die betreffende Person oder die betreffenden Personen inzwischen wohl genau wissen, dass sie aufgeflogen sind oder zumindest nahe daran sind, deshalb werden sie sich eine Weile zurückhalten und sich in Acht nehmen.

Und da es sich um eine der schlimmsten Anschuldigungen handelt, mit den verheerendsten gesellschaftlichen Folgen, bedarf es jetzt von den Ermittlern und von unserer Seite unglaublicher Vorsicht. Was ist, wenn unsere Tochter sich irrt? Die Möglichkeit besteht doch. Wir sollen uns vorstellen, welchen Schaden das Ganze anrichten kann. Wir können nichts tun und sollen alles ihnen überlassen, nichts unternehmen, was nicht mit ihnen abgesprochen ist.

Wir sind uns bewusst, dass alles, was sie gerade gesagt haben, stimmt und dass dies der einzige Weg ist. Andererseits ist uns auch klar, dass wir uns niemals verzeihen könnten, wenn in dieser »verdeckten« Zeit unseres Schweigens einem anderen Kind etwas geschehen sollte. Denn es ist nun einmal so, dass wir etwas wissen und die anderen nicht; dabei hätten eigentlich alle Eltern das Recht, den Inhalt unserer Anzeige zu erfahren.

Schon deshalb verändert man sich, wenn man einmal diese Grenze überschritten hat, denn trotz des erlittenen Schocks glaube ich meiner Tochter im Großen und Ganzen, glaube den Worten, die sie gebraucht hat, den Gefühlen, die sie durchlitten hat, die zu stimmig sind, als dass sie erfunden sein könnten, und der Kerl ist weiter dort in der Schule, zusammen mit den Kindern der anderen Eltern, Kinder, die ich seit Jahren kenne und die abwechselnd zu uns zum Spielen oder Essen kommen, wie soll ich ihren Müttern in die Augen schauen und sie anlügen, wie kann ich die Gefahr für die Mitschüler von S verschweigen, die zwar nur vielleicht und nicht sehr wahrscheinlich besteht, aber doch theoretisch möglich ist? Denn niemand kennt die Wahrheit, niemand weiß, ob die Angelegenheit nur S betrifft oder auch andere und ob es weitergeht und, wenn ja, zu wessen Schaden.

Aber uns bleibt keine andere Möglichkeit, wir sind gezwungen zu lügen, müssen unseren Freunden offen ins Gesicht sehen und sie verraten und zusammen mit ihnen das Kind, dessen Eltern sie sind. Zumindest gehen wir das Risiko ein, sie zu verraten. Und hier beginnt gegen jede Erwartung und trotz unseres Schmerzes jener Trennungsprozess, die Isolation von beinahe allen Freunden und den Familien, die sich im kommenden Jahr fast vollständig vollziehen wird, von all jenen, mit denen wir bis zu diesem Moment ständigen Kontakt hatten. Dies ist der erste, unmerkliche Riss, hier beginnt die Entfremdung, die die anderen später vollenden, wenn auch aus vollkommen anderen Motiven. Mit der Entscheidung zu schweigen haben wir den Anfang gemacht, haben wir die ersten Fäden unseres sozialen Netzes gekappt, ohne zu wissen, dass später nur wenige verstehen werden, wie schwer uns diese Entscheidung gefallen ist, und an den alten Kontakt zu uns wieder anknüpfen wollen. Die Beamten hatten gute Gründe, uns zu bitten, nicht auf das Schweigen der anderen zu bauen, auch um S zu schützen, und wir haben uns gefügt.

Von jetzt an gibt es für uns keine Entscheidung mehr, die man als gerecht bezeichnen könnte, hier das Gute, dort das Böse, es handelt sich immer nur noch um eine Wahl zwischen dem größeren oder kleineren Übel: Wenn wir mit unserer Tochter reden, »beeinträchtigen« wir ihre Rolle als Zeugin, beschützen wir die Kinder unserer Freunde, behindern wir die Ermittlungen, weil die Nachricht sich verbreiten wird, und wenn es deshalb nicht zum Prozess kommt, werden in Zukunft viel mehr Kinder dem Missbrauch ausgesetzt sein, weil der Kerl an der Schule verbleibt, anstatt ins Gefängnis zu wandern. Das alles lastet jetzt auf unseren Schultern. Und dass uns von jetzt an Polizisten und ein Staatsanwalt zur Seite stehen werden, kann diese Last nicht von uns nehmen. Nicht die Last, das Schweigen, die Zweifel, die Verantwortung und das Warten.

Zwei Stunden später gehen wir in einen kleineren Raum. Dort sollen wir noch einmal von Anfang an wiederholen, was wir gerade erzählt haben, um die Anzeige zu formulieren. Mit uns im Raum sind einige der Beamten, die vorher auch da waren, und einer, den wir noch nicht kennen. Der Leiter der Sondereinheit geht Kaffee holen und kommt mit fünf Bechern auf einem Tablett zurück. Er war sehr nett zu uns, aber jetzt habe ich keine Kraft mehr, mir wird so schwindelig, dass ich gleich umfallen könnte.

Bevor es weitergeht, macht er ein wenig Smalltalk, er fragt uns, was wir beruflich machen, dass wir mit Musik zu tun haben, interessiert ihn, er fragt uns, wie lange wir schon ein Paar sind, welche Bücher wir lesen, erkundigt sich nach unseren Kindern, nach dem Dorf, in dem wir leben. Er findet sogar heraus, welche Partei wir wählen. Er erahnt vieles, er versucht zu raten, und oft hat er Recht.

Zum Glück lockert diese Pause den strengen Rahmen der Befragung auf, und wir können uns ein wenig entspannen, schließlich sind wir schon seit zehn Uhr hier, sonst hätten wir es nicht länger durchgehalten. Und selbst wenn all das beobachtet und vermutlich aufgeschrieben wird, schließlich trägt für die Leute hier jedes Detail zum Gesamtbild bei (angefangen bei den Eltern und ihrem Verhalten), so sind doch die Aufmerksamkeit, die Menschlichkeit und die Nähe dieses Mannes auf jeden Fall nicht gespielt.

Dann geht es weiter, wir werden gefragt, ob wir Hausangestellte oder einen Gärtner haben. Ob die Kinder regelmäßig bei Verwandten – Onkeln, Tanten, Großeltern – übernachten, ob S je einen Penis gesehen hat oder ob sie, vielleicht im Fernsehen, Sexszenen mitbekommen hat.

Wir beantworten eine Frage nach der anderen: Einmal die Woche kommt ein Gärtner zu uns und auch eine Putzfrau, aber die Kinder sind nie mit ihnen allein gewesen. Es gibt keine Onkel oder Tanten, die in der Nähe wohnen, und bei den Großeltern übernachten sie nie – die leben in der Stadt, sind berufstätig und haben nicht viel Zeit.

Und, ja, S hat sicher schon einen Penis gesehen, unter anderem regelmäßig den ihres kleinen Bruders, aber sie weiß nur eines darüber: dass der zum Pipimachen da ist.

Wir schließen aus, dass sie Sexszenen im Fernsehen mitbekommen haben könnte, da unsere Kinder nur die Zeichentrickfilme schauen dürfen, die wir für sie kaufen, sie haben keine Möglichkeit, die Fernbedienung zu benutzen, und außerdem sind sie normalerweise um halb neun im Bett. Manchmal gehen sie natürlich zum Spielen zu ihren Freunden, und drei-, viermal haben sie dort auch übernachtet, aber die eine Mutter, mit der wir befreundet sind, lebt getrennt, und sie ist nicht nur vertrauenswürdig, sondern auch sehr gewissenhaft. Auf das andere befreundete Paar trifft dies auch zu. Als Eltern kennen wir das Problem und sind vorsichtig, wir vertrauen unsere Kinder nicht dem Erstbesten an.

Was den Vorfall selbst angeht, muss ich jetzt alles noch einmal von vorn erzählen. Ein Beamter schreibt auf seinem Computer mit, während die Kommissarin, die seit Anfang unseres Gesprächs mit dabei ist, öfter nachfragt, etwas genauer wissen will und dem Kollegen hilft, eine passende Formulierung für sein Protokoll zu finden. Der Leiter der Sondereinheit schaut ab und zu herein, fragt lächelnd nach, ob alles in Ordnung ist. Vorhin, als es plötzlich im Raum ganz still geworden war, haben wir gehört, wie er einen der Beamten aufgefordert hat, er solle unbedingt vermerken, dass der Vater heute ebenfalls anwesend war. (Auf dem Weg nach draußen fragen wir uns, was das zu bedeuten hat.) Die Stunden vergehen, wir rufen an, um zu hören, wie es S geht, und sagen, dass wir hier bald fertig sind.

Wir halten uns noch ein wenig damit auf, das Haus zu beschreiben, das uns S gezeigt hat, als wir an der Schule vorbeigekommen sind. Aber es war dunkel, wir sind nur daran vorbeigefahren, und worauf sie nun genau gezeigt hat, ist nicht einmal uns ganz klar. Doch S scheint sich sehr gut zu erinnern, wohin sie gegangen ist, und nun ist es wichtig, dass sie das möglichst bald noch einmal erzählt.

Nachmittag

Als wir das Präsidium verlassen, sind wir erledigt. Das Sonnenlicht blendet uns. Es ist ein klarer Wintertag, der Himmel wolkenlos und blau, und die Sonne steht schon tief über den Häusern. Benommen drücken wir uns an den Mauern entlang, zwei Schatten gleich. Insgesamt waren wir fast fünf Stunden im Präsidium. Jetzt ist es Viertel vor drei. Fünf Stunden, die sich ungeheuer lang gezogen haben, um alles zunächst zu erzählen und es dann noch einmal in allen Einzelheiten zu wiederholen. Wir gehen in eine Bar, essen dort ein Sandwich, das uns natürlich gleich schwer im Magen liegt. Bevor wir S abholen, müssen wir erst einmal selbst begreifen, was gerade geschehen ist. In unserer derzeitigen Verfassung können wir unserer Tochter jedenfalls nicht gegenübertreten.

Andererseits, von jetzt an werden wir uns zu dieser täglichen »Maskerade« zwingen müssen, dem schizophrenen Wechsel zwischen zwei Gegensätzen, als würde man ständig die Kleider wechseln, von der Normalität eines Alltagslebens zu der überbordenden Wut, dem Warten, der Angst der verletzten Eltern, die sich entfremdet und allein gelassen fühlen. Doch genau auf diese Trennung gründet sich das Überleben der Familie, anders ist das nicht möglich. Beide Welten werden sich nur am Abend vereinigen, wenn L und ich allein sind und die Probleme, die wir angehen müssen, und die Dinge, die wir uns sagen müssen, so übermächtig werden, dass für nichts anderes mehr Platz bleibt. Aber man muss diese »Maskerade« mit voller Überzeugung durchziehen und sie bis ins Mark verinnerlichen, es reicht nicht, einfach nur ein lustiges Gesicht aufzusetzen, damit kann man ein Kind nicht täuschen. So mussten wir uns immer weiter zwingen, Freude an dem zu finden, was uns umgibt, an dem Leben um uns herum, und unsere Gefühle tief verbergen, abschotten, und letzten Endes hat das auch uns beschützt.

Wir wollten keine Kopie unserer Anzeige mitnehmen. Die Kommissarin hat uns ebenfalls davon abgeraten, sie hat gesagt, dass das eigentlich sinnlos ist, und wir waren einverstanden. Sie hat uns die ganze Zeit zugehört, gerade hat sie uns gesagt, dass sie im dritten Monat schwanger ist, wie hätten wir ihr widersprechen können? Bei der Kraft und Entschiedenheit, die sie in unserem fünf Stunden dauernden Gespräch gefunden hat? Es würde niemandem nützen, ein solches Dokument im Haus zu haben.

Bevor das Gespräch endet, informiert man uns noch darüber, wie es weitergeht. Als Nächstes wird man S in Anwesenheit einer Psychologin und des Staatsanwaltes befragen. Wo und wann das sein wird, wird man uns noch mitteilen. Das muss schnell geschehen. Dass sie das Ganze ernst nehmen, erleichtert uns ein wenig, soweit das möglich ist.

Wir hatten allerdings beide das Gefühl, wir würden beobachtet. Das sagen wir uns gleich, als wir draußen sind. All diese Fragen über uns und unsere Lebensgewohnheiten in einem scheinbar lockeren Gespräch. Andererseits ist das auch richtig so, das soll besonders die Kinder schützen. Die Beamten müssen in jede Richtung ermitteln. Erst jetzt wird mir klar, dass L davon mehr betroffen ist als ich, denn, wie man uns später erklärt, wenn ein Mädchen den Missbrauch anzeigt, hat sich das Ganze in neunzig Prozent der Fälle innerhalb der Familie abgespielt, und natürlich war über die gesamte Dauer unserer Anwesenheit im Präsidium jedem diese Möglichkeit bewusst. Erst jetzt begreife ich, wie sehr ihn allein das Inbetrachtziehen dieser Möglichkeit verletzt oder wie unbehaglich er sich unter diesen Umständen gefühlt haben muss. (Wenn der Missbrauch von einem Jungen angezeigt wird, ist das Verhältnis genau umgekehrt, das heißt, in neunzig Prozent aller Fälle wird das Verbrechen von den Familien nicht nahestehenden Personen begangen. Aber das trifft ja auf uns nicht zu.)

Dass wir beide die gleichen Empfindungen hatten und die ebenso wahrscheinliche wie nachvollziehbare Annahme, dass sie noch andere Informationen über uns einziehen werden, kränkt uns weder noch ängstigt sie uns. Sicher, das fühlt sich ein wenig unangenehm an, es verunsichert einen, aber verglichen mit unserem Schmerz und der Wut, die von uns fordert, rücksichtslos weiterzumachen, ist diese leichte Erschütterung gar nichts.

Eine halbe Stunde später holen wir S ab. Wir trinken noch einen Kaffee mit unserer Freundin, bedanken uns bei ihr und gehen. In einer Stunde kommt M aus dem Kindergarten. Uns bleibt gerade genug Zeit, um ihn dort abzuholen.

Bis zum 26. Februar

Im Auto fragt S uns, wie die Polizisten so waren, die wir getroffen haben. Wir erzählen ihr, dass zwei davon Frauen sind und eine sogar schwanger ist, obwohl man es ihr noch nicht sehr ansieht, und dass wir glauben, dass viele von den Beamten dort Kinder haben. Da diese schlimmen Sachen leider viel öfter passieren, als man denkt, sind sie daran gewöhnt, viele Kinder sind schon aus ähnlichen Gründen zu ihnen gekommen. Und jetzt möchten sie S gern kennenlernen.

Von jetzt an wird jedes Gespräch mit S noch schwieriger. Auf dem Präsidium hat man nachdrücklich davor gewarnt, wir könnten sie »beeinträchtigen«, also auf irgendeine Weise beeinflussen, und uns sehr ans Herz gelegt, nicht auf das Thema zurückzukommen. Aber obwohl es natürlich klar ist, dass ein beharrliches Nachfragen nach Einzelheiten oder weitere Fragen zu stellen nicht nur sinnlos, sondern sogar falsch ist (das hätten wir sowieso niemals getan), fällt es uns schwer zu begreifen, wo die Grenzen sind. Haben sie damit gemeint, wir sollten kein Wort mehr über das Geschehene verlieren? Wie soll das gehen?

Am nächsten Tag oder vielleicht ist es auch erst Donnerstagvormittag verschwindet S nach dem Frühstück, sie antwortet nicht, ist nirgendwo zu sehen, ich begreife nicht, warum.

Schließlich finde ich sie in ihrem Bett unter der Decke verkrochen. Regungslos. Niedergeschlagen. Sie spricht nicht mit mir. Sagt nur, sie will schlafen. Die Worte kommen nur schwer aus ihrem Mund, ich habe sogar Mühe, sie zu verstehen. Ich streichele ihre Stirn, dabei passe ich auf, dass ich ihre Haare nicht berühre, denn sie erlaubt niemandem, sie anzufassen (über Monate bürstet sie sich bis zu fünfzehn Mal am Tag). Dann sagt sie, sie sei traurig wegen dem, was in der Schule passiert ist. Und angesichts dessen, was dort vorgefallen ist, kann keine Erklärung, kein Gedanke ihren Schmerz lindern.

Um sie ein wenig aufzumuntern, erzähle ich ihr, dass mir einmal etwas Ähnliches passiert ist, als ich selbst ein kleines Mädchen war: Der Portier des Hauses, in dem wir wohnten und der manchmal auf die Kinder aufpassen sollte, habe mir eines Nachmittags gesagt, ich soll seinen Pimmel anfassen. (Ich fantasiere drauflos, verhaspele mich, mische Wahrheit und Erfundenes. Ich vertraue meinem Bauchgefühl. Warum habe ich nie vorher daran gedacht? Ihre Augen haften auf mir. Der Mama ist das auch passiert. Und ich rede mit dir darüber. Keine Sorge, du bist nicht allein.) »Und was ist dann passiert?«, fragt sie, und endlich zeigt sich in ihren Augen ein winziges Leuchten, ein schwaches, wiedergefundenes Lächeln. Ich gestehe ihr, ich hätte mich so geschämt, dass ich mir fünfmal die Hände waschen gegangen wäre und es niemandem erzählt hätte. »Und dann?« Einen Monat später hätte ich endlich alles der Großmutter erzählt, und die wäre sehr böse auf den Portier gewesen. Der Großvater hätte mit ihm geredet. Was er ihm gesagt hat, wüsste ich nicht, aber der wäre sofort verschwunden und ein neuer gekommen.

Genau das ist das Problem. In gewisser Weise könnte man mein Vorgehen als »Beeinträchtigung« verstehen. Und es würde schon genügen, wenn sie Spuren von meiner Geschichte in den

Aussagen von S finden würden, um so ihre ganze Aussage zu entwerten. (Das könnte sein.) Selbst wenn sie nicht das Kleinste in *ihrem* Bericht von den Ereignissen ändert. Doch jetzt hat die Phase begonnen, in der man die Waffen versammelt und darauf achtet, dass sie nicht stumpf werden, daher würde mein »Geständnis« gegenüber meiner Tochter, wenn es in den Akten auftauchte, sofort von der Verteidigung benutzt werden, um eine »Beeinflussung« seitens der Mutter nahezulegen.

Aber als kein Wort sie in ihrem geheimen Zufluchtsort unter ihrer Bettdecke zu erreichen schien, hat diese Geschichte ihr wenigstens ein Lächeln entlockt, der Gedanke, dass ihrer Mutter das Gleiche passiert ist, ist in diesem Moment eine Beruhigung für sie, gibt ihr die Kraft aufzustehen. Zu wissen, dass sie nicht allein ist, tut ihr so gut, dass sie mich zwei oder drei Tage lang immer wieder bittet, ihr das Ganze noch einmal zu erzählen.

Als ich später darüber nachdenke, fühle ich mich schlecht, als hätte ich etwas Verbotenes getan. Ist meine Tochter noch meine Tochter oder nur noch die Zeugin in einem künftigen Prozess? Darf ich ihr helfen, indem ich ihr etwas erzähle, was an anderer Stelle die Verfolgung der Täter noch weiter erschwert? Die Erleichterung, die ich empfunden habe, als ich dieses kleine Aufleuchten in ihren Augen gesehen habe, verwandelt sich jetzt in ein diffuses Unbehagen. Warum habe ich mich über eine so nachdrückliche Forderung der Polizei hinweggesetzt?

Den ganzen Tag über schleppe ich dieses Gefühl der Beklemmung mit mir herum, obwohl (oder vielleicht gerade weil) S nicht mehr so niedergeschlagen ist und ich befürchte, sie könnte die Geschichte, die ich ihr erzählt habe, vor dem Staatsanwalt wiederholen. Mich quälen Zweifel, ja, ich bin unvorsichtig gewesen. Ich stelle mir vor, wie mein Verhalten gedeutet werden wird (eine Mutter, die einfach so erzählt, ihr sei das

Gleiche wie ihrer Tochter passiert), und die Enttäuschung darüber, dass ich auf diese Weise eine Zeugin »verbrannt« habe, deren Aussagen in anderen Punkten eindeutig sind.

Abends rede ich mit L darüber, der Gedanke an die Folgen ängstigt mich, ich kann mir diesen falschen Schritt nicht verzeihen. Doch L beruhigt mich. S wird die Geschichte, die ich erzählt habe, bestimmt nicht wiederholen, und selbst wenn, was soll schon sein? Wir werden eben erklären, warum ich sie ihr erzählt habe. Die Anweisungen, die die Polizei uns gegeben hat, sind so allgemein und abstrakt, dass man eben einen Kompromiss finden muss, denn bei aller Rücksichtnahme auf die Ermittlungen haben wir die Verpflichtung S gegenüber, sie in dem zu bestärken, was richtig und was falsch ist. Und deshalb ist es unabdingbar, dass wir ihren Glauben, Vito sei als Vertreter der Autorität auch im Recht, erschüttern. Wir dürfen ihr in diesem Punkt nicht unsere Meinung vorenthalten. Hier müssen Werte zurechtgerückt werden: Vito ist erwachsen; Vito hat einen Fehler gemacht und etwas Böses getan; es ist ganz schlimm, dass er dich mit dem Tod bedroht hat, noch dazu, wo er in der Schule für die Kinder eine Bezugsperson ist. Außerdem müssen wir den Mut von S anerkennen. Und wenn die Polizei diese Vorgehensweise nicht billigt, dann soll uns das egal sein. So ist das. Im Übrigen ist das genau die Linie, die wir nach Absprache mit dem uns begleitenden Kinderpsychologen verfolgen sollen.

Denn es stimmt einfach nicht, dass man sich eines Vorfalls auch gleich bewusst wird, sobald man davon *erzählt* hat, und dass das Problem damit gelöst ist. Der Kopf neigt dazu, im Lauf der Zeit zur »Erstversion« zurückzukehren, zu dem, was man sich zunächst zurechtgelegt hat, das ist einfacher, weil man sie schon kennt, obwohl es in anderer Hinsicht schmerzhafter ist. Deshalb erkläre ich dir, liebe S (und das wenn nötig bis zur Erschöpfung): Vito ist nicht gut, er hat dich nicht lieb und war nie dein Freund. Und selbst wenn das den Ausgang eines möglichen Prozesses beeinflussen könnte (worüber wir selbst am traurigsten wären), während wir darauf warten, dass du von der Staatsanwaltschaft gehört wirst, werden wir nicht aufhören, dir unsere Meinung dazu zu sagen.

Das Warten lastet immer mehr auf uns. Der ermittelnde Staatsanwalt arbeitet in einer anderen Dienststelle; der Fall liegt nicht mehr in den Händen der Beamten der Sondereinheit und deren Leiter, sondern unterliegt jetzt den Entscheidungen der Staatsanwaltschaft, die wiederum von anderen Beamten der Kriminalpolizei unterstützt wird. Der Staatsanwalt ist sehr beschäftigt, ständig gibt es andere wichtige anhängige Verfahren, und er findet einfach nicht die Zeit für uns, außerdem gibt es zeitliche Probleme, seine Termine mit denen der Spezialisten, die anwesend sein müssen, abzustimmen. Jetzt geht es nicht mehr nur darum, einen für alle möglichst günstigen Termin zu finden, sondern überhaupt einen.

Mittwoch rufe ich im Präsidium an. Ich rufe Donnerstag an. Freitag. Dort wissen sie von nichts. S hat geglaubt, dass wir sofort einen Termin bekommen.

Auch am Samstag keine Chance. Sonntag brauche ich gar nicht erst anzurufen, also wird es bestimmt Montag. Wir müssen abwarten. Wir hoffen, dass man jetzt am Montag zumindest einen Termin findet, an dem alle teilnehmen können.

Das Wochenende lässt uns alle in Ungewissheit, wir hätten lieber schon jetzt einen Termin gehabt. Selbst wenn der erst in zehn Tagen wäre. Aber wenigstens einen bestätigten Termin.

Doch dieser Schwebezustand zieht sich hin. Viel länger kann man doch das Ganze nicht aufschieben, diese Ungewissheit verschlimmert die Angst nur noch.

Am Samstag erfahren wir, wenn das Kind die Anschuldigungen nicht wiederholt, kommt es gewöhnlich zu keinem weiteren Treffen. Das könnte natürlich passieren, aber keiner von uns hatte das je in Betracht gezogen. Es ist vollkommen sinnlos, darüber nachzudenken, was passieren könnte, wenn S nicht den Mut findet, das zu wiederholen, was sie uns erzählt hat, es ist sinnlos und dazu noch schädlich, weil es uns hindert, die Anforderungen der Ermittler von unseren Pflichten als Eltern zu trennen. Und unsere eigenen Bedürfnisse nicht denen anderer unterzuordnen.

Doch eines ist ganz klar: Obwohl uns die Wut fast auffrisst, werden wir nichts unternehmen, um S zu etwas zu drängen, was sie selbst nicht tun will.

27. Februar

Sonntagabend klingelt es an der Tür. Draußen ist es dunkel, unser Abendessen ist bereits eine Weile her, die Kinder schlafen schon. Wir sind beunruhigt, es ist beinahe elf Uhr. Wir haben keine Ahnung, wer das sein kann. L geht zur Tür. Draußen steht ein Polizeibeamter, der uns nach Dienstschluss die Vorladung für unsere Tochter »als Geschädigte und Auskunftsperson« übergibt und L bittet, ihm die Zustellung per Unterschrift zu bestätigen. Das Treffen mit dem Staatsanwalt ist für Mittwoch, den 2. März festgesetzt. Also in drei Tagen. Wir sollen uns um drei Uhr nachmittags auf dem Präsidium einfinden. In der Vorladung steht ausdrücklich, wenn unsere Tochter ohne wichtigen Grund nicht erscheint, würde man sie zwangsweise vorführen.

Die eigentümliche Wortwahl in dieser Angelegenheit, die,

wie wir erst in diesem Augenblick erkennen, nun in ein Strafverfahren mündet, trifft uns unvorbereitet. L faltet das Dokument sorgfältig zusammen und steckt es in sein Portemonnaie. In der Wohnung dürfen keine Spuren zurückbleiben. Wir beide kontrollieren unsere Terminkalender für den 2. März, um zu sehen, wie wir das am Nachmittag regeln. Dass wir endlich einen festen Termin haben, entschädigt uns für den Schreck von eben. Selbst wenn mir beim Zubettgehen diese Formulierung nicht aus dem Kopf will: Wenn meine Tochter ohne wichtigen Grund nicht erscheint, könne sie zwangsweise vorgeführt werden.

Doch dieser Fall ist so unwahrscheinlich, dass er völlig abwegig erscheint. Seit Tagen drängen wir auf diesen Termin, warten darauf, daher ist allein der Gedanke, wir könnten nicht erscheinen, vollkommen absurd. (Soll das ein Witz sein? Sollten wir etwa eines Morgens aufwachen und es uns anders überlegt haben?)

Die Vorladung der Staatsanwaltschaft zeigt uns jedoch auch, dass eine selbstständige, übergeordnete Behörde sich der Angelegenheit angenommen und sie uns aus den Händen genommen hat. Von jetzt an werden wir in dem Vorgang einen ganz bestimmten Part haben, wir sind sozusagen der Stein des Anstoßes, dessen Lauf man, wenn er einmal ins Rollen gekommen und selbst wenn man der Geschädigte ist, kaum noch beeinflussen kann. Das Ausmaß der Angelegenheit hat sich radikal verändert. Jetzt ist es keine Privatsache mehr, es betrifft nicht mehr nur uns, unsere Tochter und die Beamten, denen wir den Missbrauch angezeigt haben, sondern ist jetzt eine Sache der Justiz. Ein Vorgang, der seiner eigenen ebenso korrekten wie unpersönlichen Logik folgt, die keine Rücksicht auf persönliche Umstände nimmt, nicht einmal dann, das lassen die Formelhaftigkeit und Unpersönlichkeit der Vorladung vermuten, wenn jedes weitere Handeln dem schwächsten Glied in der

Kette schaden könnte. (Ist das wirklich vorstellbar, dass man ein Kind, das Opfer eines Missbrauchs wurde, zwangsweise zu einer Befragung vorführt?)

Doch diese Überlegungen geistern vorerst nur in unserem Unterbewusstsein herum, erst im Laufe der Zeit werden sie an die Oberfläche drängen, und obwohl sie ab und zu aufblitzen, sollten wir uns jetzt auf den anstehenden Termin konzentrieren. Schon die Tatsache, dass die Angelegenheit nicht mehr in unserer Verantwortung liegt, ist eigentlich eine Erleichterung.

Wir gehen zu Bett. Und das ist der erste Abend seit zehn Tagen, dass ich mich nicht mehr davor fürchte, den Kopf aufs Kissen zu legen oder das Licht auszumachen. Die erste Nacht, die ich durchschlafe.

28. Februar–2. März
(erstes Treffen mit dem Staatsanwalt)

Am nächsten Tag, dem 28. Februar, wird S krank (schon zum fünften Mal seit Anfang des Jahres). Sie hustet, hat Fieber und Halsschmerzen. Noch weiß sie nichts von dem Termin in zwei Tagen auf dem Polizeipräsidium. Am Dienstag, dem 1. März, steigt das Fieber weiter auf über neununddreißig Grad. Wir bekommen es einfach nicht in den Griff, S verbringt den Nachmittag überwiegend schlafend auf dem Sofa. Wir sagen schon mal im Präsidium Bescheid. Der Leiter der Sondereinheit ruft uns sofort zurück und bittet uns, unserer Tochter Medikamente zu geben und sie auf jeden Fall morgen zu ihnen zu bringen, notfalls eben auch mit Fieber. Es sei schon schwierig genug gewesen, dieses Treffen zu organisieren, kurzfristig einen Ersatztermin zu bekommen sei völlig unmöglich.

Am Morgen des 2. März ist S beim Aufwachen zwar noch müde, und sie hat Kopfschmerzen, aber wenigstens ist sie fieberfrei.

L bringt M in den Kindergarten und verabredet mit einer Freundin, dass sie unseren Sohn später abholt, dann fährt er ins Konservatorium. Ich frühstücke in aller Ruhe mit S, aber sie hat keinen Appetit. Sie bleibt im Schlafanzug und setzt sich vor den Fernseher, um sich einen Zeichentrickfilm anzusehen. Gegen eins kommt L zurück, und wir erzählen ihr, dass gerade eben das Präsidium angerufen hat und wir gegen drei dort sein sollen. S sieht uns verwirrt an, sie fühlt sich nicht gut und fragt, ob man das nicht auf einen anderen Tag verschieben könnte.

Sie hat ja Recht. Auch der Kinderarzt hat uns gestern ermahnt, sie sollte keinesfalls das Haus verlassen. Aber keiner der beiden hat die Bestürzung in der Stimme des Leiters der Sondereinheit gehört, als ich ihn angerufen habe, um dort Bescheid zu sagen, dass es S nicht gut ginge. Und sie wissen auch nicht, wie der Justizalltag in den Behörden tatsächlich aussieht und wie sehr dort persönliches Engagement gegen chronischen Geldmangel ankämpfen muss. Und vor allem, selbst wenn wir diesen Termin um zwei bis drei Wochen verschieben würden, wie sollten wir die Zeit bis dahin überbrücken?

Wenn S schon heute nicht ins Präsidium will, wie soll das erst später werden? Ich werde dieser verständlichen wie berechtigten Abneigung nichts entgegensetzen können. Je mehr Zeit verstreicht, desto weniger hat S Lust, sich an die ganze Angelegenheit zu erinnern (und mit sechs Jahren hat sie jedes Recht der Welt, nicht mehr daran denken und einfach vergessen zu wollen). Außerdem hat man uns gebeten, von einem Besuch bei einem Psychologen vorerst abzusehen, so dass wir in der Zwischenzeit, in diesem Schwebezustand, der sich auf unabsehbare Zeit verlängern könnte, nicht nur ständig darauf achten müssen, über was und wie wir mit ihr reden, sondern auch keine Möglichkeit haben, eine Therapie zu beginnen.

L erklärt S, dass man den Termin nicht verschieben kann. So sei es nun einmal. Obwohl sie so blass und geschwächt ist. Ihre Temperatur steigt schon wieder. Je mehr Zweifel aufkommen, desto aufgeregter wird sie, und das überträgt sich auch auf uns Eltern. Doch wir müssen sie anziehen und gehen. Den Termin zu verschieben ist keine Alternative. Vor allem nicht für sie.

Das heißt also, wir werden sie von Kopf bis Fuß dick einpacken müssen, und L wird sie dann bei der gesamten Fahrt auf den Schoß nehmen. »Vielleicht können wir ja vorher noch ein Eis holen!«, verspricht er ihr als Entschädigung.

Beim Mittagessen bekommt S fast nichts hinunter. Gerade mal vier oder fünf Gabeln Nudeln. Ich helfe ihr danach beim Anziehen. Frage sie, was sie mitnehmen möchte, ein paar Stofftiere oder Spiele, damit es ihr nicht langweilig wird, falls wir warten müssen. Wir gehen in ihr Zimmer, um ihren Rucksack zu packen. Sie stopft eine Puppe hinein, außerdem ihr Lieblingskuscheltier, ein Bilderbuch und das Mäppchen. Sie hat den Rucksack so voll gepackt, dass er nicht mehr zugeht.

Gegen drei Uhr treffen wir beim Polizeipräsidium ein. Vorher hatten wir an einem Café angehalten, wo es Eis gab, doch S wollte dann doch keins. Wie versprochen hat L sie bis zum Eingang getragen, wo es von Beamten in Uniform nur so wimmelt. Wir müssen durch einen Metalldetektor. S ist etwas eingeschüchtert, sie ist das einzige Kind hier. Doch das ist gar nicht so schlecht, denn von allen Seiten lächelt man sie an oder winkt. Dann erst schaut man auf uns (ich schaffe es, meine Tränen so tief in mich zu verbannen, dass sie wie in Beton gegossen sind). Wir haben bereits im Auto versucht, unserer Tochter das Präsidium zu beschreiben, doch man sieht ihr deutlich an, dass sie es sich so nicht vorgestellt hat.

Wir nennen unsere Namen und erhalten Besucherausweise, die wir am Kragen befestigen.

Im Aufzug fahren wir dann, ohne es zu wissen, mit dem Staatsanwalt und der Psychologin hinauf, die ihn begleitet. Später wird sie darauf hinweisen: »Wir sind uns bereits vorhin im Aufzug begegnet.« (Ach ja, nun, da sie es erwähnt, wir sind tatsächlich zusammen mit ihr und diesem Herrn eingestiegen, der irgendetwas Buntes anhatte, was war es noch, die Krawatte oder das Hemd? Eben etwas, das die Situation etwas entspannen und gute Laune erzeugen soll, angesichts des Treffens, das ihm bevorsteht, obwohl keiner von uns Notiz davon genommen hat. Beide haben es eilig, zum vereinbarten Büro zu kommen, und bemühen sich, das, was uns jetzt allen bevorsteht, als völlig normal und überhaupt nicht schlimm darzustellen.)

Der Leiter der Sondereinheit kommt uns entgegen, er empfängt uns herzlich und begrüßt S, als ob er sie bereits kennen würde. Er sagt ihr, sie sei ja genauso schön wie ihre Mutter, bevor er gleich mit dem Staatsanwalt in einem anderen Raum verschwindet. Wir warten draußen mit den Beamten, die wir am Tag der Anzeige kennengelernt haben, darunter auch die beiden Kommissarinnen.

Alle geben sich sehr freundlich und entspannt. Sie sagen uns, wo wir unsere Sachen ablegen können, und holen Stühle für uns. Dann bieten sie S einen Saft an und führen sie in der Abteilung herum. Und obwohl es an diesem Ort nichts Kindgerechtes gibt und die Flure und Zimmer grau und mit Akten vollgestellt sind, herrscht eine angenehme Atmosphäre.

Nach etwa einer halben Stunde bittet man mich in das Nebenzimmer. S klettert zu Papa auf den Schoß. Jetzt ist sie müde, sie hat mit den Beamten ihren Spaß gehabt, die ihr eine Kappe und zwei oder drei verschiedene Kalender geschenkt haben, dann hat sie sich wieder hingesetzt. Ich gebe L das Buch, damit er ihr weiter vorlesen kann. Aber S steht zusammen mit mir auf, sie will sehen, wohin ich gehe, sie kommt mit an die Tür des Büros, in dem zwei Frauen sitzen, sagt Hallo und geht dann wieder zu ihrem Vater.

Ich betrete das Zimmer und schließe die Tür hinter mir. Die eine Frau ist die psychologische Gutachterin der Staatsanwaltschaft, die andere die des Präsidiums. Die eine ist etwas älter als ich, sie wirkt freundlich und trägt eine auffällige, bunte Kette (die später S sehr gefallen wird); die andere ist etwas jünger und wirkt wie eine Studentin. Sie bitten mich, noch einmal zu schildern, was das Kind mir – inzwischen ist das beinahe zwei Wochen her – erzählt hat, dann erkundigen sie sich, wie S sich in diesen Tagen verhalten hat, wollen alles über ihre Wut, das Fieber und ihren Widerwillen, hierherzukommen, wissen. Unser Gespräch dauert eine Dreiviertelstunde, ich spreche schnell und versuche, mich kurzzufassen, weil ich mir Sorgen um S mache, die draußen warten muss. Als ich fertig bin, ist es fast fünf, ich entschuldige mich dafür, dass ich es eilig habe, weil S gestern fast den ganzen Tag Fieber hatte.

Als ich zu S zurückkomme, sitzt sie immer noch beim Papa auf dem Schoß. Die beiden Psychologinnen kommen gleich darauf zu uns, sie stellen sich vor und fragen S, was für Spielsachen sie mitgebracht hat und ob sie nicht zusammen mit ihnen in das große Zimmer nebenan gehen möchte, in das des Leiters der Sondereinheit. S sieht uns an: »Wir warten hier auf dich«, versichern wir.

S nimmt ihren Rucksack und folgt den Frauen. Außer den beiden Psychologinnen und dem Staatsanwalt sind in dem Raum noch zwei Polizeibeamte, ein Mann und eine Frau. Alles in allem fünf Personen. Und ein Aufnahmegerät. Die Tür schließt sich hinter ihr.

L und ich sehen uns an. Wortlos. Wir können nicht mehr. Wir sind entsetzt, dass es schon so spät ist, zwei Stunden sind seit unserer Ankunft vergangen. Wie mag es S bloß gehen, für die das Ganze jetzt erst beginnt? Sie hat so lange warten müssen. Wenigstens sind uns die beiden psychologischen Gutachterinnen sympathisch.

Wir bleiben lange neben der Tür dieses Zimmers sitzen, durch die jedoch kein Wort nach außen dringt. Wir hatten unserer Tochter versprochen, hier auf sie zu warten, und daher muss sie uns gleich vorfinden, wenn die Tür sich öffnet. Aber das Ganze zieht sich hin. Inzwischen ist es fast eine Stunde her, dass sie dort hineingegangen ist. Die Bürostühle mit den Jacken über der Lehne sind hart und unbequem. Es ist warm, und wir schwitzen in unseren Winterschuhen. Niemand sagt uns Bescheid, was dort drinnen hinter verschlossenen Türen vor sich geht. Immer wieder stehen wir auf und gehen auf und ab. Plötzlich bekomme ich schreckliche Kopfschmerzen.

Wir gehen nacheinander zur Toilette. Dort bröckelt der Putz von den Wänden, die Spülung leckt. Auf dem Weg zurück kommt uns ein Beamter im Flur entgegen. Wir gehen gemeinsam zum Getränkeautomaten, um uns einen Tee zu holen. Der Mann ist groß und freundlich, er erzählt uns, dass er interne Schulungen zum Thema Missbrauch gibt. Er war derjenige, der S die Polizeikalender geschenkt hat. Nun entschuldigt er sich bei uns, dass er unsere Tochter vorhin gebeten hat, ihm dafür ein Küsschen zu geben, aber er erklärt uns, dass viele Kinder, die (innerhalb der Familie) missbraucht werden, eher auf den Mund als auf die Wange küssen würden, da sie sexualisierte Verhaltensweisen entwickeln. Aber das sei bei uns nicht der Fall.

Auch eine der Polizistinnen gesellt sich zu uns. Wir erfahren, dass zurzeit in dieser Stadt mehr als sechs Schulen in Verdacht stehen, dort komme es durch die Hausmeister zu sexuellen Übergriffen. Inzwischen käme das so häufig vor, dass die Kollegen sich schon fragen, ob es etwa eine Krankheit ist, die man sich in der Schule einfängt. Das war sicher ironisch gemeint, aber macht jedoch deutlich, wie weit verbreitet das Problem ist.

Die Zeit vergeht. Jetzt ist es Viertel nach sechs. Immer noch nichts. Die Tür öffnet sich einfach nicht. Wir machen uns Sorgen um das Wohlbefinden unserer Tochter, darüber, was man ihr abverlangt. Der Kommissar meint, wir sollten ganz ruhig bleiben, er hat vorher mit unserer Tochter gesprochen und glaubt, dass S anderen Kindern ihres Alters durchaus voraus sei. Sie wird darüber hinwegkommen. Da ist er sich ganz sicher. Und wiederholt es. Und das sagt er nicht einfach nur so, um uns zu beruhigen. Er hat viele solcher Kinder gesehen. Seiner Meinung nach ist unsere Tochter anderen wirklich voraus.

Nach einer Stunde und vierzig Minuten geht die Tür endlich auf. Inzwischen ist es beinahe sieben. S fragt uns, wo wir waren, als sie im Flur nach ihrem Stofftier gesucht hat. Die psychologische Gutachterin der Polizei lächelt uns an. Sie gibt uns ihre Handynummer, sagt, falls wir Fragen an sie haben, können wir sie jederzeit anrufen. (Ein paar Tage später, als wir wegen des nächsten Termins miteinander telefonieren, wird sie lobend erwähnen, wie vorbildlich sowohl mein Mann als auch ich uns um unsere Tochter kümmern.)

Bei der allgemeinen Verabschiedung sagt der Leiter der Sondereinheit zu L, dass S von der Schule erzählt habe und bis zu dem »Geheimnis, das die Mama kennt«, gekommen sei, doch dass sie dieses nicht verraten wollte. Man muss sich also noch einmal treffen. Plötzlich haben es alle eilig. Die psychologische Gutachterin der Staatsanwaltschaft kommt noch einmal zu S, um sich von ihr zu verabschieden. Sie sagt ihr, dass sie ein nettes Mädchen ist, verspricht, beim nächsten Mal ein kleines Geschenk für sie mitzubringen und auch die lange bunte Kette wieder zu tragen, die ihr so gefallen hat.

Für den Moment ist es vorbei. Wir dürfen gehen.

2. März, abends

Wir verlassen das Präsidium. Draußen ist es jetzt vollkommen dunkel. S sagt kaum ein Wort. Vorhin, als wir unsere Mäntel angezogen haben, hat sie uns gefragt, warum die Polizisten sie denn nichts gefragt hätten, wo sie doch schon alles wüssten. (Sie hatte sich vorgestellt, dass man direkt auf das Thema zu sprechen käme, stattdessen hat man sie nur gebeten, etwas zu malen und zu spielen.) Sie fragt nach: »Habt ihr ihnen auch wirklich alles gesagt? Die wussten nämlich gar nichts.« Einen Moment lang zweifelt sie sogar an dem, was wir ihr erzählt haben. Wir antworten, die anderen hätten wahrscheinlich darauf gewartet, dass sie von allein davon anfängt.

S klettert ihrem Vater auf den Schoß und klammert sich auf der gesamten Fahrt an ihn. Ihre Augen sehen müde aus, ihr Kinn ruht auf seiner Schulter. Bevor wir an der Eisdiele ankommen (jetzt will sie doch ein Eis), fragt sie mich ganz leise, ob die Polizei auch Kinder verhaften kann. Ich verstehe sie nicht, beuge mich zu ihr hinunter. Sie muss es noch einmal sagen. »Kann die Polizei Kinder verhaften?«

Von all den Dingen, die sie mir bislang erzählt hat, schmerzt mich diese Frage am meisten. Selbst jetzt noch fürchtet sich S entsetzlich davor, dass *sie* etwas Schlimmes getan hat, so dass sie nun glaubt, sie könnte deswegen verhaftet werden. Es schnürt mir die Kehle zu. Ich sage nein, auf gar keinen Fall. Denn die Leute, die sie heute kennengelernt hat, sind »Polizisten für Kinder«, Polizisten, die sich für Kinder einsetzen und alle Erwachsenen bestrafen, die ihnen etwas antun. Sie verhaften keinesfalls Kinder, sondern nur die Erwachsenen! Sie darf nie mehr Angst haben, etwas Schlimmes getan zu haben, denn das war Vito, er hat sie überredet, die Schule zu verlassen, und hat ihr dann gedroht. Und wenn ein Erwachsener mit einem Kind etwas macht, das nicht in Ordnung ist, dann ist der schuld. Nicht das Kind. Der Erwachsene ist dafür verantwortlich, nicht umgekehrt. »Hast du das jetzt verstanden?« Sie nickt. Nun holen wir das Eis. Wir kaufen uns auch eins, um ihr Gesellschaft zu leisten, aber es ist nicht besonders gut. Schließlich gehen wir weiter und essen es auf dem Weg zum Auto, aber S mag ihres nicht mehr, und wir suchen nach einem Mülleimer, um es wegzuwerfen.

Dann holen wir ihren kleinen Bruder von seinen Freunden ab, wo er auch schon zu Abend gegessen hat. Unser Nesthäkchen, für das wir in diesen Tagen nur wenig Gedanken übrig haben. Wir entschuldigen uns dafür, dass es so spät geworden ist. Im Auto kommt es dann wegen irgendeiner Banalität zu einem Streit, und S und M schreien aufeinander ein, doch wir haben keine Kraft mehr, sie zu beruhigen.

Sobald wir bei uns zu Hause in die Einfahrt biegen, bricht S in Tränen aus. Tränen der Verzweiflung. Sie ist so wütend auf ihren Bruder, dass sie sofort, so wie sie ist, noch in ihren Kleidern, ins Bett schlüpft und sich die Decke über den Kopf zieht. Sie weint und weint, kann nicht mehr aufhören. Das geht eine halbe Stunde so. Weder Worte noch Zärtlichkeiten können sie beruhigen. Nicht einmal M, der schließlich zu ihr geht, um sich zu entschuldigen. (Er war wütend geworden, als er erfahren hatte, dass sie ein Eis bekommen hat. M ist eifersüchtig auf die Zeit, die wir ihr widmen, er fühlt sich ausgeschlossen.) Als die Anspannung schließlich nachlässt, kommt S aus dem Bett und lässt sich ausziehen. Ihre Augen sind immer noch rot und geschwollen.

Erst jetzt bemerke ich, dass sie unter den Achseln stinkt wie eine Erwachsene. Der Schweiß hat sich nicht nur in Unterhemd und T-Shirt, sondern auch im Sweatshirt festgesetzt. Ein stechender, heftiger Geruch, den ich zum ersten Mal bei ihr wahrnehme. Sobald S den Schlafanzug anhat, ist sie so erschöpft, dass sie sofort einschläft. Sie hat auch wieder Fieber.

Ich selbst gehe mit einem Gefühl des Ekels ins Bett. Tief getroffen von der ebenso naiven wie beunruhigenden Frage von S, die sie im Flüsterton gestellt hat, ob die Polizei Kinder verhaften könne.

Ist uns Erwachsenen, wenn wir versuchen, unseren Pflichten als Bürger wie als Eltern nachzukommen, eigentlich bewusst, was wir da tun?

3. März

Am nächsten Tag geht auch M nicht in den Kindergarten. Wenn einer von beiden aus dem Haus muss und der andere nicht, sorgt das immer für ein wenig Unfrieden. Heute haben wir alle etwas Entspannung nötig, und daher haben wir uns diesen Streit erspart. Um acht kommt die Putzfrau. Es ist nicht gerade toll (weder für sie noch für uns), dass wir zu Hause sind, wenn sie in den Zimmern mit dem Staubsauger herumwirbelt.

Um elf habe ich einen Termin in der Stadt. Ich komme gegen zwei wieder zurück, dann verlässt L das Haus. Er hat drei Stunden Unterricht. Wir wechseln uns ab, damit die Kinder nie allein zu Hause sind. Wir haben ihnen erzählt, wir hätten einen freien Tag, und bis auf die beiden nicht verschiebbaren Termine sieht es auch so aus.

S hat immer noch Fieber, dazu kommen Kopfschmerzen und ein allgemeines Schwächegefühl. Aber insgesamt hat der gestrige Tag keine schlechten Erinnerungen hinterlassen, denn sobald S wach ist, zeigt sie ihrem Bruder die neue Kappe und die Kalender von der berittenen Polizei. Ich habe wie ein Stein geschlafen. Acht Stunden, ohne auch nur einmal wach zu werden. Genau wie L. Keiner von uns hatte gestern Abend beim Schlafengehen die Kraft, über das zu sprechen, was am Tag passiert war. Von der Müdigkeit überwältigt, sind wir einfach in den Schlaf geglitten und haben die ungelösten Probleme verdrängt.

Die aufgestaute Anspannung löst in mir widersprüchliche Gefühle aus, daran hatte auch der lange Schlaf nichts geändert. Einerseits bin ich enttäuscht. Ich gebe es nicht gern zu, aber mir wäre es lieber gewesen, wenn S stärker gewesen wäre und alles erzählt hätte. Dann empfinde ich noch Bitterkeit, wenn ich sehe, wie schlecht es ihr weiterhin geht, außerdem mache ich mir Sorgen wegen der Tragweite des Problems. Und schließlich bin ich richtig wütend, verwirrt und verunsichert, weil ich nicht begreife, wie man ein sechsjähriges Kind, das am Vortag hohes Fieber hatte und wegen dieses Termins sehr angespannt und aufgeregt war, zwei Stunden warten lassen kann, ehe man sich mit ihm beschäftigt. Ich frage mich, ob es wirklich nötig war, dass sie gleich mit fünf Personen (zwei Männern und drei Frauen) im selben Raum konfrontiert wurde. Und noch einem Aufnahmegerät und der Videokamera. Ich habe das ungute Gefühl, dass da etwas gefehlt hat – gute Planung, logisches Denken oder schlicht und ergreifend ein wenig Rücksichtnahme? Natürlich weiß ich, dass es sich um eine heikle Angelegenheit handelt, aber genau deswegen quält mich die Sorge, dass man meine Tochter einem übermäßigen, nicht gerechtfertigten Stress ausgesetzt hat. Ich möchte gar nicht weiter darüber nachdenken, ob hier eine Gelegenheit verpasst wurde, und mir eingestehen, wie machtlos wir uns fühlen. So etwas können wir uns nicht erlauben.

Ich fühle mich so schwach, so verletzlich in meiner Rolle als Mutter. Um mich zu beruhigen, sage ich mir, dass man zumindest eine erste psychologische Einschätzung erstellen konnte. Zumindest das, so war es ja auch geplant. Und ich denke über die Bemerkung nach, dass S anderen voraus ist. Die mir gutgetan hat. Doch statt Erleichterung darüber zu empfinden, dass wir endlich etwas hinter uns gebracht haben, wovor wir uns tagelang gefürchtet haben, bin ich weiter tief beunruhigt. Was nun noch vor uns liegt, scheint jetzt nur noch komplizierter geworden zu sein. Ich rufe von unterwegs im Präsidium an und erwische den Kommissar, mit dem wir gestern am Getränkeautomaten gesprochen haben. Der Leiter der Sondereinheit ist nicht da. Ich erzähle dem Beamten, was S nach dem Verlassen des Präsidiums zu mir gesagt hat. Berichte von ihren Tränen, der Anspannung, ihrem Schweißgeruch und von der Angst, dass die Polizei Kinder verhaften könnte. Er notiert sich alles, damit man das nächste Treffen besser organisiert.

Ich bin müde. Seit dreizehn Tagen bemühen L und ich uns, zumindest einen Teil der schlimmen Folgen für S aufzufangen und sie zu beschützen. Mit unserem Entschluss, den Vorfall anzuzeigen und diesen Weg einzuschlagen, hatten wir eigentlich akzeptiert, nach Möglichkeit zwei – wie wir wissen, vollkommen unterschiedliche – Strategien zu verfolgen: Wir wollen S unterstützen und ihr helfen, über das Ganze hinwegzukommen, und gleichzeitig soll alles den von der Justiz geforderten Gang nehmen. Natürlich wissen wir, dass dies unterschiedliche Zielsetzungen sind, aber wir denken, dass wir unser Bestes geben müssen, um sie zu vereinbaren. Sonst dürften wir bloß eine davon wirklich verfolgen.

Doch Zweifel lassen auch die festesten Überzeugungen ins Wanken geraten, und das ist gefährlich. Denn obwohl ich von der Richtigkeit unseres Tuns überzeugt bin, kann ich nicht akzeptieren, dass durch mangelhafte oder unprofessionelle Planung das schwächste Glied in der Kette »geopfert« wird. Ich hatte nicht damit gerechnet, dass sich das Justizsystem als zu kompliziert erweisen könnte, um mit solchen Angelegenheiten angemessen umzugehen. Zum Glück stehe ich mittlerweile im ständigen Austausch mit meiner Therapeutin. Sie hilft mir, standhaft zu bleiben, wenn die Wut plötzlich in mir hochkocht. Was in mir tobt, ist so heftig, dass ich damit Mauern zum Einsturz bringen könnte. Wenn nötig empfängt sie mich auch um sieben Uhr morgens, und ich nutze dieses Angebot gerne, damit ich über den restlichen Tag frei verfügen kann.

S ist bis zu dem »Geheimnis, das die Mama kennt« gekommen. Wir wissen nicht, was sie sonst noch erzählt hat, abgesehen davon, dass sie über ihren Bruder gesprochen hat (sie hat um einen Extrakalender für ihn gebeten), über die Mitschüler und die Lehrerin. Ich glaube nicht, dass sie von der Geschichte erzählt hat, die ich mir ausgedacht habe, um sie aufzubauen, und von der ich befürchtet hatte, sie würde zur Sprache kommen. Ich hatte mir vorgenommen, selbst davon anzufangen, aber dazu gab es keine Gelegenheit. Na gut. Vielleicht ist es auch besser so.

Am Abend berichtet mir L von seinem Gespräch mit Doktor C, dem Kinderpsychologen, zu dem wir am Tag zuvor Kontakt aufgenommen hatten. Auch er war fassungslos, dass man von S verlangt hat, vor fünf Personen zu sprechen. Was denn, es gab kein Zimmer mit Spielsachen, keine Bezugsperson für sie und keine verspiegelte Scheibe, durch die die anderen dem Treffen hätten beiwohnen können? Er ist erschüttert. Hält es für absolut unverzeihlich, dass man ein Kind einem solchen Stress aussetzt. Wie hätte jemand auch nur erwarten können, dass sie das, was passiert war, vor fünf Leuten erzählt, wo sie schon einer Person gegenüber Mühe hatte?

4. März

Am nächsten Tag gehen wir zum Kinderarzt. Den Termin haben wir schon vor einer Woche ausgemacht. Ein sehr kompetenter Arzt, sowohl beruflich als auch menschlich. Wir erzählen ihm alles in sämtlichen Einzelheiten. Jetzt hat er alle Bruchstücke zusammen, um sich von dem so schwierigen Jahresbeginn für S ein Bild zu machen, von der unerklärlichen Blasenschwäche über die Kopfschmerzen bis hin zu den ständigen Infekten.

An seinem Gesichtsausdruck können wir die Tragweite und Schwere des Vorfalls ablesen. In den folgenden Monaten wird die Bestürzung all derer, die davon erfahren, dieser bestimmte Gesichtsausdruck, unseren Schmerz immer wieder erneuern und uns jedes Mal vor Augen führen, wie tief der Abgrund ist, mit dem zu leben wir gelernt haben. Bislang sind wir davon ausgegangen, dass S so schnell wie möglich wieder in *ihre* Schule zurückkehrt. Schließlich ist sie dort gut integriert, hat eine fähige Lehrerin, und in der Klasse hat sie *ihre* Freunde. So erklären wir dem Arzt, dass ja wohl nicht sie gehen muss, sondern der Hausmeister. Wir warten bloß auf eine Maßnahme seitens des Staatsanwalts, damit er dort entfernt wird. Uns würde schon ein einfacher »Ermittlungsbescheid« genügen, der für uns die Verpflichtung zur Verschwiegenheit hinsichtlich der Untersuchungen aufheben würde, damit wir endlich zu seinem Vorgesetzten gehen und diesen bitten können, ihm eine andere Tätigkeit zuzuweisen. Wo er keinen direkten Kontakt mehr zu den Kindern hat. Und wir vertrauen auf die Umsicht und das Verantwortungsbewusstsein dieser Person, dass nichts nach außen dringt. Bis zu einer Verurteilung verbleiben Menschen, die einer solchen Tat beschuldigt werden, normalerweise in ihren Berufen, bis ein Beamter sich (auf eigenes Risiko) persönlich darum kümmert, sie zu versetzen.

S darf auf keinen Fall gezwungen werden, die Schule zu wechseln. Das ist nicht fair. Sie würde das niemals verstehen. Es wäre ja ein indirektes Schuldeingeständnis, der Beweis dafür, dass sie gehen muss, weil sie etwas Schlimmes getan hat. Und gestützt auf die Meinung des Kinderpsychologen werden wir das niemals hinnehmen. Daher ist es ungeheuer wichtig, dass sie in ihre Klasse zurückkehrt. Wie die Lehrer und die anderen Hausmeister reagieren werden, wird man dann sehen.

Der Kinderarzt gibt ganz nüchtern zu bedenken, dass wir vermutlich nicht auf die Mithilfe von anderen Leuten zählen können. Ganz im Gegenteil sollten wir uns darauf gefasst machen, unsererseits wegen übler Nachrede verklagt zu werden. Es wäre nicht das erste Mal. Denn sollten der oder die Hausmeister schuldig gesprochen werden, wird die Behörde, bei der sie angestellt sind, wahrscheinlich dazu verurteilt, uns eine Entschädigung zu zahlen. Daher ist unsere Erwartungshaltung zwar grundsätzlich nachvollziehbar, könnte sich jedoch als ziemlich unrealistisch erweisen. Der Kinderarzt traut der schulischen Einrichtung nicht einmal zu, mit einem solchen Fall objektiv umgehen zu können, da Rektor wie Lehrer wegen Vernachlässigung der Aufsichtspflicht belangt werden könnten. Er rät uns daher dringend, einen Rechtsanwalt aufzusuchen, bevor wir weitere Schritte unternehmen.

Dann stellt er uns ein Attest für S aus und sagt noch einmal, wie leid ihm das alles tut, er kann die Situation gut nachvollziehen. Wir können jederzeit auf ihn zählen und ihn, wenn nötig, auch zu Hause anrufen.

Wir verlassen die Praxis bedrückter, als wir gekommen sind. Es ist ein schwerer Schlag für uns zu erkennen, dass wir eventuell den von uns angedachten Weg vergessen müssen. Es ist hart, wenn man sich eingestehen muss, dass alles sehr viel unsicherer ist als erhofft.

Es ist nicht gerecht, dass ein Kind, das Opfer eines Missbrauchs geworden ist, gehen soll. S hat ein *Anrecht* darauf, in ihre Klasse zurückzukehren.

Ab dem 4. März

Nachdem wir den Kinderarzt informiert haben und wieder zu Hause sind, können wir nichts weiter tun. In diesem Moment beginnt unser neues Leben. Nach der angespannten Konzentration der letzten Tage sind wir nun ziemlich durcheinander, im wahrsten Sinne des Wortes »erschöpft« von den langen Gesprächen mit ihm und den Beamten, verwirrt von den vielen Gängen, dem Zigarettenqualm, der Neonbeleuchtung in den Büros. Von den Wartezimmern, den ständig neuen Gesichtern, dem fahlen Licht, den vielen Bechern ungenießbaren Automatenkaffees.

Wenige Stunden, ein paar Tage haben ausgereicht, uns endgültig unserem Haus zu entfremden, dem Garten und dieser vertrauten Umgebung, die all die Jahre unser Denken und Handeln begleitet hat, unserem Zuhause, an das wir uns so gewöhnt haben, dass wir es gar nicht mehr wahrnehmen, ja, wir haben zu diesem Heim ein so inniges Verhältnis aufgebaut, dass wir es unbewusst als einen Teil, einen Ausdruck von uns selbst empfinden. Diese Orte trifft einzig und allein die Schuld, Zeuge der Erzählung meiner Tochter geworden zu sein, nur deshalb sind sie uns nicht mehr so vertraut wie früher. Wir sind müde, wissen nicht mehr, was wir denken sollen, und eben diese Verwirrung, die noch bis zum Abend andauern wird, leitet zusammen mit den anderen Trümmern unseres alten Lebens auch das Ende dieses angenehmen Gefühls von Vertrautheit mit den Orten ein.

Wir müssen schnell umdenken, in neue Rollen schlüpfen, wir dürfen uns nicht von den Ereignissen überwältigen lassen, sondern müssen das, was unser Leben ganz entscheidend verändert hat, in eine neue Bahn, in eine von uns bestimmte Richtung lenken. Kurz gesagt, wir müssen handeln. Und zwar so überlegt, vernünftig und so distanziert, dass wir unausweichlich nicht mehr die gleichen Menschen wie vorher sein werden.

Als Erstes müssen wir ab jetzt lügen. Eine glaubhafte Ausrede erfinden, um S' Fehlen im Unterricht zu erklären. Eine Ausrede, die so lange gelten kann, wie es der Gang der Ermittlungen erfordert, und die bei den Mitschülern, deren Eltern, den Lehrerinnen und Freunden keinen Verdacht erregt. Eine »parallele Wahrheit«, die S auch mitträgt und bereit ist zu sagen, damit sie uns nicht bloßstellt, schließlich möchte ja vor allem sie nicht, dass ihr Geheimnis enthüllt wird.

So lautet also jetzt die »offizielle Version«, dass S Fieber hat, das sich nach einem ersten heftigen Anfall hartnäckig über 37°

hält, etwa drei Wochen später werden wir dann herausfinden, dass die Ursache eine Hepatitis ist. Da diese verschleppt wurde, kommt es zu Komplikationen mit der Bauchspeicheldrüse. Eine Lüge, die wir gegenüber den Lehrerinnen, den Trainerinnen vom Kunstturnen, den Müttern, mit denen wir enger befreundet sind, so oft wiederholen, wobei die Besorgnis in der Stimme durchaus echt ist, obwohl sie ganz andere Gründe hat: dass diese ständige Geheimhaltung letzten Endes sogar uns durcheinanderbringen wird, gerade weil sie so lange aufrechterhalten werden und glaubwürdig sein musste. (Ein Jahr später wird S mich fragen, welche Krankheit sie denn eigentlich im letzten Winter hatte).

So müssen wir also gegenüber allen Personen, mit denen wir täglich Umgang haben, lügen, was entscheidend dazu beiträgt, dass die Isolation, die durch das Geständnis unserer Tochter begonnen hat, jetzt endgültig von uns Besitz ergriffen hat.

(Sowohl L als auch ich spielen mehrfach mit dem Gedanken, das Haus zu verkaufen und uns weit weg etwas Neues zu suchen, obwohl wir nie darüber sprechen. Trotz all der Arbeit, die wir in den letzten Jahren hineingesteckt haben, den Bäumen, die wir gepflanzt haben, und der Befriedigung darüber.)

Alles um uns herum ist uns fremd geworden, es belastet uns nur noch. Die ländliche Umgebung, die uns einst bezaubert hat, der Fluss, dieses Gefühl von Entspannung, das einen hier umfängt, der Anblick der ersten Häuser, wie sie aus dem Nebel auftauchen, die kleinen Geschäfte, die netten Gespräche mit den Ladenbesitzern, wenn wir am Samstag einkaufen gehen.

Jetzt am Abend auf der Rückfahrt empfinden wir zum ersten Mal dieses Unbehagen, als wir in die Straße einbiegen, die zu unserem Dorf führt. Es quält uns, dort hindurchzufahren. S fragt schon seit längerem, ob sie nicht mit zur Post darf oder zum Bäcker; seit wir sie nicht mehr zur Schule gehen lassen, ist ihr jede Gelegenheit recht, Kontakt zu ihrem früheren Leben aufzunehmen. Sie weiß nicht, dass ich diesen Ort nicht mehr ertrage. Von all den Menschen, die ich als Freunde betrachtete, ist nicht einer geblieben, den ich gern wiedersehen möchte. Ich fahre durch den Ortskern, ohne unterwegs anzuhalten, schaue stur geradeaus, da mich ständig die Ungewissheit quält, in welchem Haus wohl die Wohnung ist, in die man sie gebracht hat. Rund um das Schulgebäude könnte es jeder Eingang, jedes Fenster sein, alles hier wirkt fremd und beklemmend auf mich. Ebenso die Leute, die hier leben oder ein und aus gehen. Kann es überhaupt sein, dass nur ein Mensch beteiligt war? Und wie soll man diesen aus all den anderen herausfinden?

Dieses Band ist zerrissen. Das, was man zu kennen glaubte und was einem vertraut war, hat eine unvorstellbare Seite von sich gezeigt. Die Illusion ist zerbrochen, und so absurd das auch klingen mag, plötzlich ist das Polizeipräsidium mit seinen dunklen, überfüllten Räumen, dem ständigen Kommen und Gehen und mit seinen Beamten das geworden, was wir hier verloren haben. Ein Ort der Entspannung und Ruhe, die wir hier nicht mehr finden können. Ein »Zuhause« ist vor allem etwas, das in unseren Köpfen entsteht, und das beinhaltet, dass man sich auch davon lösen kann und es neu verorten kann.

Außerdem könnten wir im Dorf *ihm* begegnen. Früher oder später wird es dazu kommen. Hoffentlich nicht, wenn S bei mir ist. Ich weiß nicht, wie ich reagieren werde. Und obwohl ich es mir diverse Male vorgestellt und versucht habe, kühl und rational darüber nachzudenken, habe ich keinen Plan. Schließlich muss ich meiner Tochter gegenüber Normalität vortäuschen, aber sollte er es auch nur wagen, mich zu grüßen, würde mich das in große Schwierigkeiten bringen, denn ich möchte ihr keineswegs den Eindruck vermitteln, dass ich mich vor ihm fürchte.

Aber dazu ist es nie gekommen. Wenn ich mit ihr unterwegs war, habe ich mich immer sehr gut vorgesehen, und er wohl auch. Nur einmal stand er zufällig hinter L, als der an der Kasse Hundefutter bezahlte. Sie haben beide so getan, als wäre nichts, aber als L zurückkam, war sein Gesicht, sein Körper, ja seine gesamte Haltung vollkommen verändert. Er war völlig versteinert, da ihm bewusst geworden war, wie wenig fehlte, dass er seiner Wut freien Lauf lassen würde. Er hat sich stundenlang in sein Arbeitszimmer eingeschlossen, ehe er wieder einigermaßen zu sich kam.

Selbst eine Pizza essen zu gehen ist zu einem Problem geworden. Das wird uns einige Tage später klar, als wir einen ruhigen, unbeschwerten Abend verbringen möchten und kurzentschlossen in unser Stammlokal gehen. Erst als wir es betreten, schießt uns beiden durch den Kopf – keiner von uns beiden hatte vorher darüber nachgedacht –, dass auch *er* dort sein könnte. Schließlich sind wir hier auf dem Dorf. Und automatisch sucht man im Kopf nach einer passenden Ausrede, wie man den Kindern eine Programmänderung erklären könnte. Jetzt hat sich die Furcht in unseren Köpfen festgesetzt, und obwohl er nicht dort ist, behalten wir beim Essen ständig die Tür im Auge und sind froh, als alle aufgegessen haben. Die Pizza liegt uns danach natürlich schwer im Magen, ausgerechnet an dem Abend, von dem wir uns ein wenig Ablenkung erhofft hatten.

Zu Hause wechseln sich Hausaufgaben und Streit ab, Frieden wird nach endlosen Diskussionen mit kleinen Geschenken erkauft. Die Zeit hat einen neuen Rhythmus bekommen. Ich arbeite nicht mehr. Ich rede mit niemandem mehr. Ich rufe niemanden an. Auch weil ich dann lügen müsste. Wir können nur abwarten. Unser Leben hängt voll und ganz von den Entscheidungen eines Staatsanwalts ab, mit dem wir noch nie gesprochen haben.

S geht es schlecht. Das ist das Tragischste an der ganzen Angelegenheit. Nach drei oder vier Tagen, an denen sie immer weiter aufdrehte, ist ihr Feuer nun erloschen. Ihr Blick verliert sich in weiter Ferne. Sie ist traurig. Bewegt sich kaum, ihr Gesicht ist ausdruckslos, sie ist in sich versunken. Sie folgt mir überallhin, lässt mich keinen Moment aus den Augen, sie will nichts allein tun. Selbst wenn sie Zeichentrickfilme im Fernsehen anschaut, muss ich in der Nähe sein. Sie muss ständig Blickkontakt haben, kann nicht länger als fünf Minuten allein gelassen werden. Ich kann nicht einmal mal kurz zur Toilette gehen. Sie lächelt nicht, spricht nicht. Sie lutscht am Daumen. (Damit hat sie jetzt wieder begonnen, anderthalb Jahre nachdem sie diese schlechte Angewohnheit eigentlich abgelegt hatte.)

Abgesehen von der ersten Nacht bei ihren Freunden schläft sie nun regelmäßig in unserem Bett. Zwischen mir und ihrem Vater. Allein in ihrem Bett zu schlafen kommt nicht in Frage. Und wenn ich doch einmal aus dem Haus muss und weder ich noch L sie mitnehmen können, geht sie bei meiner Heimkehr so wütend und verzweifelt auf mich los, dass mir nichts anderes übrig bleibt, als alle Termine abzusagen. Zum Glück gibt es noch Lila, das Hündchen, das erst vor kurzem zu uns gekommen ist. Das ist wirklich ein großes Glück. (Ich kann dem Schicksal gar nicht genug dafür danken, dass ich Lila ausgerechnet in dieser schweren Zeit zu uns genommen habe.) Lila ist der rettende Strohhalm, an dem S sich festklammert. Und mit ihr findet sie manchmal wieder zur Normalität und zu dem natürlichen Verhalten eines Mädchens ihres Alters zurück.

Sosehr mich diese Aufgedrehtheit in allem, was sie tat, die wir in den ersten Tagen miterlebt haben, erschöpft hat, weil sie sich damit in Gefahr brachte und die Aufregung sich auch auf ihren Bruder übertrug, sosehr ängstigt mich ihre jetzige Teilnahmslosigkeit. Die Trägheit, die Traurigkeit, mit der sie allem begegnet. Dadurch haben wir noch klarer und beklemmender vor Augen, was sie durchgemacht hat. Und wie sehr sie darunter leidet.

Offensichtlich hat die Tatsache, dass sie endlich alles erzählen und dadurch voll und ganz den Sinn des Vorgefallenen begreifen konnte, etwas in ihr ausgelöst, hat eine solche enorme Masse an Unbewältigbarem hervorgebracht, dass viele Stützpfeiler ihrer Entwicklung eingestürzt sind. Und das hat diese plötzliche Rückentwicklung bewirkt, so dass sie sich plötzlich wieder wie eine Klette an mich klammert, dass sie in allem von mir abhängig ist, dass sie nie den Blickkontakt zu mir verlieren will und dass sie mich bestraft, wenn es doch passiert. Jetzt verhält sie sich wieder, als sei sie knapp zwei Jahre alt. Vor unseren Augen sind alle erreichten Entwicklungsschritte, ihr vorgezeichneter Lebenspfad weggebrochen. Wir müssen wieder ganz von vorn anfangen.

Ihr ständiges Bedürfnis nach Rückhalt und Sicherheit wird noch Monate andauern. Wenn sie allein bleibt, hat sie Angst, dass jederzeit jemand kommen könnte, um sie zu entführen. Sie muss so viel Bestätigung von uns einfordern, sie hungert regelrecht danach, dass sie anscheinend ganz lange unter dem Mangel daran gelitten haben muss. Und das trifft sich mit dem, was uns schockartig klar geworden ist, nämlich dass wir sie buchstäblich in letzter Minute »beim Schopf gepackt« und an den Haaren aus dem Sumpf gezogen haben.

Wir schreiben nun alles auf, was sie sagt oder tut, alles, was uns einfällt, potenziell atypische Verhaltensweisen, selbst wenn die Ereignisse schon weiter zurückliegen. Inzwischen haben auch wir Eltern erste Treffen bei Doktor C, dem Kinderpsychologen, absolviert, der uns bis zuletzt begleiten wird. Einmal wöchentlich analysieren wir mit ihm zusammen die Entwicklung, behalten die Situation unter Kontrolle und versuchen, uns eine möglichst klare und distanzierte Sicht zu bewahren.

Uns fällt beispielsweise ein, dass S im Oktober angefangen hat, immer kleiner zu schreiben, bis man ihre Schrift fast nicht mehr lesen konnte. Manche Buchstaben waren nur noch einen Millimeter groß und ganze Worte kaum breiter als ein halber Zentimeter. Aber sie machte keine Rechtschreibfehler, die Schreibschrift sah perfekt aus, wie von einem Kopisten, und sie war durch nichts davon zu überzeugen, mit diesen winzigen Buchstaben aufzuhören. S erklärte damals, dass sie nicht anders könnte, dass die Worte eben einfach immer kleiner würden. Schließlich hat ihre Lehrerin ihr gedroht, sie würde sie streng bestrafen, sollte sie so weitermachen. Und sie hat damit aufgehört. Zur selben Zeit (aber daran erinnern wir uns erst viele Monate später) hatte sie tatsächlich zum ersten Mal diese Bonbons nach Hause gebracht, immer so fünf oder sechs, die sie dann mit ihrem Bruder teilte. Sie sagte, sie hätte sie von ihrer Lehrerin, und als sie beim dritten oder vierten Mal bemerkte, dass wir es nicht gut fanden, kam sie nie wieder mit Bonbons an. Wir haben die Sache vollkommen vergessen (und haben darüber nicht einmal mit der Lehrerin gesprochen).

Jetzt hat sie wenigstens die Aufgaben, die sie zu Hause erledigen soll, damit sie den aktuellen Lernstoff der Klasse nachholen kann. Das ist hart, aber es ist zumindest ein Bezugspunkt. Der einzige, an dem nicht gerüttelt wird. Im Gegensatz zu allem anderen, was wir ad hoc beschließen. Nach dem Frühstück setzen wir uns daran, wir haben uns überlegt, dass sie pro Tag fünf oder sechs Seiten aus Büchern oder den Notizen ihrer Mitschüler bearbeiten soll. S hat jedoch nie Lust dazu, sie hat schnell von allem genug und wird wütend. (Und ich bin auch nicht ihre Lehrerin.) Doch ich gebe nicht nach. Sie protestiert.

Aber wir machen weiter. Das ist das Einzige, was ich ihr abverlange. Den Rest des Tages hat sie frei. Sie kann mit uns gemeinsam unternehmen, was ihr oder uns gefällt.

Bis zum 12. März

Die Geburtstagsfeier für M wird auf die Schnelle vorbereitet. Wir schaffen es, bereits am Tag davor einzukaufen, und zwar in dem Einkaufszentrum, wo wir auch die Geschenke ausgesucht haben. M wird nun fünf Jahre alt, ich könnte heulen und bekomme Kopfschmerzen, wenn ich darüber nachdenke. Ich habe noch nie einen Geburtstag so in Eile organisiert, ich befürchte, dass ich etwas vergessen habe. Es regnet, und auch für morgen ist kein besseres Wetter angekündigt.

Ich habe das Gefühl, dass mein Sohn mir entgleitet, ich kann mich nicht auf ihn konzentrieren. In meinem Kopf ist kein Platz, nur wenn ich mich sehr anstrenge. Obwohl ich glaube, jetzt alles beisammenzuhaben: die süßen Milchbrötchen und den Tortenboden, denn für so einen großen reicht mein Ofen nicht aus. Ich muss ihn bloß abholen, die Creme zubereiten, den Kuchen damit bestreichen und ihn verzieren. S sucht die Kerzchen aus. Sie findet auch schon welche für ihren eigenen Geburtstag in zwei Monaten, und L kauft sie ihr.

In dem Gewühl von Menschen, die am Freitag in die Läden strömen, haben wir mehr Zeit damit verbracht, Geschenke für sie zu finden als für M, weil wir ihre Eifersucht etwas abfangen wollen. Als die beiden kurz woanders hingegangen sind, habe ich auch viel zu viele Anziehsachen gekauft, viel mehr, als sie eigentlich braucht. Aber ich habe nicht den Eindruck, dass das irgendetwas an ihrem Gemütszustand geändert hätte.

Sobald wir vom Einkaufszentrum zurück sind, ruft L im Polizeipräsidium an. Dort weiß niemand etwas. Weder für wann ein neues Treffen anberaumt ist oder ob es überhaupt stattfindet noch wo. Alles scheint in der Schwebe.

Obwohl sich inzwischen deutlich abzeichnet, dass die Angelegenheit sich hinziehen wird und ein Tag nach dem anderen vergeht, ohne dass etwas passiert – ein Schicksal, wie es so vielen Anzeigen beschieden ist –, will L nicht weiter nachfragen und Druck machen, damit die Behörde etwas tut und gezieltere Schritte unternimmt. (Obwohl wir verschiedene Leute kennen, die uns helfen könnten, darunter ein Onkel von L, der selbst Staatsanwalt ist.) Bei all unserer Wut wollen wir uns nicht auf so einen Kampf einlassen. Denn sobald wir einmal damit begonnen haben, gäbe es kein Zurück mehr für uns. Und S müsste dann die Konsequenzen tragen für einen Wunsch nach Gerechtigkeit, bei dem mehr der Rechtsstreit selbst als ihre Genesung im Mittelpunkt steht.

Soll doch alles einfach seinen Gang gehen. Mit allen Verzögerungen, allem menschlichen Versagen, allen Fehlern, die jemand begehen kann, der in diesem speziellen Fall mit der Strafverfolgung betraut ist. Denn wir müssen unsere ganze Aufmerksamkeit S widmen.

(Am Montag ist mein Geburtstag. Ich habe noch nicht einmal entfernt daran gedacht. Ich werde neununddreißig, und es ist mir vollkommen egal. Ganz im Gegenteil finde ich die Vorstellung unangenehm, dass ich ihn irgendwie feiern sollte. Auf jeden Fall bedeutet er zusätzliche Arbeit.)

13. März

Der Tag nach dem Geburtstag. S wacht mit übler Laune auf. Sie ist vollkommen aufgebracht. Jeder Vorwand ist ihr recht, um mich zu provozieren, sie beleidigt mich, greift mich beinahe körperlich an, sie zerrt an mir, ich sage ihr, dass sie es übertreibt, aber sie macht trotzdem weiter. Mit anderen Worten: Sie ist mit dem allerfalschesten Fuß aufgestanden. Später beruhigt sie sich. Aber das dauert ziemlich lange.

Sie sagt mir, dass sie etwas Wunderschönes geträumt hat. Ich höre ihr zu. Sie erzählt, dass sie sich im Traum verlaufen und einen Mann mittleren Alters getroffen hat, der sie fragt, ob sie seine Tochter sein möchte. Sie antwortet ihm mit Ja, und er nimmt sie zu sich nach Hause. Zehn Tage lang lebt sie dann in seiner Familie. Dann finde ich sie im Museum, in das der Mann sie geführt hat, um mit ihr eine Sammlung wertvoller Edelsteine anzusehen, und ich hole sie zurück.

Trotz ihrer schlechten Laune beim Aufwachen hat sie jetzt, als sie mir davon erzählt, immer noch das Gefühl, es sei ein schöner Traum gewesen. Dann fragt sie mich, wie man denn Kinder aussetzen kann: »Nicht die Kleinen, die Babys, die man in ein Weidenkörbchen legt und dann flussabwärts schickt«, das weiß sie schon … Nein, sie meint die großen Kinder, die so alt sind wie sie.

Ich schaue sie an und kann gar nicht so schnell antworten, da kommt sie schon allein auf die Lösung: »Muss man sie einfach nur in der Schule lassen«, fragt sie, »um sie auszusetzen?« Ich antworte Ja, vielleicht hat sie ja Recht, das könnte bestimmt ein Weg sein.

In dieser Zeit quält mich ein Gedanke, der mir buchstäblich die Kehle zuschnürt und sämtliche Kraft raubt, an dem ich fast zugrunde gehe. Die Vorstellung, was wäre, wenn ich an jenem Freitag *nicht* in die Schule gekommen wäre. Und diesen Kuss *nicht* gesehen hätte. Und ihr so keine Gelegenheit geliefert hätte, mir zu sagen, inwieweit und auf welche Art dieser Mann ihr Freund ist. Der absolut glückliche Zufall, dass ich an jenem Tag in die Schule gekommen bin, der Gedanke, dass dies alles purer Zufall war, da ich die Kinder an diesem Nachmittag nur früher abgeholt habe, weil der Hundezüchter uns gebeten hatte, den Abholtermin vorzuverlegen. Die Zufälligkeit der Ereignisse ist so unerträglich für mich, dass mein Verstand sich nicht länger als einen Moment damit beschäftigen kann, ohne dann sofort wieder davon abzulassen. Denn im nächsten Moment wendet er sich dem entgegengesetzten Fall zu und überlegt, was wäre, wenn wir immer noch nichts wüssten und der Missbrauch fortgesetzt würde, auf unbestimmte Zeit, und wer weiß, wohin das noch geführt hätte.

(Ja, im Prinzip haben wir, habe ich, ihre Mutter, sie aus ihrer Sicht verlassen und »ausgesetzt«.)

16. März
(zweites Treffen mit dem Staatsanwalt)

Am 16. März stehen wir früh auf. Eigentlich sind wir schon seit einer ganzen Weile wach. Für elf Uhr ist in der Praxis der psychologischen Gutachterin der Staatsanwaltschaft die zweite Anhörung mit dem Staatsanwalt anberaumt. S haben wir es gestern gesagt, wir, die Eltern, wussten es schon seit Montag. Zwei Wochen sind seit dem Treffen im Polizeipräsidium vergangen.

Nach Ms Geburtstag beherrschte der Gedanke daran alles, das Warten darauf hat uns bis zur letzten Faser unseres Körpers in Beschlag genommen, bis in jede noch so kleine Ecke unseres Verstandes. Jeden Tag war es schwerer zu ertragen. Die jüngere Psychologin wird dieses Mal nicht dabei sein. Das bedaure ich, da S sie so nett gefunden hatte. (Sie hatte uns ihre Handynummer gegeben und dazu gesagt: »Falls Sie Hilfe brauchen. Auch für die Eltern ist das nicht einfach.« Und diese Worte hatten sich mir eingebrannt.)

L bringt M in den Kindergarten und kommt dann wieder. Ich habe schon organisiert, dass der Kleine danach zu einem Freund geht. Wir wollen gegen neun Uhr aufbrechen, um genügend Zeit für die Anfahrt zu haben. S packt wieder ihren Rucksack mit den Spielsachen und etwas zu essen ein. Sie hat keine Lust, das ist soweit klar, und wie beim letzten Mal hat sie gefragt, ob man den Termin nicht verschieben könnte (das Treffen im Polizeipräsidium ist jetzt tatsächlich beinahe zwei Wochen her), aber wir haben ihr versichert, dass es danach keine Treffen mehr geben wird. Außerdem kennt sie ja die Leute schon. Noch eine letzte Anstrengung. Wenn sie heute den Mut findet, alles zu erzählen, dann ist das prima, aber auch falls nicht, weiß sie, dass es für uns ebenfalls in Ordnung ist. Wenn wir dort fertig sind, werden wir gemeinsam zum Spielwarenladen fahren, und dieses eine Mal darf sie sich dann alles aussuchen, was sie sich wünscht. Wenn sie will, darf sie den Einkaufswagen bis zum Rand vollmachen. Denn wie auch immer das Treffen ausgeht, sie hat sich auf jeden Fall ein großes Geschenk verdient.

Als wir auf der Umgehungsstraße sind, kommt der Verkehr zum Erliegen. Wir stecken eine Stunde im Stau fest, denn um uns herum sind alle Straßen verstopft. Das Wetter ist schlecht, es regnet, Windböen fegen übers Land, und dicke dunkle Wolken hängen tief am Himmel. Es ist kalt. Es muss wirklich einen schweren Unfall gegeben haben, denn so einen Stau haben wir schon seit Jahren nicht mehr erlebt. Im Radio wird gemeldet, dass nichts mehr geht. Die Zeit verstreicht. Obwohl wir viel zu früh aufgebrochen sind, werden wir nun wohl doch zu spät kommen; es ist keine Auflösung des Staus in Sicht. Um zehn Uhr wenden wir und versuchen, den Stau zu umfahren. (Diese Treffen zu organisieren kostet so viel Mühe und Kraft, es ist absolut keine Option, auch nur eins davon zu verschieben.) Schließlich erreichen wir die angegebene Straße, parken in der Nähe, doch ehe wir den richtigen Eingang finden, verlaufen wir uns noch einige Male. Noch fünf Minuten bis zum Termin. Es hat keinen Augenblick lang aufgehört zu regnen.

Heute kommt es mir vor, als ginge alles viel schneller. Auch das Umfeld ist wesentlich angenehmer für ein Kind. Die Wände hängen voller Zeichnungen, und es gibt auch eine wunderschöne Lampe mit Bärchen aus Papier, die sich in der von der Glühbirne erwärmten Luft drehen. S geht dreimal zu ihr zurück, ehe sie hineingerufen wird.

Die Psychologin fordert mich auf, sie in den Raum, in dem das Treffen stattfinden wird, zu begleiten, und bittet mich, sie beim Vornamen zu nennen. Von da an duzen wir uns. Wir ziehen die Schuhe aus und betreten den dicken Teppich, der auf dem Parkett liegt. Wie versprochen schenkt sie S sechs »Zauberbälle«, die klingeln, wenn man sie bewegt (und in den nächsten Jahren wird meine Tochter sie an jedem »ersten Schultag« in ihren Rucksack packen). Danach schlägt sie ein gemeinsames Bewegungsspiel für uns alle vor, das wir so lange spielen, bis wir außer Puste sind, dann lachen wir.

Jetzt ist es Zeit für mich zu gehen. Manuela zeigt S die Videokamera und das Aufnahmegerät und bittet sie um die Erlaubnis, alles mitschneiden zu dürfen. Ich verabschiede mich von meiner Tochter und sage ihr, dass ich draußen im Flur auf sie warten werde. Ich verlasse den Raum, und sie schließt die Tür hinter mir. Ich gehe zu L und setze mich. Der Staatsanwalt sitzt diesmal zusammen mit dem Beamten der Kriminalpolizei in einem Nebenraum, vor sich ein offenes Notebook.

Auch diesmal dauert das Treffen fast zwei Stunden lang. Eine ungeheure Belastung. Die Verspätung, der Verkehr, die Warterei, der Regen haben dazu geführt, dass ich ein einziges Nervenbündel bin. Der Gedanke, dass S eventuell nichts erzählt, verschlimmert mein Unwohlsein (das sich nur wenig gelegt hat und jetzt wieder stärker wird), denn dann würde sich ein auswegloses Szenario eröffnen. Ein Albtraum. Nicht nur weil dann eine Rückkehr in die alte Klasse völlig unmöglich wäre, sondern auch wegen der sich daraus ergebenden Komplikationen: Wie könnten wir unserer Verpflichtung nachgehen, die anderen Eltern zu informieren, ohne dass herauskommt, um wen es geht?

Ich verfolge nur unaufmerksam die Unterhaltung von L mit den Beamten der Sondereinheit. Gerade eben hat einer der beiden erklärt, wie bei Ermittlungen manchmal Untreue und Fremdgehen herauskommen, von denen der andere Ehepartner nichts wusste, denn sobald man sich in einem Hotel oder irgendwo anders ein Zimmer nimmt, bleibt davon drei Jahre lang eine Spur erhalten. (Offensichtlich haben sie bei uns nichts dergleichen gefunden, wenn er so offen darüber spricht. Aber diese indirekte Andeutung, dass wir nicht nur »Betroffene« sind, sondern unserseits genauestens unter die Lupe genommen werden, zieht uns auf seltsame Weise in die Sache mit hinein.)

Die Zeit vergeht. Jetzt unterhalten sie sich über den Urlaub. Einer der beiden Beamten ist in Stromboli geboren, dort waren wir vor vielen Jahren einmal, ich habe es in wunderschöner Erinnerung. Einen Moment lang schweife ich vollkommen ab, ich wandere in Gedanken zurück zur Lava, zu dem Krater, den man in der Nacht leuchten sieht, zu den steinernen Gässchen, wo es bei Sonnenuntergang nach Meer riecht. Dann betrachte ich den Mann vor mir: Auf einmal wirkt er gar nicht mehr wie ein Polizeibeamter, eher wie ein alter Schulfreund. Auch er hat zwei Kinder. Plötzlich muss ich laut seufzen, von tief unten drängt es auf einmal mit Macht hervor. Tränen strömen mir übers Gesicht, ich verstehe das Ganze nicht, aber die Wut, die Aufregung wühlt mich wohl zu sehr auf. Ja, ich bin wirklich zutiefst wütend, obwohl sie über anderes gesprochen haben. Ich wische mir die Tränen ab. Auch ihm wird bewusst, wie absurd die Unterhaltung ist. Genau wie diese Lampe mit den Bärchen, die man eigens hier angebracht hat, um an diesem Ort, der das genaue Gegenteil von kinderfreundlich ist, eine für Kinder angenehme Atmosphäre zu schaffen. Die Männer kehren wieder zum Thema zurück. Ich schäme mich und schlucke die Tränen hinunter. Ich wollte ihr Gespräch nicht unterbrechen. Den einzigen ungezwungenen Moment des Tages.

Schließlich öffnet sich die Tür wieder. S läuft auf uns zu, sie lächelt, ist hungrig und möchte etwas zu essen. Vor ein paar Minuten hat sie angefangen, lauter zu reden. Manuela wechselt ein paar Worte mit dem Staatsanwalt, dann fordert sie mich auf, ihr zu folgen. Sie schließt die Tür hinter mir. Dann schaut sie mich an, vielleicht dürfte sie das gar nicht, aber sie gewährt mir einen hilfreichen Einblick in den Stand der Dinge. S hat ihr alles erzählt und damit bestätigt, was sie mir und meinem Mann geschildert hatte. Manuela liegt viel daran, mich zu informieren, dass S, als sie sie gebeten hat, ihr zu zeigen, wie Vito sich am Penis berührte, eine Bewegung gemacht hat, als ob man sich die Hand in die Unterhose schiebt. Also hat sie es nicht wirklich gesehen. Wenigstens das. Ihr ist der Anblick eines erigierten Männerpenis erspart geblieben. Ich weine. Das ist eine gute Nachricht. Ich weiß, dass es unter diesen Umständen nicht viel ist. Aber es hätte auch schlimmer kommen können. Und das hätte später, wenn sie größer wird, zu weiteren Problemen führen können. Wenigstens das nicht.

Der Knoten in meiner Kehle lockert sich. S hat geredet. Das kann man zumindest sagen. Sie hat alles in denselben Worten wiederholt, wie sie es mir geschildert hat. Sie hat Manuela ebenfalls vertraut. Das zu hören, löst in mir widersprüchliche Gefühle aus. Danke. Auch für diese Mitteilung »auf dem kleinen Dienstweg«.

Als wir gehen, ist es nach zwei. Ich habe schreckliche Kopfschmerzen. Die Beamten und der Staatsanwalt sind in der Praxis geblieben. Um drei kommen wir im Spielwarenladen an, gerade rechtzeitig nach der Mittagspause. Der Einkaufswagen ist schnell bis an den Rand mit Spielsachen gefüllt. Pferde, Stofftiere, Schminksachen, Zauberstäbe und Krönchen, die kleinen Waldtiere zum Sammeln. Am Schluss, als jeder Wunsch erfüllt ist, suchen wir auch noch ein paar Geschenke für M aus.

Es ist alles gut gelaufen, das kann ich nicht leugnen, S war sehr mutig, und das ist mir ein großer Trost. Auch aus juristischer Sicht spielt es eine Rolle, dass sie die Anschuldigungen wiederholt hat. Aber dadurch fühle ich mich nicht besser, meine Erleichterung kann sich nicht in wirkliche Zufriedenheit verwandeln.

18. März, in der Schule

Zwei Tage später ist Freitag, und ich muss zur Schule, um in der Pause die Aufgaben und den Lernstoff abzuholen, die die Lehrerinnen jeweils am Ende der Woche für mich bereithalten.

Ich habe vor, ihnen nun von der »Hepatitis« zu erzählen und das Attest zu übergeben, das S für die nächsten dreißig Tage aus nicht näher beschriebenen »gesundheitlichen Gründen« vom Schulbesuch befreit. Mit Rückfällen war das nicht mehr zu entschuldigen. Jetzt fehlt sie genau einen Monat.

Auch in der Woche davor waren beide Hausmeister da, aber wir haben uns nicht gegrüßt, im Gang hatte es von Schülern nur so gewimmelt, und ich habe eine zerstreute Gleichgültigkeit an den Tag gelegt, habe nur die Lehrerinnen angesehen und bin zielstrebig auf sie zugegangen. Als diese jedoch die Klassenräume verließen, um sich draußen weiter mit mir zu unterhalten, ist der mit dem Schnurrbart näher gekommen und hat so getan, als müsste er etwas richten, um uns zu belauschen. Es war mir egal, dass er bestens mithören konnte, im Gegenteil, so hat auch er gleich die »offizielle« Version mitbekommen, unter deren Deckmantel die Ermittlungen laufen.

Doch heute bin ich aus Versehen (ich habe nicht bedacht, dass die Uhr im Auto etwas vorgeht) einige Minuten vor Beginn der Pause eingetroffen, der Gang ist leer, die Kinder sind noch in den Klassen, und ich muss klingeln.

Vito macht mir auf. Als er mich erkennt, reißt er erschrocken die Augen auf, als würde er einem Exekutionskommando gegenüberstehen. Hier sind nur er und ich. Ich begrüße ihn ganz normal, und da in meinem Gesicht nichts von den Beschuldigungen zu entdecken ist, die er befürchtet, oder irgendein besonderes Interesse für ihn, entspannt er sich, wartet, bis ich eingetreten bin, und fragt etwas später, wann meine Tochter wiederkommt. Ich erkläre ihm, dass sie ein Problem mit der Leber hat und dass es wohl noch ein wenig dauern wird. Ich erkläre sogar seufzend, wie schwierig es ist, sie so lange zu Hause zu haben. Der Mann lächelt erleichtert, er fragt weiter, möchte Details wissen, gibt sich mal verlegen, mal tollpatschig, aber seine Besorgnis wirkt vollkommen überzogen in Anbetracht unseres bisherigen Umgangs. Er fragt sogar nach den Symptomen und kommentiert meine Antworten mit kurzen Ausrufen. Die Klingel unterbricht uns, und ich gehe zu den Lehrerinnen.

Beim Verlassen der Schule habe ich immer noch weiche Knie, und in den nächsten drei Tagen brauche ich wieder meine Tropfen zum Einschlafen. Selbst wenn ich mir für heute sicher bin, dass alles gut gegangen ist, habe ich doch Angst, mich beim nächsten Mal zu verraten. Dem Druck nicht standzuhalten. Eigentlich bin ich rasend vor Wut, ich würde ihn am liebsten schlagen, will ihn röcheln sehen vor Schmerz und die Angst in seinen Augen. Ihn umbringen. Ja, das könnte ich. Er ekelt mich an. Diese Unverschämtheit in seinem Blick, als er sich wieder sicher fühlt. Er hat nicht gezögert, mich so zu behandeln, als ob ich eins von den Kindern wäre, die er mit Arroganz und Demütigungen einschüchtern kann. Er glaubt, sich bei mir einschmeicheln zu können, deshalb hat er sich vorgewagt, ist »zu weit« gegangen. Meine vorgespielte Sanftmut muss ihn aufgebaut haben.

Ich weiß, dass es keine Probleme geben darf, aber ich möchte zumindest keinen Fuß mehr in diese Schule setzen. Nie mehr. Ich ekele mich davor.

Zuhause

Als ich nach Hause komme und S den Lernstoff und die Fotokopien zeige, alles in allem ungefähr zwanzig Seiten, bekommt sie einen Heulanfall und weigert sich. Wir müssen das ja nicht alles heute machen, erkläre ich ihr, das ist das Pensum für die ganze Woche. Sie beschimpft mich, hat keine Lust mehr, sie möchte wieder in ihre Klasse zurück. Ich sage ihr, dass Franca uns für den kommenden Dienstag auf einen Tee zu sich nach Hause eingeladen hat, so kann sie ihr endlich zeigen, was bis jetzt durchgenommen wurde.

(Es war nicht ganz einfach gewesen, ihr diese Einladung »abzuringen«, die Lehrerin ist es nicht gewohnt, dass die Schüler zu ihr nach Hause kommen, sie tut mir damit wirklich einen großen Gefallen, denn eigentlich hatte sie mir zwei Nachmittagstermine vorgeschlagen, an denen ich S in die Schule bringen sollte, aber da habe ich jeweils die Ausrede vorgeschoben, weder ich noch mein Mann hätten Zeit, sie zu begleiten. Und hatte angeführt, da niemand wisse, wann S wieder zur Schule gehen dürfe, hätte ich Sorge, ihre labile Verfassung würde sich durch einen Besuch dort verschlimmern.)

Um eins kommt meine Mutter. Ich gehe joggen. Das habe ich mir vorgenommen, mein Leben soll wenigstens wieder ein Stück weit in normalen Bahnen verlaufen. Ich hoffe, das hilft mir dabei, den Ekel loszuwerden, der mich immer noch fest im Griff hat. Bei meiner Rückkehr esse ich den übriggebliebenen Salat, verabschiede mich von meiner Mutter, die sofort verschwindet – heute haben es alle eilig –, und gehe ins Bad, um mich zu duschen. (Sie kann einfach nicht damit umgehen. Meine Mutter macht, dass sie fortkommt. Zum Teil, weil sie erwartet, dass ich genau wie sie unempfindlich gegen Leid und Sorgen sein müsste. Und weil diese Art von Problem in ihrer Welt nicht vorgesehen ist, das war nicht Teil ihrer Erziehung. Oder vielleicht hat die Sorge einen Punkt erreicht, an dem sie nichts anderes tun kann, als die Tür davor zu verschließen. Was davon zutrifft, ich weiß es nicht, mit ihr spreche ich nicht über Gefühle. Mit meinem Vater schon, aber mit ihr niemals. Und wie nie zuvor fühle ich, wie mir die emotionale Ebene fehlt, die sie mir verweigert.)

Ich steige aus der Wanne, S macht den Fernseher aus und kommt zu mir ins Bad. Sie setzt sich auf die Toilette und schaut mich an. Streckt einen Arm aus und packt eine meiner Brüste. Drückt sie, wiegt sie in der Hand. Sie fragt mich, ob dort noch Milch drin ist. Ich antworte, schon seit langem nicht mehr, seit sie mit neun Monaten nicht mehr davon getrunken hat. Und dann seit M ebenfalls mit neun Monaten abgestillt wurde. Also ist die Milch seit mindestens vier Jahren versiegt.

Sie drückt immer noch daran herum, wird grob und tut mir weh. Sie will es einfach nicht glauben, irgendwo muss doch noch Milch sein. Ich packe ihre Hand und stoppe sie. Da springt sie auf, stürzt auf mich zu und kommt ganz nahe mit dem Mund heran. Sie nimmt die Brust und fängt an, heftig daran zu saugen. Ich stoße sie zurück. S schaut mich wütend an, springt auf, rennt zum Waschbecken und spuckt aus, während sie wütend schimpft, wie eklig und giftig meine Milch wäre. Sie spült sich den Mund aus und spuckt weiter aus. Dann kommt sie wieder zu mir, saugt noch einmal und spuckt wieder aus.

Etwas später, ich bin noch nicht fertig angezogen, rufe ich sie zu mir in mein Zimmer. Ich bin immer noch etwas zornig, doch sie kommt lächelnd herein, immer noch stolz auf das, was sie gerade herausgefunden hat, sie will mir noch einmal weh tun, zerrt an meinem T-Shirt, ich packe sie am Arm, mir missfällt ihr Verhalten. Ich möchte, dass sie sich bei mir entschuldigt, denn schließlich habe ich sie ja lieb, aber ich musste einfach laufen, das brauchte ich unbedingt, ich habe schon seit einem Monat keinen Sport mehr gemacht, aber wenn sie beim nächsten Mal wieder so ausrastet, dann werde ich nicht mehr gehen. Wir kämpfen ein wenig zum Schein, und während ich mit ihr rede, schlägt sie weiter auf mich ein. Ich stecke die Hiebe weg und halte sie auf. Dann beginne ich wieder von vorn und versuche über eine gute Viertelstunde, ihren Angriff auf mich in ein Spiel umzuwandeln. Bis ihr Wutanfall vorbei ist.

22. März, morgens

Vier Tage später gehe ich zum Rathaus, um die Zahlungen für die Mensa auszusetzen (da S jetzt einen Monat nicht dort war), und dann rufe ich die Lehrerin Franca an, um unseren Termin am Nachmittag noch einmal zu bestätigen. Ich notiere mir auf einem Zettel, wie ich zu ihr gelange. Dann – mit einem sehr unguten Gefühl und mit schwerem Herzen – setze ich mich ins Auto und fahre in zwei Nachbarorte, um mir dort die Grundschulen anzusehen. Ich versuche mir vergeblich einzureden, dass ich nur eine günstige Gelegenheit nutze.

Selbstverständlich lässt mich in meiner momentanen Verfassung die Schönheit der Strecke kalt, das frische Grün der Landschaft nach dem Regenguss, der graue, bedeckte Himmel, über den dunkle Wolken jagen, und der sich mit Macht ankündigende Frühling. Die Fahrt zu diesen beiden Ortschaften wird zu einer der lästigsten Angelegenheiten dieser Zeit. Ich schätze ab, wie lange wir morgens dorthin brauchen würden, und dabei wird mir klar, dass M wohl zusammen mit seiner Schwester wechseln müsste. Ich sehe mich mit einer solchen Verbitterung um, dass mir alles unwirklich schäbig vorkommt. Ich habe hier keine Freunde, die ich um Rat fragen könnte, kenne niemanden. Ich befürchte, dass es hier noch provinzieller zugeht als bei uns im Ort. Ich bekomme Beklemmungen allein bei der Vorstellung, dass wir S so jäh aus allem herausreißen müssen – sie war bis jetzt so gut in ihre Klasse integriert und so offen (Franca beschreibt sie als ein Kind, das andere mitreißen kann).

Ich parke. Jetzt beginnt es wieder zu regnen, dazu peitschen Windböen über die Straße, der Schirm lässt sich nicht öffnen, egal. Ich klappe die Kapuze hoch und mache mich auf den Weg. Ich gehe einmal um das große, von Bäumen umstandene Gebäude herum, das an einen großen Schulhof angrenzt. Dann fällt mein Blick auf die kleinen Häuser, die es umgeben, und ich frage mich, ob auch hier ein Kind die Schule verlassen und in einem Zimmer landen könnte, einfach einige Minuten lang verschwinden und dann wieder auftauchen, als ob nichts gewesen wäre. Ich weiß nicht, wer hier wohnt. Das Schultor ist geschlossen, das Tor verriegelt, alle sind drinnen. Es ist noch etwas zu früh für die große Pause. Ich klingele, gehe ins Sekretariat und lasse mir dort ein paar Auskünfte geben. »Ja, ein Schulwechsel ist selbstverständlich machbar, weswegen denn?« »Ach, wissen Sie«, bleibe ich vage, »aus familiären Gründen.« Ich frage nach der Anzahl der Schüler und Klassen. »Vielleicht ist es ja auch gar nicht nötig«, füge ich noch hinzu. Es fällt mir sehr schwer, die Tränen zurückzuhalten, nicht laut herauszuplatzen, diese Fremde mit hineinzuziehen und ihr zu erzählen, wie schlecht es mir geht. Sobald meine Stimme zu beben beginnt, verabschiede ich mich von ihr. Ich finde den Weg nach draußen. Verschwinde quasi fluchtartig. Dort drinnen war es unerträglich still. Na ja, vielleicht hat die Sekretärin ja gedacht, ich hätte Eheprobleme, das ist doch fast immer der Grund.

(Was haben wir verloren? Was ist zerbrochen? Unschuld, Reinheit, die Chance, jemandem zu glauben, einander zu vertrauen? Vielleicht einfach viel von dem, was Kindheit eigentlich ausmacht. Dieses freudestrahlende Lächeln. Ihren Zauber. Ihren unendlichen Reichtum. Was haben wir noch verloren? Den Blick des Kindes auf die Welt? Unsere Sicht durch seine Augen? Ich weiß es nicht. Kann es noch nicht erfassen. Auch wenn man sich noch so sehr bemüht, in einer Mutter ist das Echo des Schmerzes ihres Kindes etwas, das man nicht in Gedanken kleiden kann.)

Draußen stülpt eine Windbö meinen Schirm um. Ich schließe ihn wieder und steige in den Wagen. Ich hatte keine Gelegenheit, die Kinder dort zu sehen. Schade, so hätte ich mir auch von ihnen ein Bild machen können.

Die andere Schule vermittelt mir einen absolut gegenteiligen Eindruck. Lärm, Chaos, Lehrerinnen, die herumschreien (alles ist ziemlich ländlich, und so wirkt auch die Leiterin der Grundschule, mit der ich spreche: rote Haare, künstliche Bräune, Kaugummi im Mund). Überfüllte Klassen, herumfliegende Pausenbrote, Mädchen mit Stiefeln in Neonfarben und Leggings. Wir sind mitten in der großen Pause. Flure mit geschlossenen Türen, die irgendwohin führen, wohin, weiß ich nicht. Und ein schrecklicher Hausmeister an der Pforte. Auch hier informiere ich mich, sonst würde man sich fragen, was ich hier mache, aber diese Schule schließe ich kategorisch aus.

Ich muss mich noch einmal mit L auf die Suche begeben. Allein schaffe ich das nicht. Mein innerer Widerwillen ist zu groß. Meine Wahrnehmung ist verzerrt. Ich muss mir die Gesichter genau ansehen. Herausfinden, mit wem es S dort zu tun haben würde. Kein Ort ist sicher. Ich muss mir den Grundriss der Schule einprägen, wo die Mensa, die Turnhalle ist. (Obwohl ich glaube, dass weder S noch M jemals wieder zur Nachmittagsbetreuung gehen werden.) Unter diesen Umständen ist das keine Wahl. Der heutige Besuch hat immerhin dazu beigetragen, die ersten Alternativen auszuschließen.

Um fünf Uhr nachmittags erreichen wir das Haus der Lehrerin. Sie lebt am Rand des Ortskerns in einem der Reihenhäuser am Wald. Ein langgestreckter Block, der von einer Vielzahl schmaler Rasengrundstücke und Gartentore unterteilt wird. (Es sieht schon aus wie auf dem Land, gehört aber noch zum Ort.) Wir haben ein paar cremegefüllte süße Stückchen mitgebracht. S hat für die Lehrerin ein Briefchen geschrieben, das sie mit Blumen und Bonbons verziert hat, und dazu ein Armband in den Umschlag gesteckt, das sie in einem kleinen Laden im Ortskern gekauft hat. (Genau so eins hat sie letzte Woche mir geschenkt.)

Franca kommt uns lächelnd entgegen. Sie ist allein zu Hause. Sie stellt uns ihre Katzen vor, eine ist schon so alt und gebrechlich, dass sie drei verschiedene Medikamente pro Tag braucht. Dann drehen wir eine kleine Runde durch den Garten und folgen ihr in die Küche, wo sie Tee kocht. Sie hat für unseren Besuch Kekse gekauft.

Die Lehrerin hat freundliche Augen, ein hübsches Gesicht mit einer kleinen Nase, kurze, kastanienbraune Haare und einen Pony. Sie hat schon einen erwachsenen Sohn (obwohl sie nur wenige Jahre älter ist als ich) und sieht einen so lebhaft und mit einem Augenzwinkern an; man merkt gleich, dass sie Kinder mag, dass sie Spaß mit ihnen hat, im Unterricht hat sie immer neue Einfälle und ist den Kindern gegenüber sehr aufmerksam, aber auch entschieden, und ihre Schüler erwidern ihre Zuneigung.

Vor zwei Jahren – als wir uns nach einer Schule umgeschaut haben – habe ich über sie nur Gutes gehört. Ihretwegen haben wir uns entschieden, S vorzeitig, schon mit fünfeinhalb Jahren, einzuschulen.

S hat sie sofort in ihr Herz geschlossen, und heute strahlt sie übers ganze Gesicht wie schon seit Wochen nicht mehr. Endlich ist sie zu Hause bei ihrer Lehrerin, keiner kann sich vorstellen, wie sehr sie sich das gewünscht hat.

S erkundigt sich nach den AGs und nach den Mitschülern. Ich nehme mich zurück, möchte den beiden allen Raum lassen. S ist sehr enttäuscht, als sie erfährt, dass ihre Rolle im Theaterstück zum Schuljahresende einem anderen Mädchen zugeteilt wurde. Aber sie versucht, tapfer zu sein, und wechselt das Thema. Sie nimmt die Hefte, zeigt sie nacheinander der Lehrerin, ihr liegt viel daran, ihr zu beweisen, wie viel sie gearbeitet hat. Sie wirkt plötzlich reifer, legt eine Sprachgewandtheit an den Tag, die mich überrascht, bittet Franca sogar, ihr etwas noch einmal zu erklären, das sie nicht ganz verstanden hat. Sie ist glücklich.

Ich trinke meinen Tee aus, stehe auf, gehe ans Fenster und hänge meinen Gedanken nach. Die Lehrerin weiß nichts, sie hat keine Ahnung, wie schwierig es ist, mit S zu arbeiten. Franca weiß auch nicht, dass dies das Einzige ist, was ich S abverlange. In zwei Wochen werden wir S regelmäßig zu einer pensionierten Lehrerin bringen, da die Sache sich so hinzieht und unser Leben – und das Verständnis für das, was gerade geschieht – wie eingefroren ist.

Franca weiß nicht, dass wir uns bemühen, diese Zeit, in der S nicht zur Schule geht, als »außerplanmäßige Ferien« hinzustellen, damit sie sich auch damit abfindet, als eine gute Gelegenheit, all das zu erledigen, für das sonst nie Zeit bleibt. L hat ein kleines Rasenstück eingezäunt, wo S Blumen und Kräuter gepflanzt hat, und jeden Morgen harkt sie dort, gräbt Löcher, gießt, düngt und jätet Unkraut. Dann ist da ja noch Lila, die erzogen werden muss, sie muss lernen, an der Leine zu laufen, Sitz zu machen und sich bürsten zu lassen. Wir haben sogar Pläne für ein Baumhaus mit Leiter, mehreren Ebenen und Seilen, aber damit haben wir noch nicht begonnen.

Die Lehrerin weiß nicht, dass (unter anderem) wegen ihrer Verletzung der Aufsichtspflicht oder zumindest mangelnder Sorgfalt ich M ebenfalls oft nicht in den Kindergarten schicke, denn er ärgert sich, dass seine Schwester zu Hause bleiben darf, und S ist sauer, weil sie nicht in die Schule gehen darf, daher sind sie meist beide unzufrieden. Sie weiß nicht, dass ich mich bemühe, jeden Nachmittag Freunde von S einzuladen, ich hole sie sogar ab und bringe S zu ihnen (doch weil die Kinder sich nicht in der Schule sehen, wo sie so etwas normalerweise unter sich ausmachen, ist die Organisation etwas schwierig). Und dann bringe ich sie noch zum Turnen, ab und zu, damit die anderen Mütter nicht zu misstrauisch werden, außerdem soll sie diese Gelegenheit nicht auch noch verpassen, sich mit anderen Kindern zu treffen.

Franca weiß nicht, dass neben der Angst, die S in Mark und Bein gefahren ist und sie vollkommen ausfüllt, die größte Schwierigkeit ihre Wut ist, die sie in den Griff bekommen muss (dass sie nicht zur Schule geht, ist dabei auch nicht gerade hilfreich). Eine riesige Wut, die sich zum Großteil gegen Vito richtet, gegen den sie diese nicht ausleben kann und den sie immer noch mag (das ist das Hinterhältigste daran). Eine riesige Wut auch auf uns Eltern, weil wir sie nicht »beschützt« und das Geschehene nicht verhindert haben.

Sie weiß nicht, dass der Weg, um diese chaotische Mischung aus Liebe und Gewalt auszumerzen und einen halbwegs normalen Alltag zu erlangen, lang ist und dass dieser Kampf sich jeden Tag vor unseren Augen abspielt und vor allem auf unsere Kosten.

Die Lehrerin weiß nicht, dass S ihre Aggression gegen ihren Vater vor allem mit körperlicher Gewalt auslebt. Mir gegenüber ist sie bockig, sie streitet und provoziert mich, aber handgreiflich wird sie selten. Bei ihm dagegen endet es jedes Mal, auch wenn sie scheinbar nur spielen will, damit, dass sie sich nicht mehr beherrschen kann und zuschlägt. Als ob ihm gegenüber die Regel gelten würde: »Ich schlage, du steckst ein, ich entscheide, du hast zu gehorchen, ich befehle, du ordnest dich unter.« Und der Beweis dafür, dass es so funktioniert, ist eben, wenn sie ausrastet und ihm wirklich weh tut und sich dann nicht dafür entschuldigt.

Die Lehrerin weiß nicht, dass wir jede Woche darüber mit dem Kinderpsychologen sprechen und dass Monate vergehen werden, ehe S ihren Vater wieder umarmen kann, ohne ihn schlagen zu müssen. (Es ist fast Sommer, ehe das zum ersten Mal geschieht. Und als wir es erleben, erfahren wir nicht nur das Hochgefühl darüber, dass sich unsere Tochter endlich öffnet, wo sie besonders hartnäckig verschlossen war. Wir erkennen sie plötzlich wieder als ganzen Menschen, der auf dem Weg der Genesung ist, und können nun auch ermessen, wie schwierig und langwierig es für sie war, bis sie wieder zu dieser spontanen Geste fähig war.)

All das weiß die Lehrerin nicht, und S ist bei ihr heute glücklich. Als wir weggehen, umarmt sie sie und gibt ihr ein Küsschen. Ihrer Lehrerin, die sie so anhimmelt. Aber trotzdem sagt sie nichts, verschweigt ihr die Gründe für ihre Abwesenheit von der Schule. Während ich wieder in meinen ganz persönlichen Teufelskreis gerate: Freundlichkeit vortäuschen, mich nicht verraten, jeden Tag mit den Fragen, der Neugier und dem Misstrauen all derer fertigwerden, die nicht oder kaum Bescheid wissen. Und weiter ein Leben voller Treffen organisieren, Nachmittage durchplanen und so tun, als wäre nichts passiert.

Es ist mir heute sehr schwergefallen zu lügen. Ich kann es kaum erwarten, mit Franca darüber sprechen zu dürfen, so hart das auch werden mag. Ich brauche ihre Unterstützung. (Und vor allem S braucht sie.) Sie ist das rettende Ufer, auf das wir zählen.

Osterferien

Aber die Zeit vergeht, zehn, zwölf, vierzehn Tage, ein Monat. Jetzt ist es schon fünfunddreißig Tage her, dass S sich geöffnet hat. Ostern steht vor der Tür. Unsere Geduld bröckelt immer weiter, wir sehen kein Licht am Ende des Tunnels. Wir stecken fest. Trotz der Treffen mit dem Staatsanwalt geht es weder vor noch zurück. Am 25. März kommen wir wieder ins Präsidium. Seit unserer letzten Begegnung haben wir von dort nichts mehr gehört. Die Zeit drängt, nicht nur weil es immer komplizierter wird, ständig zu lügen oder mit einer Situation umzugehen, die in jeglicher Hinsicht in der Schwebe ist, sondern weil S sich immer schlechter fühlt, je länger sie dem Unterricht fernbleiben muss. Ihre wachsende Unruhe beruht derzeit weniger auf den eigentlichen Vorfällen, sondern auf der Tatsache, dass sie ihretwegen nicht zur Schule gehen kann. S fehlt ihr früheres Leben, es reicht ihr nicht, sich jeden Tag mit Freunden zu treffen. Mit ihren sechs Jahren kann sie absolut nicht verstehen, warum es so lange dauert, diesen Hausmeister zu entfernen, obwohl sie doch alles noch einmal persönlich geschildert hat. Sie findet sich mit der derzeitigen Situation bloß ab, weil man ihr versprochen hat, dass sie bald wieder in die Schule gehen darf.

Den Beamten liefern wir noch zwei oder drei Details nach, die S uns erzählt hat. Sie nehmen alles zu Protokoll. Niemand weiß, was der Staatsanwalt jetzt vorhat, hier im Präsidium haben sie noch nicht einmal eine Abschrift von S' Einvernahme (sie wissen also nicht genau, was sie gesagt hat), und eine Kopie werden sie frühestens in einem Monat erhalten.

Inzwischen warten wir darauf, dass wir als »Personen, die über den Sachverhalt Bescheid wissen« gehört werden. Das hat uns der Staatsanwalt letzte Woche in der Praxis der psychologischen Gutachterin angekündigt, es schien ihm dringend zu sein, aber wir wissen nicht, wann wir einbestellt werden. Da wir annehmen, dass der Termin nun unmittelbar bevorsteht, haben wir eigentlich beschlossen, trotz der Feiertage nicht wegzufahren.

Am 28. März fahren wir dann doch kurz entschlossen zu unseren Freunden in den Schnee, etwa hundert Kilometer entfernt. Eine absolute Schnapsidee, denn das Wetter ist unglaublich schlecht, doch wir halten es zu Hause nicht mehr aus. Damit wir uns das Apartment nicht zu acht teilen müssen, nehmen wir uns ein Zimmer in einem Hotel. Es ist kalt, und es schneit. Zum Glück sind wir schon abends gefahren, denn in der Nacht fällt reichlich Schnee, und am folgenden Tag sind die Straßen für Stunden gesperrt. Wir mieten Skier für die Kinder. Wegen des Tagespasses macht man mir Schwierigkeiten, weil ich die Steuernummer von S nicht mithabe und die Angestellte mir nicht glaubt, dass sie noch keine acht Jahre alt ist. L wird so laut, dass sie am Ende nachgibt, aber der Auftakt des Tages ist damit verdorben. Dann teilen wir uns auf. S geht mit ihrem Vater und den älteren Kindern auf Tour, ich bleibe mit M am Übungshügel, den er immer wieder im Schneepflug herunterkurvt. Zum Mittagessen treffen wir uns alle wieder.

Am späten Nachmittag fahren unsere Freunde ab. Wir beschließen, noch eine Nacht zu bleiben. Das Zimmer ist zwar schrecklich, aber sonst ist nichts frei. M muss zwischen uns schlafen, das Stockbett ist zu hoch für ihn. Am nächsten Tag wird das Skifahren schwierig. Das Wetter ist noch schlechter geworden, wegen des starken Windes sind die Anlagen zum Teil geschlossen. Die Sonne kommt nur einmal ganz kurz heraus, dann zieht der Himmel wieder zu und wird tiefschwarz. Eine Stunde später werden auch die letzten beiden Sessellifte geschlossen.

Auf dem Rückweg legen wir beim Eisstadion einen Zwischenstopp ein. Und die Enttäuschung hat uns wieder fest im Griff.

31. März

Am 31. März bestellt mich der Rektor zu sich. Um elf bin ich in seinem Büro. Der Mann fragt mich, warum S seit einem Monat nicht mehr zum Unterricht kommt. Er macht mich darauf aufmerksam, dass sie ein Jahr verlieren könnte. Ich sage ihm, dass wir zu Hause den Lernstoff der Klasse nacharbeiten, und wiederhole, was ich schon den Lehrerinnen erzählt habe. Dass die Hepatitis eine Reihe von gesundheitlichen Problemen nach sich gezogen hat, bis hin zu einer Entzündung der Bauchspeicheldrüse, die in den medizinischen Attesten nicht explizit erwähnt werden, aber sobald sich ihr Zustand – der ständig ärztlich überwacht wird – stabilisiert hat, würde S wieder in den Unterricht kommen.

Der Rektor lässt anklingen, dass es sich bei den Attesten möglicherweise um Gefälligkeitsatteste handelt (er muss erfahren haben, dass S zum Turntraining geht, und das passt für ihn nicht zusammen). Ich weise das empört zurück, mir steigen Tränen der Wut in die Augen, ich empöre mich, allein der Gedanke, ein Arzt würde in dieser Situation falsche Atteste ausstellen, sei unfassbar. Die Heftigkeit meiner Reaktion überzeugt den kleinen kahlen Mann, der ständig meinem Blick ausweicht, dass es sich um ein echtes, schwerwiegendes Problem handelt. Um Gottes willen, sagt er beschwichtigend, er habe nichts unterstellen wollen, er entschuldigt sich, und um seinen Fauxpas wieder wettzumachen, versucht er mich zu besänftigen, indem er unser Gespräch auf eine persönlichere Ebene bringt. Er vertraut mir an, sein Enkel hätte vor Jahren ebenfalls schwere gesundheitliche Probleme gehabt, die ihm lange zu schaffen gemacht hätten, aber zum Glück seien sie mit Hilfe der Jungfrau Maria verschwunden. Er fragt mich, ob wir an die Jungfrau Maria glauben. Dann rät er mir, ich solle mich mit aufrichtiger Demut an sie wenden, weil das helfen würde, und wünscht mir alles Gute.

Ich gehe, bin unzufrieden mit mir, weil ich einem Menschen, den ich überhaupt nicht schätze, meine Angst ein Stück weit gezeigt habe (na ja, zumindest habe ich damit seinen Verdacht entkräftet, wir würden Lügengeschichten erzählen). Was mich wirklich belastet, ist die Entdeckung, dass die Lehrerin uns nicht glaubt, obwohl sie so viel Verständnis an den Tag legte. Aber anstatt offen mit mir darüber zu reden, hat Franca mich lieber vom Rektor einbestellen lassen. Dabei war die Sorge echt, die sie in meinen Augen gelesen hat, als wir miteinander gesprochen haben. Wie kann sie dann nur glauben, dass ich lüge und mich so leichtfertig der Gesundheit von S bediene? Und wozu? Wie kann eine Mutter sich hinter einer so niederträchtigen Ausrede verstecken?

Wäre ich nicht so tief getroffen, würde ich mich jetzt aufregen. Stattdessen kehre ich nach Hause zurück, und als ich noch einmal das Gespräch Revue passieren lasse, muss ich sogar lachen. Dass es immer noch Leute gibt, die glauben, man würde Probleme lösen, wenn man zur Madonna betet, finde ich völlig daneben. Aber nun ist klar, dass unser »Theaterspiel«, unsere »Farce« nicht mehr trägt und wir uns auf sehr dünnem Eis bewegen.

2. April

Als Nächster bittet mich auch der Trainer vom Kunstturnen zu sich. Es ist ihm sichtlich peinlich, er weiß nicht, wie er es mir beibringen soll, aber einige Mütter aus dem Kurs haben vom Turnverein gefordert, ein medizinisches Attest vorzulegen, dass die Teilnahme von S keine Gefahr für die anderen Mädchen darstellt. Er hat ihnen wiederholt, was ich seit Wochen erkläre, nämlich dass die Krankheit von S nicht ansteckend sei, sonst würde ich sie ja nicht hinschicken, aber sie haben darauf bestanden und haben damit gedroht, sie würden ihre Töchter sonst aus dem Kurs nehmen.

Zunächst werde ich laut, ich rege mich schrecklich auf. Nein, ich habe keineswegs vor, dieses Attest zu bringen. Ich rufe den Kinderarzt an, doch der kann mich erst einmal beruhigen, das sei eine blödsinnige Forderung, natürlich, aber wenn ich es mir anders überlegte, läge das Attest für mich bereit. Nachdem meine Wut verebbt ist wie eine auslaufende Welle – aber ich habe noch genug davon in petto –, meldet sich in mir die Stimme der Vernunft. Ich will nicht, dass jetzt »Fragen« aufkommen. Am besten erstickt man das Gerede gleich im Keim. Aber es verletzt mich, dass Menschen, die ich seit mehr als zwei Jahren kenne, mich nicht direkt ansprechen, sondern sich lieber und dann auch noch so heftig beim Trainer beschwert haben. Das würde mich zu jeder Zeit verletzen, aber in der aktuellen Situation fühlt sich die Enttäuschung noch bitterer an.

Außerdem muss die Lehrerin in der Klasse auch etwas erzählt haben oder ihr muss zumindest eine Bemerkung zu dem Thema entschlüpft sein, denn gestern haben zwei Freundinnen von S meine Tochter in der Umkleide gefragt, warum sie nicht wieder zum Unterricht kommt, wenn sie doch zum Turnen gehen kann, und in ihrer Stimme schwang ein leichter Vorwurf mit, den sie bestimmt so oder so ähnlich bei einer erwachsenen Autoritätsperson gehört haben.

Also gut, dann fängt jetzt also das Misstrauen an, sich lautlos und unmerklich auszubreiten wie ein Nebelschleier, man geht langsam auf Distanz: Ich traue dir nicht mehr, ich brauche dich eigentlich auch nicht mehr, und das, was mich vorher an dir angezogen hat, hat inzwischen seinen Reiz eingebüßt. Infolgedessen werde ich dich von nun an beobachten, aber nicht um herauszufinden, wie ich dir am besten helfen kann, sondern weil ich dir nicht mehr traue.

In Anbetracht der Tatsache, dass ich seit zwei Jahren Elternvertreterin der Klasse bin und mich um eine Menge persönlicher Anliegen von Eltern und Schülern gekümmert habe, trifft mich das nun besonders tief. Obwohl alle so tun, als wäre nichts und mir offen ins Gesicht sehen, habe ich das Gefühl, dass ich plötzlich einer Mauer gegenüberstehe.

Selbst die Einladungen von S' Freundinnen bleiben aus. Ich erwarte ja nicht das gleiche Engagement wie von mir, so naiv bin ich nicht, aber in letzter Zeit kommt es zu keinem Treffen, wenn nicht ich die Initiative übernehme. Wir sind nicht mehr Teil der Klasse. Jedenfalls für den Moment.

21. April
(drittes Treffen mit dem Staatsanwalt)

Endlich, sechsunddreißig Tage nach der zweiten Anhörung, fast sechzig Tage nach der Anzeige, inzwischen waren da noch die Osterferien, das Treffen mit dem Rektor, die Probleme im Turnverein, die unzähligen Hausaufgaben, die ich jede Woche abhole, ist nun endlich am 21. April um neun Uhr dreißig ein weiteres Treffen mit dem Staatsanwalt anberaumt; wieder in der Praxis der Kinderpsychologin Manuela.

Wir sind froh über jeden Schritt, über alles, was danach aussieht, als könnte nun Bewegung in die Sache kommen, das lässt uns aufatmen und wieder etwas am Leben teilhaben. Man hat ein Album mit Bildern der beiden Beschuldigten und ihrer Wohnungen zur »Erkennung von Orten und Personen durch Inaugenscheinnahme von Fotos« vorbereitet. Da dem Staatsanwalt noch nicht klar ist, welcher der beiden Hausmeister den Missbrauch begangen hat und in welcher Wohnung, versucht er es auf diese Weise herauszufinden, und man hat die vergangenen Wochen genutzt, unauffällig Bilder von allen Angestellten der Schule zu machen.

In den Akten des Staatsanwalts tauchen unsere Aussagen jedoch nicht auf, und das Protokoll von der Anzeige erwähnt weder, dass S später einen anderen Namen genannt hat, noch, unter welchen Umständen dies geschehen ist. Dabei handelt es sich aber um eine entscheidende Information, um sich ein Bild zu machen, die der Staatsanwalt jedoch nicht besitzt, weil er sich nicht die Mühe gemacht hat, uns zu hören. Abgesehen von dem kurzen Protokoll der Anzeige und dem von S' Einvernahme hat er nichts in Händen, was zur Klärung oder Ergänzung ihrer ersten Aussage beitragen kann, er hat keine Kenntnis von weiteren Details, die in den beiden Monaten aufgetaucht sind, seit sie nicht mehr in die Schule geht. Und ich kann einfach nicht begreifen, wie man überhaupt auf die Idee kommen kann, einem kleinen Mädchen ein solches Album vorzulegen, genau wie in den Filmen, wo die Leute sich Dutzende Fotos von fremden Leuten ansehen müssen, was sogar für einen Erwachsenen schwierig ist. Warum haben sie nicht vorher alle anderen Möglichkeiten ausgeschöpft, um sich umfassend zu informieren?

Die Beamten der Sondereinheit sind spürbar nervös und gereizt. Denen von der Kriminalpolizei, die den Staatsanwalt begleiten, geht es nicht anders. Grund ist die bis dahin verlorene Zeit (der Zeitverlust ist tödlich, er führt häufig dazu, dass sich das Opfer verschließt, und begünstigt den Täter) und weil man befürchtet, der Staatsanwalt habe diesen Weg gewählt, um eventuell sogar zu provozieren, dass S sich in Widersprüche verwickelt, vielleicht auf das Foto eines Hauseingangs deutet, der drei Kilometer von der Schule entfernt ist. Will er sich auf diese Weise die ganze Sache vom Hals schaffen und die Akte schließen?

Deshalb umgibt dieses heutige Treffen eine Atmosphäre allgemeiner Irritation. Doch das verheimlichen wir vor S, wir wollen nicht erneut Wutanfälle wie gestern riskieren, als sie sich schrecklich aufregte, dass man sie noch einmal zu einem Treffen zwingt, obwohl man ihr doch versichert hatte, alles wäre vorbei.

An diesen Termin erinnere ich mich kaum. In meinem Kalender habe ich notiert, dass die Anhörung um zwölf Uhr endet, so wie es auch im Protokoll steht. Wir haben S versprochen, dass wir am Nachmittag wieder in das Spielwarengeschäft fahren, um die Geschenke, die wir das letzte Mal gekauft haben, zu ergänzen; wenn sie da etwas übersehen hat, kann sie das heute nachholen.

Was sollen wir ihr sonst sagen? In zwei Tagen hat sie Geburtstag, und sie weiß, wie übrigens alle in unserem Umfeld, dass sie danach wieder in die Schule gehen wird. Das war das Äußerste an Zeit, was sie uns zugestanden hat. Wir haben schon einige Versprechen missachtet, jetzt dürfen wir sie nicht noch einmal enttäuschen. Andernfalls steht das Vertrauen auf dem Spiel, das sie bisher in uns setzt. Das Vertrauen in das, was wir ihr bisher gesagt haben, seit unserem gemeinsamen Beschluss, uns an die Polizei zu wenden.

(Gestern hat S zum ersten Mal gemeint, es wäre besser gewesen, sie hätte nichts gesagt. Und aus ihrer Sicht, der eines Mädchens, das knapp einen Meter zwanzig groß ist, hat sie Recht. Es reicht. Sie hat alles getan, was man von einem Kind erwarten kann, und jetzt will sie nur noch eins: wieder zur Schule gehen.)

Aus den Akten geht auch diesmal hervor, dass S sich bei den Gesprächen mit der Psychologin niemals irrt, sie zeigt auf keine Orte, die sie nicht gesehen hat, sie verwechselt nichts, erkennt die Schule, Vito und erklärt wieder, er sei gut und habe sie lieb und dass der andere diese schlimme Sache gemacht hat. Wieder beschreibt sie die Orte, wo es passiert ist, das Innere der Wohnung, die Schränke, das Zimmer, das Bad, die Edelsteine und diese langen, flachen Steine vom Strand, die der Hausmeister angemalt hat. S widerspricht sich nie. Sie ist erschöpft. Den Namen des Täters wiederholt sie jedoch nicht. Auch Manuela gelingt es nicht, diese Mauer aus Angst einzureißen, die sich in diesem langen Zeitraum im Kopf vom S aufgebaut hat. Sie haben zwei Stunden lang geredet und gespielt. Aber S hat alle Versuche zurückgewiesen, den Namen preiszugeben. Sie behält ihn weiter für sich. Selbst als sie schließlich der Staatsanwalt dazu befragt.

Aber in Bezug auf alle anderen Fakten, auf die sie bereitwillig zurückgekommen ist, hat sie im Prinzip genau wiederholt, was sie schon gesagt hat, und nichts verändert.

Dass der Hausmeister ihr etwas zu trinken oder zu essen gegeben haben soll, ist eines der dunkelsten Kapitel in dieser Geschichte. Darüber darf ich gar nicht nachdenken, denn wenn man sich das vorstellt, versinkt man in die tiefste Depression. Natürlich hat ein Ermittler jedes Recht der Welt, sie, wie heute geschehen, genau danach zu befragen. Es ist nicht nur sein Recht, sondern auch überaus nachvollziehbar.

Doch in meiner Erinnerung hat sich eine Begebenheit in mir festgesetzt, ein glasklares Detail, ein Nachmittag, als ich S wie üblich nach der Schule zum Turnen gebracht habe, es muss wohl im November gewesen sein. Die Umkleide ist leer, wir sind früh dran, es ist noch keines von den anderen Mädchen da. S bewegt sich träge, sie scheint nicht in der Lage, sich allein auszuziehen, die Kleider ordentlich aufzuhängen oder ihre Schuhbänder aufzumachen. Ihr Blick geht ins Leere, sie ist unkonzentriert, ihre Bewegungen wirken so unkoordiniert, dass ich gereizt werde, sie zieht das Trikot verkehrt herum an, muss es noch einmal ausziehen und wieder anziehen. Ich empfinde das als eine Art passiven Widerstand, subtiler als sonst, auch heute wollte sie wieder nicht zum Training, und wir haben uns auf der Fahrt gestritten. Ich verliere die Geduld, sie ist so langsam, so ungeschickt, wie betäubt. Schließlich bin ich es leid, sage ihr, sie soll selbst sehen, wie sie zurechtkommt, und verlasse die Umkleide. Aber ich muss doch zurückkommen, denn sie schafft es nicht allein. Einen Augenblick lang frage ich mich, ob sie etwas genommen hat, aber dieser Gedanke verschwindet so schnell, wie er gekommen ist. Das kann nicht sein, sage ich mir, schließlich war sie den ganzen Tag in der Schule. Und während ich ihr hinterhersehe, wie sie sich schwankend entfernt, mache ich mir Sorgen, dass sie vom Balken fallen und sich weh tun könnte. Doch ich beschließe, dass sie das absichtlich tut, um mich zu ärgern, und lasse sie gehen. Dennoch beobachte ich sie die ganze Stunde über durch die Fensterscheibe.

Es gibt noch eine Angst, die uns viele Wochen lang gequält hat, die Frage, ob S in der Wohnung vielleicht angefangen hat zu schreien oder zu weinen und was passiert wäre, wenn der Kerl, über den wir nichts wissen und daher keinerlei Vorstellung haben, wie er ist, was er denkt, was ihn antreibt – und jemandem, der das Risiko auf sich nimmt, ein kleines Mädchen aus einer Schule zu entführen, ist alles zuzutrauen –, wenn also dieser Kerl Angst bekommen hätte oder so nervös geworden wäre, dass ihm die Situation entglitten wäre. Was alles hätte passieren können. Diese Angst ist grenzenlos, sie zerfleischt einem die Eingeweide, presst sie zusammen und reißt sie heraus. Hier setzt der eigene Verstand aus. Und Abgründe tun sich auf.

24. April, S' Geburtstag

Drei Tage später kommt die ganze Klasse zu ihrem Fest. Einige Eltern sind auch dabei, ein paar Mädchen aus dem Turnverein und unsere Freunde mit ihren Kindern. Es ist nicht kalt, wir haben Südwind, der Himmel glänzt weißlich, die Sonne kommt ab und zu durch die Wolken, ohne sich gänzlich durchsetzen zu können. Alle spielen Fangen, der Gartenzaun verläuft den ganzen Waldrand entlang, sie haben also enorm viel Platz, sie könnten stundenlang hintereinander herrennen. L hat die Hunde eingesperrt, damit sie den Kleinsten nicht das Essen wegschnappen.

Zum ersten Mal habe ich keine Torte gebacken. Wir haben eine in der Konditorei gekauft, die wir in der Straße entdeckt haben, in der der Kinderpsychologe seine Praxis hat. Die Torte ist groß, in Apfelform, innen Biskuit, darauf orangefarbene Zuckerglasur und Kirschen, Blüten, Raupen und Schmetterlinge aus Marzipan als Dekoration.

Als S sie entdeckt hat, machte sich ungläubiges Staunen auf ihrem Gesicht breit, sie wollte fast nicht glauben, dass das eine echte Torte ist, und hat sofort gefragt, ob man die Glasur essen kann, und wir haben ja gesagt.

Aber dann haben ihr die Schulfreunde das gemeinsame Geschenk überreicht, ein Fahrrad mit großen Rädern, und die Kinder haben sich gleich zu dritt darauf gestürzt, haben sich gezankt und geschubst. Weil S Angst hatte, das Rad könnte darunter leiden, hat sie gesagt, sie sollen das lassen, aber die anderen haben nicht auf sie gehört. Da ist sie weinend weggelaufen und hat sich im Elternschlafzimmer eingeschlossen. Sie hat geglaubt, die Kinder wollten absichtlich ihr Geschenk kaputtmachen. Währenddessen wartete die Torte immer noch auf sie.

Wir haben miteinander geredet, sie weinte immer noch vor Wut, und ich habe versucht sie zu trösten. Die Mutter eines anderen Kindes kam dazu, sie hat S gesagt, sie hätte die Kinder vom Rad geholt und es wäre nichts passiert, aber da war nichts zu machen, S wollte auf keinen Fall herauskommen und die Kerzen auf der Torte ausblasen. So wütend war sie.

Weil es draußen so windig war, habe ich die Torte wieder

hereingebracht, aus Angst, sie könnte kaputtgehen. Eine halbe Stunde später hat S nicht mehr geweint, aber ihre Augen waren noch gerötet wie von jemandem, der immer noch gereizt ist. Schließlich ist sie mir doch ins Wohnzimmer gefolgt, aber nicht etwa weil sie ihre Meinung geändert hatte, sondern um mir einen Gefallen zu tun. Ein paar Gäste wollten gerade aufbrechen. Sie hat die Kerzen ausgeblasen, während wir das Geburtstagslied gesungen haben, und hat das erste Stück davon gegessen. Kaum jemand hat etwas von dem Zwischenfall mitbekommen, aber uns hat es von Herzen weh getan.

(Gestern hat sie die Nachricht verarbeiten müssen, dass sie immer noch nicht in die Schule darf.)

Bis zum 1. Mai

Am nächsten Tag bin ich außer mir vor Zorn. Der Staatsanwalt ist im Urlaub. Das habe ich eben erst herausgefunden. (Ich hatte wieder dort angerufen, in der Hoffnung, etwas Neues zu erfahren.) Er ist einfach so weggefahren, ohne irgendjemandem Bescheid zu sagen. Nicht einmal die Beamten bei der Kriminalpolizei sind informiert, wann er wiederkommt. Vielleicht in fünf, sechs, zehn oder vierzehn Tagen, wer weiß das schon? Er hat keine Nachricht hinterlassen. Und das Schuljahr endet am 9. Juni. Es bleiben nur noch fünf Wochen, in denen S in den Unterricht zurückkehren könnte. Er ist einfach so weggefahren, ohne Vorkehrungen zu treffen, hat weder Ermittlungsbescheide zustellen lassen noch jemanden verhört, er hat auch nicht angeordnet, die Ermittlungen zu vertiefen, oder Unterlassungsbescheide gegen den Beschuldigten ausgestellt.

Ja, er hat nicht einmal ein Treffen mit uns angesetzt. Seit der

Anzeige sind jetzt fast drei Monate vergangen, und der Kerl ist in Urlaub gefahren. Wir haben sogar schriftlich angemahnt, er solle doch die nötigen Maßnahmen ergreifen, damit die Rückkehr von S in ihre Schule gesichert ist. Und niemand weiß, wann er wiederkommt. Uns würde doch ein simpler Ermittlungsbescheid genügen, um selbst geeignete Schritte zu unternehmen.

Wir sind erschöpft, unglaublich wütend, vollkommen entmutigt. Zu allem Überfluss stürze ich auch noch und breche mir einen Finger. Um zehn Uhr abends sitze ich im Krankenhaus und lasse ihn mir eingipsen. Im Dorf bewegen wir uns wie Zombies, unser Lügengebäude droht einzustürzen; wenn jemand fragt, wie es S geht, wiederholen wir immer, dass einige Werte bei ihr noch nicht normal sind.

Ihre Lehrerin empfängt uns zum zweiten Mal bei sich zu Hause. Sie sieht die Hausaufgaben durch, lobt S, aber sie scheint nicht bei der Sache zu sein. Heute hätte S sich beinahe verraten, aber zum Glück hat Franca nicht begriffen, welchen »Richter« ihre Schülerin gemeint hat.

Am 1. Mai fahren wir in die Berge. Buchstäblich eine Flucht. Zu Hause werden wir noch verrückt, die Räume scheinen unser Gefühl von Ohnmacht noch zu verstärken. Wenn man schon ein Ferienhaus hat, erwartet jeder, dass man es auch benutzt. Abends kommen zwei Familien von S' Mitschülern zu Besuch, damit wir, ich weiß eigentlich nicht, wem – uns selbst, M, S, den anderen? –, vormachen können, das Leben ginge weiter seinen normalen Gang. Zu dumm, dass alles nur eine Farce ist.

Wir können nicht die Schule wechseln, wir können nicht mit der Lehrerin reden, S riskiert, ein Jahr wiederholen zu müssen, während »Scheiße-Vito« immer noch dort ist. Aber jetzt sieht er mich nicht mehr an, er vermeidet jede Begegnung mit mir und achtet darauf, dass unsere Blicke sich nicht kreuzen, er hat verstanden, dass da etwas nicht stimmt, S fehlt schon zu lange im Unterricht.

Und der Staatsanwalt ist in Urlaub gefahren.

Ja sicher, im Grunde sind wir nur eine von vielen Akten auf seinem Schreibtisch, da ist ein sechsjähriges Mädchen, das sich in Widersprüche verwickelt, einen Namen nennt, und als es merkt, dass der Mann bestraft werden wird, nennt es einen anderen, was für ihn ein unlösbares Problem bedeutet, außerdem verschweigt es Dinge, die Angaben zu der Wohnung hat es nicht vollständig mit Straßennamen und Hausnummer, Tag und Uhrzeit gemacht. Deshalb bleiben Lücken, Zweifel – die man mit Ermittlungen (vielleicht) schließen oder entkräften könnte, wenn man dazu bereit wäre – aber dazu müsste man sich ein wenig anstrengen, ein bisschen anstrengen, Akten studieren, etwas versuchen, man könnte sich vielleicht die Mühe machen, jemanden anzuhören, zum Beispiel die Eltern, die sich so vorbildlich und pflichtbewusst an einen Staatsanwalt gewandt haben. Aber dann sind die Ferien dazwischengekommen, die sind natürlich auch wichtig, der Mann hat ebenfalls eine Familie und darf sie nicht vernachlässigen.

Die Uhren des Staatsanwalts gehen anders. Für ihn laufen sie weiter, für uns sind sie stehengeblieben. Wir müssen sie sogar mühsam davon abhalten, sich rückwärtszudrehen. Denn so erlebt es S. Einen Rückschritt nach dem anderen. Früher ging sie zur Schule, war glücklich und eine gute Schülerin, dann hat ein Pädophiler innerhalb dieser Bildungseinrichtung, den keiner bemerkt haben will, ihre Naivität und ihr Vertrauen in die Welt ausgenutzt. Und ab da gab es bloß noch Rückschläge. Sie hat alles erzählt, und nun muss sie zu Hause bleiben, sie hat weder ihre Lehrerin noch ihre Mitschüler. Sie weiß nicht, in welche Richtung ihr Leben weitergehen wird. Deshalb wartet sie angespannt darauf, dass es wieder vorwärtsgeht.

Auch wir sind am Ende unserer Kräfte angelangt. Ich kann es mir nicht einmal mehr vorstellen, dass es noch einen Weg zurück in unser Leben geben könnte. Und doch gibt es etwas, das uns antreibt und uns zwingt weiterzumachen: der Sinn des Ganzen. Denn all das *hat einen Sinn.* (Oder sollte ihn zumindest haben.)

Bis zum 15. Mai

Die Entscheidung, mit der Lehrerin von S zu reden, treffen wir nicht leichtfertig. Die Beamten von der Sondereinheit sind dagegen, sie sind sogar der Ansicht, die Lehrerin könnte in den Fall verwickelt sein, und selbst wenn nicht, besteht von da an ein erhöhtes Risiko, dass etwas nach außen dringt. Allein die Möglichkeit, dass die Beschuldigten davon erfahren, würde ihre Bemühungen vereiteln, weswegen sie sofort nach einem derartigen Treffen die Ermittlung als grundsätzlich abgeschlossen betrachten würden. Und das bedeutet keine geringe Verantwortung für uns.

Aber S kann nicht mehr. Jetzt ist es Mai, und sie muss immer noch zu Hause bleiben. In zwei Wochen sind die Abschlusstests, wenn sie die verpasst, verliert sie ein Jahr. Und setzt sich dem Gespött aus, dass sie die zweite Grundschulklasse wiederholen muss. Das dürfen wir nicht zulassen. Der Staatsanwalt ist noch nicht zurück, aber wir haben sowieso die Hoffnung aufgegeben, dass er etwas unternimmt. Wir müssen selbst etwas tun, und zwar jetzt! Ich rufe den Kinderarzt an und frage auch ihn um Rat. In den ganzen drei Monaten, seit sie nicht mehr in die Schule geht, hat S ihre Lehrerin nur zweimal gesehen. Ich bin sicher, wenn Franca wüsste, was passiert ist, wäre sie bestimmt sofort bereit, sich öfter mit unserer Tochter zu treffen, und das könnte schon helfen. Jetzt geht es vor allem darum, dass sie versetzt wird und nicht mehr so niedergeschlagen ist. Auf jeden Fall stellt die Tatsache, dass die Abschlusstests unmittelbar bevorstehen, ein drängendes Problem dar.

Ich rufe Franca an, erkläre ihr, dass ich mit ihr reden muss. Wir verabreden uns zunächst bei ihr zu Hause. Am Sonntag fahren wir gleich nach dem Mittagessen ab, damit wir auch rechtzeitig nach Hause kommen. Ich überlege mir tausend Mal, was ich ihr wann erzählen will, was ich verschweigen muss, weil diese Dinge dem Amtsgeheimnis unterliegen. Doch sie sagt im letzten Moment ab. Das ist ein so harter Schlag für mich, dass ich abends zu Hause nicht einmal die Kraft finde, vom Stuhl aufzustehen, ich bin vollkommen unfähig, irgendetwas zu tun, nicht einmal die einfachsten Handgriffe. Meine Kraftreserven müssen wirklich so gut wie erschöpft sein, wenn allein die Aussicht auf dieses Treffen mich so aufwühlt (seit zwei Tagen habe ich an nichts anderes gedacht) und ihre Absage mich vollkommen am Boden zerstört. Also gut, das Ganze verschiebt sich eben um eine Woche.

Seit Monaten will ich mir ihr gegenüber diese Last von der Seele reden und die Ereignisse zur Sprache bringen. Für mich ist sie das rettende Ufer, *die* Bezugsperson in der Schule für S und für uns. Ich bin überzeugt, dass auch sie keine Ahnung hat und die Enthüllung ein Schock für sie sein wird, da bin ich mir ganz sicher. Ein Gedanke beschäftigt mich so oft: Wie kann es sein, dass sie nicht einen drohenden Blick bemerkt hat, wie kann man sich so hinters Licht führen lassen; vielleicht hat S ja auch versucht, ihr etwas zu erzählen, und sie hat es nicht gemerkt? Vielleicht hat sie ja manchmal die Klasse verlassen müssen, um kurz etwas zu erledigen, etwas Unvorhergesehenes, die Hausmeister spielen mit und beaufsichtigen statt ihrer die Kinder, sie werden schon etwas davon haben, eine Hand wäscht die andere, und auf dem Dorf vertraut man einander.

Ihr Schuldgefühl wird sie bestimmt umbringen, auch davon bin ich überzeugt, wie will sie denn mit dem Wissen weiterleben, dass eine ihrer Schülerinnen mit sechs Jahren das durchmachen musste, was S erzählt hat, dass man ihre Gutgläubigkeit missbraucht hat und sie nicht da war, um das zu verhindern? Dass vielleicht gar sie selbst durch ihr eigenes Fehlverhalten die Vorfälle erst provoziert hat? So wie ich sie kenne, wird ihr das, was ich ihr erzähle, den Todesstoß versetzen. Die Ereignisse werden für immer diese heitere, unbeschwerte Fröhlichkeit aus ihrem Blick nehmen, der an den einer Zwanzigjährigen erinnert. Es tut mir leid, dass gerade ich ihr diese Nachricht überbringen muss. Das macht mir unendlich schwer zu schaffen.

Ich habe nie, auch nur einen Augenblick angenommen, Franca könnte in die Angelegenheit verwickelt sein, was die ermittelnden Beamten nicht von vornherein ausschließen wollten. Deswegen habe ich ihnen nie von S' Behauptung erzählt: »Es passiert immer montags«, eben um Franca zu schützen, es gab ja auch keine weiteren Beweise dafür, und obwohl selbst ich mir nicht sicher bin, ob ein junges Mädchen Ereignisse zeitlich so genau einordnen kann, bleibt doch die Tatsache bestehen, dass Franca an diesem Tag nachmittags immer in der Schule bleibt und die Kinder zur Schulmensa begleitet. Dass ich dies verschweige, ändert überhaupt nichts daran, dass die Verantwortung auf jeden Fall bei den Hausmeistern liegt, aber es könnte Francas Lage verschlimmern, aus einer eventuellen Anklage wegen Verletzung der Aufsichtspflicht könnte eine mögliche wegen Komplizenschaft werden, da unser Vertrauen darauf, dass sie nichts mit dem Ganzen zu tun hat, vor Gericht nicht von Belang ist. Also habe ich es noch nicht erwähnt. (Aber ich schließe nicht aus, dass ich es noch tun werde, falls es sich als notwendig erweisen sollte.)

Und selbst wenn Franca nicht bemerkt hat, was da vor sich ging, und vielleicht manchmal nicht in der Klasse war, wenn sie es eigentlich hätte sein müssen, sehe ich sie nicht als direkt Verantwortliche an. Ich bin nicht wütend auf sie. Meine Wut lässt sie aus. Außerdem lässt sich der genaue Zeitpunkt, der entsprechende Tag nicht ermitteln oder wer hätte anwesend sein müssen und es nicht war, unter anderem weil ihre Kollegin seit Anfang des Jahres beinahe ununterbrochen krankgeschrieben war und durch eine Unzahl von unterschiedlichen Vertretungslehrerinnen ersetzt wurde. An Gelegenheiten hat es also bestimmt nicht gemangelt.

Nein, mir ist es jetzt wichtig, dass Francas Zuneigung und ihre Gegenwart S wieder Wärme und Geborgenheit geben und sie trösten.

Wir treffen uns am Sonntag, dem 15. Mai, um sieben Uhr abends bei ihr. Da wir nur unverbindlich den Tag ausgemacht hatten und wegen der genauen Uhrzeit noch einmal gegen 10 Uhr telefonieren wollten, war ich am Morgen unschlüssig, ob ich S zu einem Mannschaftsturnier im Kunstturnen etwa hundert Kilometer von unserem Wohnort entfernt begleiten sollte. Ich befürchtete, Franca könnte mir sagen, ich sollte im Laufe des Vormittags vorbeikommen, wollte nicht riskieren, dass auch diese zweite Verabredung platzt. Dann habe ich mich zum Glück doch entschieden zu fahren, habe Franca erst nach dem Wettkampf angerufen und erfahren, dass sie vor dem späten Nachmittag sowieso keine Zeit gehabt hätte. (Als ich ihr erzählte, dass ich um sieben Uhr morgens drauf und dran war, S nicht zu ihrem Turnier zu bringen, nur damit ich sie auf jeden

Fall treffe, hat sie gelacht, als hätte sie gerade einen ungeheuren Blödsinn gehört, und erwidert: »Aber nicht doch! Du hast genau das Richtige getan.«)

Während der Autofahrt habe ich hinten gesessen. S hat sich ausgestreckt und ihren Kopf auf meine Knie gelegt. Sie war müde, ihr war übel, und sie hatte Angst zu versagen. In letzter Zeit hatte sie nur wenig trainiert, aber trotz allem schien es mir richtig, dass sie sich einer kleinen Herausforderung, mit ihrer Mannschaft als Rückhalt, stellt. Ich habe die ganze Zeit lang ihre Haare gestreichelt, ich habe sie mit den Fingern gelockert und gekämmt, habe sie zu Zöpfen geflochten, diese wieder aufgelöst, sie wieder gestreichelt und zu den merkwürdigsten und originellsten Haartrachten geflochten. Ich hatte wirklich das Gefühl, ich müsste mir ihren Kopf, ihre Haare, ihren ganzen kleinen Körper zurückholen, ich müsste den Raum, den Riss, die Leere, in die sich dieser widerliche Parasit hineingedrängt hatte, ausfüllen. Und die Wunde in ihrem Inneren heilen.

Die ganze Zeit über lag S ganz entspannt, beinahe schlafend auf meinen Knien. Auf dieser Fahrt war so viel Liebe zwischen uns – hundert Minuten Zärtlichkeiten haben beiden das gebracht, was kein Wort vermitteln oder heilen kann – und am Ende hatte ich wirklich das Gefühl, ich hätte sie wieder.

Ich erinnere mich nicht mehr, wie das Turnier ausgegangen ist, aber wichtig war ja vor allem, dass sie überhaupt teilgenommen hat. Die Befriedigung darüber, dass sie sich der Herausforderung gestellt hat, überdeckt die vorherige große Angst.

Deshalb ist S jetzt auch, nachdem wir in einer Bar im Zentrum etwas gegessen haben, ganz entspannt und fühlt sich gestärkt. Am Nachmittag ist sie bei einer Mitschülerin zum Geburtstag eingeladen, was ihre gute Laune noch hebt.

Sie weiß jedoch nicht, dass ich mich dann mit ihrer Lehrerin treffe.

Als ich um sieben Uhr dort ankomme, zittere ich am ganzen Leib. Eigentlich ging es mir schon so, seit ich das letzte Mal auf die Uhr gesehen habe und es Zeit war, mich ins Auto zu setzen. Eine Art Krampf hat meinen Magen und meine Lunge fest im Griff. Ich bekomme kaum Luft. Das fühlt sich so an wie damals mit sechzehn, wenn man seinem Freund beibringen musste, dass man mit ihm Schluss macht, und sich nicht traute. Das Problem ist, wie soll man beginnen, wie auf den Punkt kommen? Das, was man mitzuteilen hat, ist so ungeheuerlich. Und wie mit dem Erstaunen, der Verwirrung der anderen umgehen (für die man selbst der Auslöser ist und gegen die es kein Mittel gibt)? Aber heute empfinde ich nicht nur Angst, sondern auch Wut, und Franca ist der einzige Mensch – aus diesem Leben, zu dem wir nicht mehr gehören –, dem ich das Geschehene erzählen werde. Sie ist die Erste, mit der ich einen Schmerz teilen werde, der für sie in meiner Vorstellung bestimmt genauso bitter und grausam sein wird, da sie S ja so gern hat.

Kaum habe ich geklingelt, öffnet sich das Tor. Ich fahre hinein und parke den Wagen. Sie kommt an die Tür und zeigt mir den Weg. Seit dem letzten Besuch scheint der Garten verändert, er wirkt vernachlässigt. Das Gras steht beinahe dreißig Zentimeter hoch. Ich weiß nicht, warum, aber ich schließe den Wagen ab, ich könnte ihn ja auch offen stehen und den Schlüssel im Zündschloss stecken lassen, aber ich betätige die Zentralverriegelung und stecke die Schlüssel in die Tasche.

Wir gehen ins Haus. Sie bietet mir etwas zu trinken an. Ich lehne ab und folge ihr zu einem Sofa, dessen Polster so prall gefüllt sind, als würde hierauf nie jemand sitzen. Sobald ich Platz nehme, steigen mir Tränen in die Augen. Der übliche Austausch von Höflichkeiten ist beendet. Franca ist überrascht, sie sagt leise etwas, als würde ihr nun bewusst, dass das Problem wohl ernster sei, als sie angenommen hatte. Sie wartet ab, dass ich mich beruhige. Ich stehe auf und gehe zu meiner Tasche, krame dort nach den Taschentüchern, putze mir die Nase und entschuldige mich. Sie steht ebenfalls kurz auf, fühlt sich sichtlich unwohl, weiß nicht, was sie tun soll, sie sieht mich einfach an und wartet, dass ich aufhöre zu weinen.

(Im Prinzip könnte sie meine ältere Schwester sein, uns trennen nur fünf oder sechs Jahre, sie ist eine angenehme, freundliche Person und immer sanft und warmherzig zu meiner Tochter. Ich mag sie sehr gern. So ist es nur natürlich, dass ich sie als einen Bezugspunkt im Leben von S betrachte. Sie ist eine Verbündete. Letztes Jahr während der Osterferien, als ich mit S nachmittags für die Schule übte und sie lobte, weil sie so gut laut vorlas, wollte sie mir in ihrer überschwänglichen Dankbarkeit wohl das schönste Kompliment machen, das ihr einfiel, und hat zu mir gesagt: »Mama, ich hab dich so lieb wie meine Lehrerin Franca!« Ich habe noch Tage später darüber gelacht: *Ich hab dich so lieb wie die Lehrerin!* Als dann die Schule wieder anfing, habe ich es Franca erzählt, und wir haben uns gemeinsam über die naive Begeisterung amüsiert.)

Aber jetzt bin ich aus einem ernsteren Grund hier. Leider ist etwas geschehen, das so nie hätte passieren dürfen. Ich sage ihr, dass die Sache mit der Hepatitis erfunden ist, und gehe bis zu dem 18. Februar zurück, an dem ich S früher von der Schule abgeholt habe, zurück zu diesem Küsschen, das S Vito vor meinen Augen auf die Wange gegeben hat. Ich zwinge mich, ganz ruhig zu sein, ganz von vorn anzufangen, alles genau zu erzählen, damit Franca einen Eindruck gewinnen kann von dem, was S erzählt hat. Das kostet mich ungeheure Anstrengung, ginge es nach mir, würde ich im liebsten sofort zum Ende kommen, stattdessen muss ich alle Auffälligkeiten einzeln schildern. Ich frage sie also, ob sie sich erinnert, dass S sich im November oft eingenässt hat und ständig auf die Toilette wollte. Sie konnte das Wasser nicht halten, machte sich in die Hose, wir haben sie zum Kinderarzt gebracht, doch selbst mehrfache Untersuchungen verliefen ergebnislos. Wir hatten die Störung dann darauf zurückgeführt, dass zwei neue Mitschüler in die Klasse gekommen waren. Der Kinderarzt hatte etwas von Stress gesagt.

Sie hört mir schweigend zu, äußert sich nicht, sie atmet schwer, das Kinn ist starr vorgereckt, ihr Gesicht ist vollkommen emotionslos. Nur ihr Blick folgt mir, sie sitzt aufrecht und reglos da wie eine Statue, lehnt sich nicht mit dem Rücken gegen die Polster. Sie hört zu, ich fahre fort, jetzt weine ich nicht mehr, ihre Regungslosigkeit hilft mir dabei, doch ich weiß nicht, was ich davon halten soll, das Echo meines Schmerzes entdecke ich auf jeden Fall nicht.

Ich erzähle ihr, dass wir Anzeige erstattet haben, dass wir sorgfältig die am besten auf solche Missbrauchsfälle spezialisierte Abteilung bei der Polizei ausgesucht haben, um uns ihre Erfahrung und Fähigkeit, mit so heiklen Fällen umzugehen, zu sichern und um S zu beschützen. Seitdem sind die Ermittlungen in Gang. S hatte schon drei Treffen mit dem Staatsanwalt, es geht ihr nicht gut, sie ist sehr durcheinander, es ist ein ständiges Auf und Ab, manchmal ist es einfach, am nächsten Tag wird alles kompliziert. Wir haben ihren Zusammenbruch miterlebt, wochenlang benahm sie sich wie ein verängstigtes zweijähriges Mädchen, aber allmählich gewinnt sie ihr Selbstvertrauen wieder.

Franca hört mir immer noch schweigend zu. Sie verzieht weiterhin keine Miene, bis ich schließlich zum Ende komme. Einige Augenblicke bleiben wir angespannt sitzen, jetzt habe ich ihr beinahe alles erzählt, wenigstens die Fakten, die sich endlos in diesen letzten drei Monaten aneinanderreihen, aber nichts von unseren Gefühlen, dafür ist im Moment kein Platz. Eine Weile scheint es mir, als hätte sie nichts dazu zu sagen, oder vielleicht ist es auch einfach nur zu viel. Doch dann erhebt sie ihre Stimme, sie klingt ruhig, trocken, nur ein wenig tiefer als sonst, und sie sagt mir – und das sind wirklich ihre ersten Worte, seit wir uns auf die Sofas gesetzt haben –, dass »sie nicht ein Wort von dem glaubt, was S erzählt hat«, und sie fragt mich, ob mir denn gar nichts auffällt, ob ich nicht bemerke, dass alles, was unsere Tochter berichtet hat, ganz eindeutig »wie aus einem Drehbuch klingt«.

Ich begreife nicht, was sie meint, und sehe sie fragend an. Für mich ergeben ihre Worte keinen Sinn.

»Ja, der Hausmeister, die Wohnung, diese Drohungen klingen wie aus einem Drehbuch. Als hätte man es alles schon gehört.«

»Wie meinst du das?«

»Ich meine, da fehlt nichts«, erwidert sie. »Das ist zu perfekt, man bringt sie aus der Schule in eine Wohnung und dann wieder zurück. Die Bonbons und die Liebesbriefchen. Alles schon mal gehört.«

»Und wo meinst du, soll S das gehört haben?«

»Keine Ahnung, zu Hause vielleicht. Vielleicht hat sie es in der Zeitung gelesen oder im Fernsehen gesehen.«

Ich sehe sie an, lasse ihre Augen keinen Moment lang los, und dann, ich weiß auch nicht, warum, bestimmt lag es an meiner Verwirrung, vielleicht war ich einfach nur zu überzeugt, dass sie bestürzt und verletzt sein würde, und bin daher überhaupt nicht vorbereitet auf diese andere Reaktion, stelle ich mich der Diskussion. Ich versuche, die absurde Logik ihrer Aussagen zu entkräften, indem ich ihr erkläre, dass S kein Fernsehen sieht (bei uns ist der Fernseher immer ausgeschaltet, und abgesehen davon hat sie noch nie in ihrem Leben eigenständig mit der Fernbedienung hantieren dürfen). Ich versichere ihr, dass wir die Nachrichten immer erst sehen, wenn die Kinder schon im

Bett sind, und darauf achten, dass über solche Dinge nicht gesprochen wird, das Gleiche gilt auch für Zeitungen, bis jetzt haben beide Kinder noch nie selbst eine in der Hand gehabt. Es ist mir völlig unverständlich, von welchem »Drehbuch« sie spricht. Es gibt kein »Drehbuch«. Damit es eins geben kann, muss es erst jemand schreiben, es einem Kind vorlegen und es ihm einpauken. (Aber das wird mir erst einige Stunden später bewusst, wenn ich Francas Wohnung schon verlassen habe.)

Dann sagt Franca so etwas wie: »Woher soll ich das wissen, schließlich lebe ich nicht bei euch zu Hause«, und meint damit, sie könne also nicht nachprüfen, ob es sich wirklich so verhält, wie ich es ihr beschrieben habe.

Ich greife das nicht auf, diese Worte prallen an mir ab, ohne Spuren zu hinterlassen, und auch jetzt – während ich das schreibe – bin ich immer noch erstaunt, wie ich nach ihren ersten Bemerkungen noch über eine Stunde bei ihr bleiben konnte, immer wieder auf die Ereignisse zurückkommen, in Einzelheiten gehen, ihr von S und ihren Ängsten und ihrer Wut erzählen konnte und ihr eindringlich geschildert habe, dass meine Tochter unbedingt wieder in ihre Klasse muss, dass ich ihr erkläre, S sei von Spezialisten gehört und begutachtet worden und nicht nur von uns, und dass ich nicht gleich nach fünf Minuten gegangen bin.

Dann wird es endgültig surreal: Sie fragt mich, bei welchen ihrer Freunde S übernachtet hat, und stimmt vorsichtig zu, dass (vielleicht) doch etwas passiert sein könnte, ist sich aber sicher, dass jemand anders der Täter ist; dann meint sie noch: »Ich verstehe euch ja, für euch als Eltern muss das eine schreckliche Situation sein, aber Kinder reden, erzählen irgendwas, sie erfinden Dinge.« Außerdem sei es völlig unmöglich, die Schule während des Unterrichts zu verlassen, das schließt sie kategorisch aus. Ich antworte ihr, das S überhaupt nicht in der Lage ist, den Tatbestand sexuelle Belästigung, Scham und Bedrohung mit Masturbation, einem »Privatzimmer«, einem Hausmeister, der sich am Penis berührt, zu verbinden, mit einem Mann, der ihr Bonbons schenkt, ihr sagt, sie sei sein »Liebling«, und darauf ihr »kleines Geheimnis« aufbaut, oder mit der Wohnung, die sie beschrieben hat, schon der Gedanke daran jagt mir Schauer über den Rücken (»… Man biegt um die Ecke, und schon ist man da«), mit den Edelsteinen, die dort aufbewahrt werden. Und die Angst, die sie immer noch empfindet, ist härter, fassbarer und realer als der Fußboden dieses Hauses hier.

Ich sage Franca, dass solche Dinge nicht offen passieren, sie entstehen durch einen Mix aus Lügen, Schmeicheleien und Heimlichkeiten. Wer so etwas tut, sucht sich den richtigen Zeitpunkt aus, er missbraucht das Vertrauen der Kinder, gibt sich bestimmt keine Blöße, deshalb überrascht es mich auch nicht, dass sie nichts bemerkt hat. Ich werfe ihr nichts vor. Es tut mir einfach nur leid. Für S, für sie, für uns. Ich betrachte sie als genauso »hinters Licht geführt« wie meine Tochter.

»Weißt du eigentlich, was du da sagst?«, bricht es in diesem Moment aus ihr heraus. Sie ist nicht wütend, nein, ihr Ton ist eher weinerlich, ein Schrei, eine Mitleid heischende Aggressivität, die sich erst noch darüber klar werden muss, über wen sie sich entladen soll. »Weißt du eigentlich, dass ich Vito kenne, seit ich sechs bin? Dass wir zusammen aufgewachsen sind, dass ich ihn schon seit jeher kenne, dass er ein ganz toller Mensch ist? Weißt du eigentlich, was du da sagst? Er ist total lieb zu Kindern, er würde nie so etwas tun.«

Ich sage ihr, sie könne ja denken, was sie wolle, ich bezweifle ja nicht, dass sie ihn kennt, und verstehe ihre Bestürzung, aber das, was S erzählt, mag zunächst unwahrscheinlich erscheinen, doch es ist leider sehr eindeutig, sehr ernst, sehr konsequent. Außerdem sind ihre und unsere Ausführungen schon mehrmals von den Ermittlungsbehörden geprüft und für ausreichend glaubwürdig befunden worden.

(Tatsächlich stehen wir seit drei Monaten als Eltern auf dem Prüfstand und haben gelernt, mit diesen unangenehmen, schmerzlichen, aber doch verständlichen Umständen zu leben. Wut und Angst haben wir inzwischen so unter Kontrolle, dass wir akzeptieren können, dass jeder Mensch, dem wir begegnen und der von Berufs wegen von der Sache weiß, sich einfach fragen muss, wer wir wirklich sind und in welcher Weise wir die Erzählung unserer Tochter falsch verstanden, manipuliert oder auf andere Weise beeinflusst haben könnten. Dass er sich fragt, ob wir das Ganze erfunden haben, und wenn ja, zu welchem Zweck. Das bedeutet, die einzigen Menschen, die Bescheid wissen und denen wir uns von daher »irgendwie nahe« fühlen, denken in Wirklichkeit ständig darüber nach, ob wir lügen und was für Menschen wir sind.)

Franca weicht vor mir zurück, findet Halt an der Rückenlehne des Sofas, sie schlägt die Beine übereinander, ihr Körper entfernt sich von mir, als böten ihm die Kissen Schutz vor mir, sie sieht mich plötzlich ganz anders an. Nun, da sie mehr oder minder über alles informiert und die Distanz zwischen uns hergestellt ist, fragt sie mich, warum ich es ihr erzählt habe. Aus welchem Grund?

Ich sehe sie an, selbst jetzt begreife ich nicht ganz, was sie meint, auf diese verschlungenen Gedankenpfade bin ich nicht vorbereitet. »Du hättest es mir nicht erzählen dürfen«, wirft sie mir vor. »Damit hast du mir keinen Gefallen getan.«

Sie klingt höflich, geradezu formell, sie scheint es nicht gewohnt, ihre Gesprächspartner verbal anzugreifen, obwohl sie genau das eigentlich tut. Sie sagt noch einmal, ich hätte ihr keinen Gefallen damit getan, sie zu informieren. Sie hätte lieber nichts davon gewusst. Sie versteht und billigt den Grund für meine Entscheidung nicht. Jetzt wird S nicht mehr in ihre Schule gehen können. »Hast du mal daran gedacht?«

Dies ist ein indirekter Weg, mich anzugreifen und mir mitzuteilen, dass ihr Vertrauen mir gegenüber einen Riss bekommen hat, und jede Art von Beziehung zu uns oder unserer Tochter zu leugnen, uns verbindet nichts (es ist kein Zufall, dass sie von hier kommt und wir aus der Stadt). Ihrer Meinung nach hat sie gut daran getan, mir nicht zu trauen, sie hatte sowieso schon bemerkt, dass ich die ganze Zeit gelogen habe und etwas nicht stimmte; und während sie das sagt, lächelt sie über ihren ursprünglichen Verdacht, der ihr nun absurd vorkommt, nämlich dass wir S zu Hause behielten, damit sie nicht versetzt würde, weil wir erkannt hätten, dass es ein Fehler gewesen sei, sie ein Jahr früher einzuschulen. Ihr angedeutetes Lachen leugnet unsere frühere Nähe, sie sanktioniert die Unlogik einer vorangegangenen Distanzierung, bekräftigt die Tatsache, dass wir zwei verschiedenen Welten angehören.

»Also wirklich«, sagt sie konsterniert. Dann wirft sie mir vor, ich sei gemein und egoistisch. Dass ich ausgerechnet ihr diese Geschichte erzählen muss, wo sie doch Vito von klein auf kennt, das sei so ein anständiger Mensch, so freundlich im Umgang mit Kindern, und jetzt werde er eines so schändlichen Verbrechens beschuldigt, die Ermittlungen laufen, vielleicht kommt es sogar zu Hausdurchsuchungen oder einer Verhaftung. Merke ich eigentlich nicht, in welchen Gewissenskonflikt ich sie gestürzt habe?

Aber wenn sie alles erst in ein paar Wochen erfahren hätte, wäre es doch wahrscheinlich schlimmer für sie gewesen, erwidere ich darauf, wenn die Beamten die ersten konkreten Schritte unternehmen würden und sie bis dahin völlig ahnungslos gewesen wäre. Und wir hätten uns ja ganz bewusst dafür entschieden, sie zu informieren, obwohl die Beamten dagegen waren, ja, auch um sie zu schützen. Dass ich sie bereits heute informiere, ist ein unendlicher Vertrauensbeweis von uns. Und vielleicht wäre es ja für sie später viel schlimmer gewesen, erfahren zu müssen, dass die Eltern, die ihr immer Vertrauen entgegengebracht haben, unter diesen Umständen an ihr gezweifelt haben. Dieser Zweifel wäre geblieben.

Jetzt geht es ihr gar nicht gut. Sie beugt sich mit dem Oberkörper vor. Sie klingt nun wieder wie zu dem Zeitpunkt, bevor sie auf Distanz gegangen ist. Sie fürchtet sich vor der kommenden Nacht, hat Angst, dass ihr Blutdruck steigen könnte. Vor dem Schlafengehen muss sie unbedingt eine Tablette nehmen. Ihr Sohn ist vor einer halben Stunde zurückgekommen und gleich in seinem Zimmer verschwunden. Wahrscheinlich rätselt er, warum diese Mutter so lange bleibt.

Ich erkläre der Lehrerin, dass ich sie verstehe. Ich verstehe sogar ihr schwankendes Verhalten mir gegenüber. Der Schock ist zu groß. Ich kann nur ruhig bleiben, weil wir genau dasselbe durchmachen, seit S geredet hat. Aber man muss jetzt Vernunft walten lassen, man darf sich von der panischen Angst, von seinen Gefühlen nicht überwältigen lassen. Ich verstehe jedoch, dass sie schockiert ist. Man muss diesen Schock erst verarbeiten. Das gilt vor allem für S. Wir müssen sie beschützen und alles unternehmen, dass die Ermittlungen fortgesetzt werden können, ohne dass etwas an die Öffentlichkeit dringt. So wie bisher. Und sie muss sich dem fügen. Das ist der einzig sichere Weg. Auch zum Schutz der Beschuldigten. Polizei und Staatsanwaltschaft werden feststellen, was wirklich passiert ist. Das ist allein deren Aufgabe.

Doch das Wichtigste ist, dass sie mir jetzt erklärt, wie S die notwendigen Tests ablegen kann, damit sichergestellt ist, dass sie nicht das Schuljahr verliert. Das ist im Moment am dringendsten. Die Lehrerin erklärt mir, ich könne S am ersten freien Nachmittag diese Woche zu ihr nach Hause bringen, dort könnte sie die Tests ablegen. Da sie in den vergangenen Monaten den Unterrichtsstoff aufgeholt hat, gibt es da kein Problem. Sie weiß genau, dass S immer eine gute Schülerin gewesen ist.

Ein Stein fällt mir vom Herzen. Wenigstens dieses Problem scheint lösbar. Ich stehe auf. Zeit für mich zu gehen. Die Lehrerin wird mit dem Rektor reden, ohne jedoch zu erwähnen, was wir heute Abend besprochen haben. Ich rate ihr, von jetzt an jedes Vorgehen mit der Staatsanwaltschaft abzusprechen und sich einen Anwalt zu suchen. Sie öffnet mir die Tür. Draußen herrscht tiefe Dunkelheit. Ich teile ihr noch mit, dass wir beabsichtigen, S wieder in ihre alte Klasse zu schicken, sie hängt so an den anderen Kindern, dass es ungerecht wäre, wenn sie gehen müsste. Wir haben sie aus zwei Gründen noch nicht von der Schule genommen: natürlich wollten wir Vito nicht »alarmieren«, vor allem aber sollte S einen Schulwechsel auf keinen Fall als indirekte Bestätigung ansehen, dass alles ihre Schuld ist.

Die Lehrerin nickt. Das kann sie verstehen. Wir wollen morgen noch einmal zusammen telefonieren, um unser weiteres Vorgehen abzusprechen. Ich gehe die Stufen hinunter. Setze mich in den Wagen. Sie bleibt noch einen Augenblick an der Tür stehen und sieht mich an, dann verschwindet sie im Haus. Zuletzt merkte man genau, dass sie mich loswerden wollte. Einen Augenblick wussten wir sogar nicht, wie wir uns voneinander verabschieden sollten. Sie kann sich nicht vorstellen, uns zu helfen, ohne dass ihr das Angst macht. Und deshalb hält sie sich lieber bedeckt und distanziert sich von uns.

Ich parke aus. Im Garten ist es so dunkel, dass die Scheinwerfer meines Wagens den Vorplatz nur spärlich erhellen. Das Tor öffnet sich sofort. Ich fahre hindurch und auf die Hauptstraße.

Ich bin draußen.

Zu Hause wartet L schon auf mich. Er hat bereits vor einer halben Stunde versucht, mich auf dem Handy anzurufen, also war der verpasste Anruf von ihm. Es ist halb zehn. Die Kinder schlafen schon seit über einer Stunde. Bevor wir zum offensichtlichsten und dringendsten Thema kommen, frage ich ihn, wie das Abendessen und wie die Geburtstagsfeier war. Ich brauche jetzt erst einmal eine Bestätigung, dass der Rest des Tages, bei dem ich nicht dabei war, gut verlaufen ist, muss wissen, wie es mit den Freunden von S war, was die Eltern gesagt haben, ob S und M nach dem Fest noch Hunger hatten und ob sie sich vorm Schlafengehen gewaschen haben. Ich muss jetzt dringend die Ruhe unseres Familienalltags wiederfinden, muss wissen, dass alles seinen Gang geht, bevor ich zum Kern dessen kommen kann, was gerade geschehen ist. Ich hatte dieses Treffen so sehr herbeigesehnt und mich gleichzeitig davor gefürchtet, dass ich unmöglich glauben kann, dass ich es hinter mir habe. Und doch ist es so.

Das Treffen mit der Lehrerin hat stattgefunden. Es gibt kein Zurück mehr. Das ist das einzige klare Gefühl, das mich in der nebulösen Unbestimmtheit alles Übrigen erfüllt. Ich kann nicht mehr zurück. Doch wie eine Welle, die gegen eine Wand prallt und so in ihrem Vorwärtsdrang zurückgeworfen wird, muss mein Verstand erst einmal diesen Rückschlag wegstecken, der aller vorher vorhandenen Tatkraft den Schwung nimmt.

Die Lehrerin hat nicht ein einziges Mal gefragt, wie es S geht. Nicht einmal in einem Nebensatz, zufällig oder indirekt. Sie hat gesagt: »Ich verstehe euch, ihr seid die Eltern«, aber sie hat sich nie um S Gedanken gemacht. Nie. Kein einziges Mal. Das erschüttert mich wohl am meisten. Doch das bemerke ich erst zuletzt. Ich benötige sogar einen ganzen Tag, bis ich das ganz realisiert habe und begreife, was es bedeutet. Mein Kopf weigert sich, sich dem zu stellen. Wie es S geht, interessiert diese Frau überhaupt nicht. Das ist ein richtiger Schlag, der mich besonders tief trifft. In dieser unerhörten Angelegenheit existiert S für sie überhaupt nicht. Sie ist unwichtig, es gibt sie nicht, die Lehrerin hat sie nicht einmal beim Namen genannt. In ihren Worten ist ihre Schülerin S, die ihr manchmal Blumen mitbringt, die ihr zwei Schachteln Kreide geschenkt hat, weil die Stücke in der Klasse immer sofort verschwinden, S, die ihr Briefchen schreibt, S, die sie in ihrer Gefühlswelt auf eine Stufe mit der Mutter stellt, jetzt bei ihr nur noch ganz allgemein »das Mädchen«. Nach dem, was sie zu erzählen gewagt hat, hat sie das Recht verloren, dass sie bei ihrem Namen genannt wird. Jedes Band zwischen ihnen ist zerschnitten.

Doch das erzähle ich L jetzt nicht, der mir aufmerksam zuhört. Das kann ich nicht, da ich es selbst noch nicht erkannt habe. Befremdet und gleichzeitig bestürzt erzähle ich ihm, wie das Treffen gelaufen ist, wiederhole ihre unverständliche Bemerkung, das klinge alles wie aus einem Drehbuch. Und ich esse etwas, ich habe Hunger, kaum zu glauben, dass ich jetzt Hunger habe, ich empfinde kaum etwas, eigentlich müsste ich jetzt vollkommen erschüttert sein, stattdessen bin ich streckenweise sogar glücklich, ich weiß nicht, ob darüber, dass ich mit ihr gesprochen habe (und mir alles von der Seele geredet habe), oder weil ich wieder zu Hause bin. Ich bin überzeugt, dass ihr die schlaflose Nacht die Erinnerung zurückbringen wird, die der erste Schock, die Empörung über das Gehörte zunächst in ihr ausgelöscht haben, Worte, Sätze, Blicke, die sie sich vielleicht nicht erklären konnte und die nun angesichts dessen, was sie erfahren hat, einen Sinn ergeben.

Ich bin überzeugt, dass (wie in allen Märchen) die Nacht Rat bringen wird und Franca uns morgen bestimmt etwas

Wichtiges zu sagen hat, etwas, das S' Erzählung bestätigt, einen weiteren entscheidenden Baustein, der uns verletzten Eltern, die wir jeder Spur nachjagen, um eine absolut unvorstellbare Geschichte aufzudecken, den Durchbruch bringt und den wir sofort den Ermittlungsbehörden mitteilen müssen.

16. Mai

Am folgenden Tag meldet sich Franca tatsächlich gleich bei mir. Früh am Morgen schickt sie mir eine SMS, sie will mit mir reden. Ich treffe sie um zehn Uhr vor der Schule, parke ein bisschen weiter weg, weil ich fürchte, Vito oder der andere Hausmeister könnten uns sehen und sich fragen, was wir hier draußen während des Unterrichts machen. Franca steigt zu mir in den Wagen. Sie sagt, dass es ihr nicht gut geht, sie hätte eine schreckliche Nacht hinter sich, die Situation sei unerträglich für sie und sie wolle sofort darüber mit dem Rektor sprechen, es sei ihre Pflicht, ihm das Geschehene so schnell wie möglich zu berichten. Ich bitte sie, noch einmal darüber nachzudenken und Ruhe zu bewahren, sie solle doch vorher lieber mit einem Anwalt reden (ich biete ihr sogar an, wenn nötig mit unserem zu sprechen), da seien Ermittlungen im Gang und sie sollte besser nichts unternehmen, was diese in irgendeiner Weise beeinträchtigen könnte. Ich könne ihr auch die Nummer der Beamten geben, die den Fall bearbeiten, wenn sie möchte.

Wir reden längere Zeit, sie ist unglaublich aufgeregt, wiederholt, dass der Rektor sofort davon erfahren müsse, das sei ihre vordringlichste Pflicht, während ich mich frage, wem sie jetzt die Klasse überlassen hat, schließlich sind wir schon eine halbe Stunde hier, dann sagt sie mir, dass sie nicht mehr die

Lehrerin von S sein kann. Sie habe lange darüber nachgedacht, aber nach allem, was geschehen sei, fühle sie sich nicht mehr im Stande, weiter mit »dem Mädchen« Kontakt zu haben. Wie könnte sie wieder ein normales Verhältnis zu ihr entwickeln, nach all dem, was sie erfunden hat? »In diesem Alter kommen sie zu dir, sie umarmen dich, geben dir Küsschen, und du wirst zum Monster!« Nein, sie kann das nicht. Sie kann nicht mehr ihre Lehrerin sein. Das schafft sie nicht.

Ich starre sie an. Und gebe ihr Recht. Sie kann ganz bestimmt nicht mehr die Lehrerin meiner Tochter sein. Davon bin ich nun ebenso fest überzeugt wie sie.

Wegen all dem, was sie gerade gesagt hat, und weil sie sich so absolut weigert, diese schreckliche Wahrheit, um die sich unser Leben seit wenigstens drei Monaten dreht und wegen der seitdem ermittelt wird, auch nur einen Moment in Erwägung zu ziehen. Nun wird mir alles klar, und ich begreife bis in den letzten Winkel meines Körpers, warum dies alles ausgerechnet hier, gerade in dieser Schule passiert ist. Warum es dort geschehen *konnte*. Obwohl es so unglaublich, so unwahrscheinlich, so unerhört erschien. Weil hier alle genauso blind sind wie diese Lehrerin. Menschen, die sogar angesichts solcher klaren, eindeutigen Aussagen, der Menge und Glaubwürdigkeit der angeführten Details die Augen verschließen und nur ein Problem zu haben glauben: dass sie es in Zukunft mit einem Mädchen zu tun haben könnten, »das sich Geschichten ausdenkt«. Nein, natürlich kann sie nicht mehr ihre Lehrerin sein. Aber nicht aus den Gründen, die sie vorgebracht hat. Ganz im Gegenteil. *Wir* wollen sie nun nicht mehr als Lehrerin für unsere Tochter. Nie mehr.

S hat etwas Besseres verdient.

Als sich die Autotür wieder schließt und ihr Schatten, dem ich nicht einmal mit dem Blick zu folgen wage, im Schulgebäude verschwindet, lasse ich den Motor an und fahre. Nun lerne ich eine ganz neue Angst kennen, die langsam in mir hochkriecht. Von jetzt an kann die Nachricht nach außen dringen. Franca wird den Mund nicht halten können und sich an anderer Stelle über S auslassen. Das hat sie mir gerade mitgeteilt. Es existiert keine Schutzzone mehr für S, die sie so dringend braucht, um sich zu erholen, das liegt nicht mehr in unserer Hand. Wir wollten die Kontrolle darüber mit jemandem teilen und haben sie stattdessen ganz verloren. Unser Schicksal hängt jetzt von der Angst der Lehrerin ab, die sich überhaupt keine Gedanken darüber macht, welche Folgen ihr Verhalten für S haben könnte. Das Problem von S' Versetzung schien gelöst, und nun tut sich vor mir schon wieder ein Abgrund auf.

Ich bin vor Angst wie gelähmt. Ich weiß, was einen antreiben kann. Man hat einfach das Bedürfnis, eine solche Ungeheuerlichkeit mitzuteilen. Muss es einfach loswerden. Ich habe diesem Drang nicht nachgegeben, weil es schließlich um die Gesundheit meiner Tochter ging und um das Vertrauen, das meine Tochter in mich gesetzt hat. Aber sie? Wird sie das können? Wird sie über genügend Herz und Verantwortungsbewusstsein verfügen, um zu merken, dass hier jemand so verletzt wurde, dass seine Intimsphäre auf jeden Fall beschützt werden muss? Oder wird ihr Egoismus siegen, die panische Angst, die sie gestern und heute gezeigt hat? Wird es ihr gelingen, nicht zuerst an sich zu denken, sondern sich um ihre kleine Schülerin zu sorgen, die sie doch angeblich so gern hat und an der sie zumindest bis gestern diese einzigartige Mischung aus Gewissenhaftigkeit und Unabhängigkeit geschätzt hat? Oder ist die Tatsache, dass sie alle früheren Gefühle zu meiner Tochter negiert, Anzeichen einer tief verankerten und deshalb noch schwerwiegenderen Unfähigkeit, die nicht auf den Schock zurückzuführen ist und damit in ein paar Tagen verschwinden könnte, sondern die vielmehr ihrem Charakter entspringt, dem feigen Selbsterhaltungsinstinkt eines Menschen, der nicht in der Lage (oder bereit) ist, eine so schwere und unerwartete Verantwortung zu übernehmen? Der sich, nur um sich selbst zu retten, taub und blind stellt, jede Ausrede benutzt und letztendlich das Opfer zum Täter macht, selbst wenn es sich dabei doch nur um ein siebenjähriges Mädchen handelt?

Wird es diese Frau schaffen, die große Verantwortung zu übernehmen, die *Möglichkeit*, dass etwas geschehen ist, wenigstens in Erwägung zu ziehen?

Im Lauf des Tages telefonieren wir zwei oder drei Mal. Sie kann sich zunächst gar nicht beruhigen. Ich gebe ihr die Nummer unseres Rechtsanwalts. Sie hat sich schon an einen Strafrechtler gewandt, der seine Kanzlei im Dorf hat. Doch je mehr Zeit vergeht, je mehr Abstand sie zu unserem Gespräch von gestern bekommt, desto mehr verändert sich ihr Ton, ihre Worte und ihr Verhalten. Zuerst wirkte sie noch erschüttert und verwirrt, jetzt nicht mehr. Sie sieht im Rektor eine Art rettenden Anker vor der Absurdität des Vorgefallenen, sie setzt ihre Hoffnung darauf, dass dieser Mann eine endgültige Meinung dazu formuliert und so die Ordnung wiederherstellt. Als Vorgesetzter hat er sich zu diesem Thema schon klar geäußert, er wird ihr bestimmt sagen können, was Sache ist.

Und was uns betrifft, nun ja, wir haben der Aussage unserer Tochter Glauben geschenkt und das macht uns in ihren Augen zu verdächtigen und damit äußerst gefährlichen Fremden. Es gibt keinerlei Vertraulichkeit mehr zwischen uns. Auch die Sprache zwischen uns hat sich geändert, sie ist jetzt förmlich und wägt ihre Worte genau ab. Ja, sie leugnet sogar einige Dinge, die sie gestern gesagt hat, und schwächt andere ab. Das ist so schlimm, dass ich mich in unserem letzten Telefonat plötzlich genauso förmlich sagen höre, dass wir bis jetzt den ermittelnden Beamten gegenüber bei jeder Gelegenheit erwähnt haben, wie viel Wertschätzung wir ihr und der Schule entgegenbringen (und natürlich auch, dass wir sie in keiner Weise für verantwortlich halten), und es für uns auch für die Zukunft umso wünschenswerter wäre, wenn wir dieses Gefühl von gegenseitigem Vertrauen und Zusammenarbeit erhalten könnten, um nicht in Abgründe zu geraten, in die alle, Eltern, Kinder, Familien und Lehrer mit hinabgerissen würden.

Wenn sie sich aber uns entgegenstellen und Entscheidungen treffen sollte, die sich zum Schaden von S auswirken könnten, wenn sie zum Beispiel die vertraulichen Informationen, die ich ihr mitgeteilt habe, ohne Rücksicht auf uns verbreiten würde und nicht mehr daran mitwirken sollte, die für S' Versetzung benötigten Tests zu ermöglichen, wie sie mir zuletzt wohl mitteilen wollte, würden wir uns nicht mehr verpflichtet fühlen zu berücksichtigen, dass ihr durch unsere zukünftigen Aktionen kein Nachteil, und sei es nur indirekt, entstehe.

17., 18., 19. Mai

L informiert die Polizeibeamten sofort über das stattgefundene Gespräch und dessen Ausgang. Es muss unbedingt verhindert werden, dass die Nachricht jetzt eventuell publik werden könnte. Ich hoffe, Franca ist bewusst, dass ihr Schweigen nicht nur ein Gefallen ist, um den ich sie gebeten habe, sondern ihre oberste Pflicht. Sollte der Rektor sich jedoch ähnlich verhalten wie Franca, wird dies nicht zu verhindern sein. Das Eis ist brüchig geworden. Und dann ist es wahrscheinlich bloß noch eine Frage von Stunden, bis die Presse davon Wind bekommt.

Am Dienstag, dem 17. Mai, lassen wir S bei der Oma, und L und ich gehen zu einem auf Strafrecht spezialisierten Anwalt, der beim zuständigen Gericht arbeitet. Es ist nun unbedingt notwendig, einen direkten Kontakt zu den offiziellen Stellen zu haben, auch bei der Kriminalpolizei, und zwar durch jemanden, der ein Büro vor Ort hat, damit er mit dem Staatsanwalt sprechen und vorfühlen kann, an welchem Punkt der »Fall« gerade ist. Wir in unserer Position haben inzwischen kaum noch Möglichkeiten.

Am Mittwoch teilt uns Franca mit, dass der Rektor nicht gestattet, die Tests bei ihr zu Hause durchzuführen, deshalb muss sie uns in Kenntnis setzen, dass »das Kind« nicht in die dritte Jahrgangsstufe versetzt werden kann, sollte es nicht innerhalb der nächsten Woche wieder im Unterricht erscheinen. (Selbstverständlich werden wir S nicht in die Schule schicken. Denn wir dürften sie ja nur dort hinbringen und müssten das Schulgelände danach wieder verlassen, S würde anschließend unter der Aufsicht der Lehrerin verbleiben. Um nichts auf der Welt werden wir riskieren, dass dieser »Kerl« in einem Moment, in dem niemand da ist, um sie zu »beschützen«, ihr zu nahe tritt, und sei es auch nur mit einem Blick, und damit noch eine Gelegenheit hat, sie einzuschüchtern.)

Ich bestehe darauf, dass Franca und ich sofort eine Lösung für das Problem finden. Ich schlage vor, unsere Tochter am Freitag, wenn Vito seinen freien Tag hat, für ein paar Stunden in den Unterricht zu schicken, außerdem soll sie uns sofort Bescheid sagen, wenn sich kurzfristig vorher eine günstige Gelegenheit bietet. Falls er irgendwann nicht da ist. Sie erklärt sich damit einverstanden, und wir verbleiben dann so.

Am nächsten Tag sieht L, wie die Lehrerin in Begleitung des im Ort ansässigen Strafrechtlers das Gebäude betritt, in dem der Rektor sein Büro hat. (Er begegnet ihnen rein zufällig um acht Uhr morgens, aber die beiden bemerken ihn nicht.) Und gegen Mittag erhalte ich eine SMS, in der Franca mir mitteilt, dass es am nächsten Tag keine Möglichkeit gibt, »zu überprüfen, ob die Bedingungen weiterhin gegeben sind«, dass S ihre Prüfungen in der Schule ablegen kann.

Das ist ein herber Schlag für uns. (Den hätte ich uns gern erspart.) Es ist das Zeichen, dass von nun an keine Bereitschaft mehr besteht, unserer Tochter zu helfen. Die unter den gegebenen Umständen sowieso nicht gerade überwältigend war. Und von der S nicht das Geringste weiß. Sie hat auch keine Ahnung von Versetzungsrelevanz und Lernstoffkontrollen. Vielleicht weiß sie noch nicht einmal, dass man auch in der Grundschule sitzen bleiben kann. Das ist alles. Das System, das uns eigentlich »unterstützen« sollte und von dem anzunehmen ist, dass es vollkommen über die Ereignisse im Bilde ist, da die Lehrerin höchstwahrscheinlich deswegen mit ihrem Anwalt beim Rektor war, bringt sich in Deckung. Wen kümmert es schon, wie sehr nun ein siebenjähriges Mädchen darunter leiden wird, das drei Monate lang jeden Morgen mit einer Privatlehrerin den Lernstoff gebüffelt hat? Wen kümmert schon seine Versetzung oder was ein eventuelles Sitzenbleiben bei ihm auslösen könnte? Wenn interessiert das bei einer Angelegenheit dieser Tragweite? Die Entscheidung ist gefallen. Und es gibt kein Zurück. Den einzig gangbaren Weg, der ohnehin noch ziemlich dornenreich gewesen wäre – nämlich sie an einem Tag zur Schule zu schicken, an dem Vito nicht da ist –, hat man uns mit voller Absicht versperrt.

(Aber im Grunde habe ich genau das erwartet. Ich habe nie geglaubt, dass der Rektor zu einer »menschlichen Geste« jenseits der Paragraphen fähig wäre, daher hatte ich unbedingt verhindern wollen, dass die Lehrerin mit ihm spricht, ehe S die Tests abgelegt hat.)

Um zwei Uhr nachmittags ruft L im Sekretariat an und bittet um ein Treffen mit dem Rektor. Er bekommt sofort einen Termin. Er geht allein, ich schaffe das nicht. Die Wut frisst mich von innen auf, und ich zittere am ganzen Leib.

L wird freundlich empfangen. »Ich kenne Ihre Frau sehr gut«, sagt der Mann, »aber mit Ihnen hatte ich noch nicht das Vergnügen.« Dann setzt er sich und fordert L auf, ebenfalls Platz zu nehmen. Er erklärt ihm, dass eine längere Abwesenheit vom Unterricht ein Problem darstellt, da die Abschlusstests unmittelbar bevorstehen, und nun müsse man eine Lösung finden. Dann wird sein Ton verständnisvoll, er gibt sich wie jemand, der bereit ist, zuzuhören und sein Gegenüber in dieser schwierigen Lage zu unterstützen. Der Rektor sieht L mitfühlend an, sagt ihm, dass er gesehen hat, wie aufgewühlt ich bei unserer letzten Begegnung war und dass ihm das ehrlich leidgetan hätte. Er setzt eine ausgewogene und gut durchdachte Abfolge von Pausen, wartet ab, dass L sich ihm gegenüber öffnet. Er fragt, wie es S geht, *jetzt*. (Es ist beunruhigend, wie gut dieser Mann sich verstellen kann: Er ist über alles ganz genau informiert, und dennoch tut er so, als wüsste er von nichts.)

Doch als L ihm mit ebensolcher Sorge in der Stimme das Märchen von der Hepatitis auftischt, verliert er für einen Moment die Kontrolle über sich, die Worte entschlüpfen ihm buchstäblich, und er fragt scheinbar überrascht, wie es denn wohl sein kann, dass das Brüderchen von S, »der Kleine«, sich »noch nicht angesteckt« habe … »Wie seltsam, wenn man so ein Problem im Haus hat! …«, fügt er noch hinzu, spöttisch, und seine Stimme wird schrill.

L geht auf diese Spitze nicht ein, er lässt sich nicht provozieren, sondern nimmt die Unterhaltung bewusst in sich auf, in der vom ersten Satz ihres Gesprächs an klar ist, dass der Rektor über die gesamte Angelegenheit Bescheid weiß, auch wenn er das Gegenteil vorgibt.

Das ist wirklich unglaublich – auch heute, wenn ich das niederschreibe, ist es mir absolut schleierhaft –, wie ein Mann von sechzig Jahren, der unter anderem schon Großvater ist, wie so ein Mann, nachdem er gerade von einem schlimmen fortgesetzten Missbrauch durch einen oder sogar zwei Hausmeister erfahren hat, die von einer Schülerin seiner Einrichtung angezeigt wurden, so abgebrüht sein kann, den fünfjährigen Bruder des Mädchens da mit hineinzuziehen, der den Kindergarten derselben Einrichtung besucht. Da fehlen einem die Worte. Was er damit eigentlich gemeint hat, entzieht sich jeder möglichen Deutung.

Da der Rektor L nicht aus der Deckung locken konnte, sagt er ihm nun erneut, dass die Tests in der Schule abgelegt werden müssen. Daran gäbe es nichts zu rütteln. Falls wir also wünschen, dass das Kind versetzt wird, müsse der Kinderarzt ihr erlauben, mindestens für einen Tag wieder zum Unterricht zu kommen. Sonst werde sie nicht zugelassen.

L verabschiedet sich freundlich von ihm und versichert ihm sogar noch im Gehen, dass S kommen wird, sobald der Kinderarzt es erlaubt.

Die Schule hat ihre Karten auf den Tisch gelegt. Damit S' Prüfungen an einem neutralen und damit für sie »sicheren« Ort durchgeführt werden, müssten wir den Rektor über den Vorfall informieren. Nur so könnte man uns gegenüber Entgegenkommen zeigen und helfen, eine geeignete Lösung zu finden.

Diese unterschwellige Erpressung, die der Rektor mit seiner Position ausübt, dient dazu, die Lehrerin »zu decken«, die ihn eigentlich nicht über die laufenden Ermittlungen hätte informieren dürfen, da sie – genau wie wir – zu Verschwiegenheit verpflichtet ist.

Seine Botschaft ist klar und deutlich. Auf dem Rücken von S wird ein Kräftemessen ausgetragen. Und dabei steht ihre Versetzung auf dem Spiel.

Direkt danach

Manchmal frage ich mich, was bei uns falsch läuft. Was ist eigentlich unser Fehler? Naivität, zu viel Gutgläubigkeit, die vielleicht sogar an Unbesonnenheit grenzt? Zu wenig Sinn für das Praktische? Ein bedauernswerter Mangel an Realismus? Ist die Vorstellung wirklich so abwegig, dass die Schule Eltern in einer derartigen Situation unterstützen sollte? Es womöglich gar von ihr zu erwarten? So dass einen die Ungerechtigkeit unserer derzeitigen Situation bis ins Innerste trifft? Ist es so absurd zu glauben, dass eine Lehrerin bei ihrem Handeln zunächst das Wohlergehen ihrer Schülerin im Auge haben und dieses auch über die Sorge um die eigene Person stellen sollte? Oder dass dies, falls sie schon nicht dazu in der Lage ist, zumindest ihr Vorgesetzter für sie übernimmt?

Oder reduziert sich das Leben nur darauf? Sind wir nur noch Einzelgänger, misstrauische Individuen, die nicht mehr in der Lage sind, das Schicksal anderer nachzuempfinden, ihnen zuzuhören und sich mit ihnen auseinanderzusetzen? Ist die Welt, die uns umgibt, wirklich so düster, dass man das, was wir für selbstverständlich gehalten haben, nicht erwarten darf, nämlich dass das Wohl von S oberste Priorität haben sollte, jenseits aller eventuellen Interessenkonflikte zwischen uns und ihnen, beispielsweise hinsichtlich der objektiven Verantwortung der Schule, die wir wegen Verletzung der Aufsichtspflicht belangen könnten? Dass alles darauf angelegt sein sollte, sie aus Schwierigkeiten, die sie in ihrem Alter unmöglich bewältigen kann, herauszuhalten und sie so gut wie möglich davor zu beschützen, zumal wir wahrscheinlich demnächst sowieso bis zum Hals darin stecken werden?

Können wir uns nicht einmal darauf verständigen, ehe wir uns in die Haare geraten? Was für eine Schule ist das? Was für ein pädagogisches Konzept? Was sind das für Lehrer? Sobald ein Problem auftaucht, bin ich weg? Lasse ich dich im Stich? Ich erkläre dir, dass du dich damit abfinden musst und dich höchstens bei denen abreagieren kannst, die dir zugehört und dir geglaubt haben? Erzieht man so ein Kind, indem man sich der wichtigsten, grundlegenden Verpflichtung entzieht, die uns zu Erwachsenen macht, nämlich dass jeder Einzelne Verantwortung übernehmen muss?

Ist es so absurd anzunehmen, der Rektor könnte einmal über seinen Schatten springen, um S diese Tests ablegen zu lassen? Sie hätte das an einem Freitag in der Schule tun können, so hätte alles den Vorschriften entsprochen. Warum verweigert man ihr das also? Warum muss man uns sämtliche Möglichkeiten nehmen? Aus welchem Grund? Und warum hat Franca nicht dagegen protestiert? Was vergibt sich die Schule, wenn S ihre Tests für die Versetzung in die dritte Klasse an einem Tag schreibt, an dem der Hausmeister, den sie so mutig angezeigt hat, nicht anwesend ist?

Ist es wirklich unglaublich abwegig von uns, wenn wir darüber empört sind?

Die Enttäuschung nach diesem Treffen ist schrecklich bitter. Wie sollen wir weiterleben, wenn wir von solchen Menschen umgeben sind? Und wie rettet man ein Kind, wenn man am liebsten kotzen möchte?

23. Mai

Am 23. Mai erwacht S äußerst schlecht gelaunt. Sie zieht sich sorgfältig an, packt ihren Rucksack und möchte, dass ich sie zur Schule bringe. Ich erkläre ihr, dass sie nicht hindarf, weil Vito noch immer dort ist. Sie verkündet, wenn wir sie jetzt nicht sofort hinbringen, dann würde sie eben dorthin laufen. Sie hat es sich in den Kopf gesetzt, dass sie ihre Klasse besuchen möchte, und wird tun, was sie sagt. Ich kann sie gerade noch an der Haustür aufhalten. Daraufhin explodiert in ihr die lang unterdrückte Wut. Sie wirft mir vor, dass sie besser nichts gesagt hätte, so würde sie wenigstens weiter zur Schule gehen können. »Und was hättest du gemacht, wenn der Hausmeister dich weiterhin belästigt hätte?« Ich erkläre ihr, dass die Polizei so lange braucht, weil die Leute dort nicht so genau wissen, wer verantwortlich ist, da sie zuerst den einen Namen und später einen anderen genannt hat. Und außerdem wüssten die nicht, welches Haus sie gemeint hätte und wo das ist.

S lässt daraufhin ihren Rucksack fallen und geht in ihr Zimmer, ohne mich einer Antwort zu würdigen. Tränen des Zorns stehen in ihren Augen.

Eine Stunde später, als wir zusammen in der Küche an ihren Aufgaben sitzen, schlägt sie mir plötzlich vor, wir könnten heute ja mal das Lernen für die Schule ausfallen lassen, dann würde sie uns Vitos Haus zeigen. Ich schaue sie an und versuche zu begreifen, was sie meint. Und antworte, ja, einmal könnte das bestimmt ausfallen, das sei kein Problem, schließlich sei das sehr wichtig, also wir können dorthin, aber sie solle es nicht als Tauschgeschäft verstehen. »In Ordnung«, sagt sie und schiebt die Bücher fort.

»Ich muss aber erst deinen Vater fragen.«

Kurz darauf sitzen wir alle im Auto auf dem Weg ins Dorf. Das ist ein Schritt, auf den keiner von uns beiden vorbereitet ist. Ich habe Angst davor, der Lehrerin oder den Hausmeistern zu begegnen. (Und das wäre für S bestimmt schlimmer als für mich.) Als wir die Schule erreichen, wird L langsamer. Das Tor zum Schulhof ist geschlossen. Zum ersten Mal seit zwei Jahren. (S ist genauso erstaunt wie wir.) L und ich, wir sehen uns schweigend an. Ist das etwa ein Zeichen? Eine Art, den Betroffenen mitzuteilen, dass da etwas im Gang ist? Oder ist es ein verspäteter, ziemlich plumper Versuch, einzulenken und zu zeigen, dass in diesem Gebäude alles in Ordnung ist? Auf jeden Fall hat der Rektor jetzt zum zweiten Mal Initiative ergriffen.

S bedeutet uns, dass wir in eine schmale Straße einbiegen sollen, die am Schulgelände entlangführt und durch die ich bislang nur zu Fuß gekommen bin. Wir wundern uns sogar, dass man dort überhaupt mit dem Auto durchfahren kann. Dann zeigt sie auf das Eingangstor eines kleinen Wohnhauses, das schon älter und etwas heruntergekommen ist.

»Hier ist es«, sagt S, »hier bin ich reingegangen.«

Auf einmal geht es ihr schlecht. Von einem Moment auf den anderen. Eben war noch alles in Ordnung. S krümmt sich auf dem Rücksitz zusammen. Hat stechende Kopfschmerzen. Sie bittet uns, sofort weiterzufahren, und möchte sich auf keinen Fall aus dem Fenster lehnen. Sie befürchtet, dass Vito dort ist und sie sehen könnte.

Ich versuche sie zu beruhigen, Vito ist um diese Uhrzeit sicher in der Schule, sage ich. Das stimmt, daran hatte sie nicht gedacht. Aber ihre Züge entspannen sich nicht. Wir schreiben uns die Adresse auf, dann fahren wir weiter.

Beim Bäcker steigt S nicht aus, und sie isst auch nichts von der frischen Focaccia. Den gesamten Nachmittag bleibt sie still, in sich gekehrt auf der großen Bank in der Küche sitzen und rührt auch später am Tag kaum einen Bissen an.

Ich rufe auf dem Polizeipräsidium an, um den Vorfall zu melden. Ich kann keinen der Beamten erreichen, sie sind alle unterwegs im Einsatz. Jetzt geht es vor allem darum, dass der Staatsanwalt sich möglichst schnell noch einmal von S erzählen lässt, wo dieses Haus ist. Ich rufe bei der Psychologin an. Auch hier geht nur der Anrufbeantworter dran, und ich hinterlasse eine Nachricht über den Vorfall auf Band. Jetzt können wir nur darauf warten, dass uns jemand zurückruft.

Dann frage ich S, ob sie sich stark genug fühlt, Manuela und den Polizeibeamten gegenüber zu wiederholen, wo das Haus ist. S schaut mich an. Sie liegt im Bett ihres Bruders und drückt mit den Füßen gegen die Matratze über ihr. Sie zögert ein wenig. Ich beharre, es wäre wichtig. Dann nickt sie und fügt ganz leise hinzu, als fiele ihr das besonders schwer, dass Vito sie in dieses Haus mitgenommen hat und dass er und niemand anders »diese schlimme Sache« gemacht hat.

26. Mai
(Ortsbesichtigung)

Drei Tage später, um ein Uhr am Donnerstag, kommen der Staatsanwalt, seine psychologische Gutachterin, zwei Kommissare von der Sondereinheit und ein Beamter der Kriminalpolizei zu uns. Es ist geplant, mit S eine »Ortsbesichtigung«

vorzunehmen, und zwar unter der Adresse, die sie uns angegeben hat. Zum Glück konnte man das auf die Schnelle organisieren.

Dies ist kein einfacher Schritt für ein Kind. An den Ort zurückkehren (wenn auch nur von außen), an dem ihr etwas angetan wurde, das sie zutiefst verstört hat. Selbstverständlich wird ihr das nicht guttun, und wir müssen auf emotionale Rückschläge gefasst sein. Es ist ein schwieriger, riskanter Schritt, und trotz allem haben wir uns entschieden, S dazu zu bringen. Heute Morgen hat sie schon wieder Fieber.

Mir selbst macht vor allem Sorgen, um welche Uhrzeit der Termin angesetzt ist: um eins vor der Schule, das ist ziemlich riskant. Da die meisten Schüler eine halbe Stunde später aus dem Unterricht kommen, wimmelt es dort dann von Müttern, Lehrerinnen und Kindern. Ich befürchte sogar, dass die beiden Hausmeister da sein könnten. Doch der Staatsanwalt scheint sich darüber nicht die geringsten Gedanken zu machen. Für ihn war es eben der einzig mögliche Termin. Ich möchte mir nicht einmal vorstellen, wie ich jemandem, den wir zufällig treffen werden, S' Anwesenheit, noch dazu in Begleitung von vier Fremden, erklären soll. Und was ist, wenn wir *ihm* begegnen? Diese Möglichkeit besteht, und ich weiß, dass ich meine Gesichtszüge inzwischen nicht mehr unter Kontrolle hätte.

Aber dann brechen wir zum Glück erst eine gute Stunde später auf. Und das Risiko für unangenehme Begegnungen verringert sich. Während wir in der Küche noch einen Kaffee kochen, führt S Manuela durchs ganze Haus. Sie zeigt ihr meine Pumps und Stiefel, schlüpft hinein und spielt die Mama. Sie ist ziemlich aufgedreht, und die Psychologin folgt ihr und beruhigt sie. Beide unterhalten sich. Schließlich brechen wir um halb drei auf.

S steigt mit Manuela und dem Staatsanwalt in ein Auto. Wir folgen ihnen in unserem Wagen, mit den beiden Inspektoren der Sondereinheit auf der Rückbank. Es ist niemandem entgangen, wie aufgeregt und nervös S ist. Das geht jedem zu Herzen, wie ich später von einem Beamten der Kriminalpolizei erfahre, nachdem wir wieder zurück sind. (Er wendet sich da zum ersten Mal innerhalb von drei Monaten an mich.) So aufgeweckt dieses Kind auch wirkt, heute kam sie ihm so verletzbar und schutzlos wie nie vor. Die Sache muss endlich ein Ende haben.

Das Auto des Staatsanwalts biegt in die Straße ein, die zur Schule führt. Wir halten am linken Straßenrand. Der andere Wagen fährt weiter, vorbei an der Gasse, die S uns gezeigt hat. Einige endlos lange Minuten verstreichen, ohne dass wir wissen, was vor sich geht. Natürlich kann es sein, dass S nicht die Kraft dazu aufbringt, etwas zu sagen, oder dass sie sich vielleicht auch geirrt hat.

Dann taucht der Wagen wieder im Rückspiegel auf, sie sind einmal um den Block gefahren, sie kommen an uns vorbei, und diesmal verlangsamt der Wagen seine Fahrt vor dem Schuleingang und biegt in die betreffende Gasse ab.

Ich habe keine Erinnerung mehr daran, wie lange sie brauchen, ehe sie wieder herauskommen, vielleicht zehn Minuten.

Danach treffen wir uns alle wieder bei uns zu Hause. S steigt aus und zieht sich mit Manuela zurück. Zwischen Polizeibeamten, Staatsanwalt und uns Eltern kommen jetzt all die Themen zur Sprache, die vorher keiner so recht hatte anschneiden wollen. Nein, S lügt nicht, sie hat sich nicht geirrt, sie hat nichts erfunden. Leider ist alles wahr. Und wenn vorher noch irgendein Zweifel bestand, irgendeine Unsicherheit, heute ist der Tag, an dem sich die Wahrheit (mit allen Konsequenzen, die sich daraus ergeben) auf dramatische Weise in den Köpfen aller Anwesenden eingebrannt hat. Wie ein Faustschlag mitten ins Gesicht, den man nicht hatte kommen sehen.

Und hier geht es nicht mehr bloß um einen Hausmeister, der eine Minderjährige sexuell belästigt und irgendwo in der Schule masturbiert – was an sich ja schon schlimm genug wäre –, sondern um einen Mann, der es wagt, ein Mädchen für eine bestimmte Zeit aus der Schule zu *entführen* und sie dann wieder zurückzubringen, als ob nichts gewesen wäre. (Warum ist er überhaupt ein so großes Risiko eingegangen? Wer hilft ihm? Was geht dort vor? Wer hat einen Nutzen davon?) Daraus folgt, dass neben sexuellem Missbrauch auch der Tatbestand von Kindesentziehung oder vielleicht auch eine Entführung vorliegt. Und Bedrohung, Einschüchterung und Ausübung von psychischem Druck, nur um zu verhindern, dass das Kind darüber spricht.

Zum ersten Mal scheint der Staatsanwalt sich der ganzen Tragweite der Angelegenheit bewusst zu sein. Er sieht nun nicht mehr nur eine Akte, sondern Menschen. Jetzt endlich begreift er die Auswirkungen und die Bedeutung dessen, was S seit drei Monaten ständig erlebt, nämlich dass man sie *aus der Schule* geschafft hat. Und während wir uns im Garten unterhalten, in dem um diese Uhrzeit die Sonne alle Oberflächen zum Glitzern bringt – es ist tatsächlich das erste richtige Gespräch, das wir mit ihm seit Beginn der Ermittlungen haben –, kommen L und mir Zweifel, ob dieser Mann sich überhaupt noch an das Protokoll der Anzeige erinnert, inzwischen ist ja so viel Zeit vergangen, dass er es vermutlich nicht mehr präsent hat, denn angesichts einiger Dinge, die wir als bekannt voraussetzen, scheint er buchstäblich aus allen Wolken zu fallen. Und wir haben jetzt Ende Mai.

Später nach dem Abendessen lege ich mich zu S ins Bett, um in ihrer Nähe zu sein, wenn sie einschläft. Das Fieber ist noch nicht gesunken.

Manuela ist nach der Ortsbesichtigung noch lange geblieben, um ihr dabei zu helfen, sich zu beruhigen. Sie haben sich hinten in den Garten zurückgezogen, um Zweige und Blumen zu sammeln, immer in genügend Abstand zu uns. Um halb sechs sind dann alle gegangen.

(S weiß noch nicht, dass die Genehmigung für ihren Schulwechsel beinahe steht und dass sie schon am Montag in der neuen Klasse anfangen könnte. Die Rektorin, die gestern endlich Zeit für mich hatte – und der gegenüber ich schließlich erzählt habe, was gerade passiert –, hat mir alles Nötige erklärt, um den Wechsel von unserer an ihre Schule so rechtzeitig zu vollziehen, damit S auch die Tests für die Versetzung ablegen kann – und mir außerdem versichert, dass man im neuen Jahr dann auch M in der ersten Klasse aufnehmen würde. Sie hat mir sogar den Namen des regionalen Schulamtleiters genannt, um eventuellen bürokratischen Hindernissen gleich einen Riegel vorzuschieben, die unser Rektor uns, wenn auch zu Unrecht, in den Weg legen könnte.)

S hat keine Lust, noch einmal auf den heutigen Tag zu sprechen zu kommen, sie will nicht einmal hören, wie tapfer sie war. Sie will den ganzen Vorfall aus ihrem Leben streichen. Aber als wir uns dann unterhalten und ich ihr davon erzähle, wie ich als kleines Mädchen, als ich ungefähr in ihrem Alter war, bei einer Wanderung durch den Wald einmal meine Schwester gerettet habe, indem ich sie gerade noch rechtzeitig am Fuß gepackt habe, ehe sie in einen Abgrund stürzte, sagt sie einen Satz, der mich tief berührt und den ich niemals vergessen werde, etwas, das eigentlich überhaupt nichts mit dem zu tun hat, worüber wir gerade sprechen, sondern das Ergebnis eines

Gedankengangs ist, der wohl längere Zeit in ihr gegärt hat und erst jetzt ans Licht kommt.

»Weißt du, Mama«, sagt sie, »wenn sie dich quälen, dann ist es nicht wichtig, dass sie dich *quälen*. Wichtig ist bloß, dass du weiter*lebst*.«

Und wieder muss ich mir den Satz noch einmal in Gedanken wiederholen, um ihn voll und ganz zu verstehen. *Wenn sie dich quälen, dann ist es nicht wichtig, dass sie dich quälen. Wichtig ist bloß, dass du weiterlebst.*

Wenn man die Umstände bedenkt, unter denen ihre Überlegung gereift ist – der Abend des Ortstermins beim Haus des Hausmeisters –, dann fasst dieser Gedanke für S den ultimativen Sinn ihrer Erfahrung zusammen. Das ist genau das, *was sie erlebt hat.*

28. Mai

Zwei Tage später gehen wir zum Schulabschlussfest der neuen Schule. (Wir haben uns schließlich für eine Schule in der Stadt entschieden.) Es ist Samstag, der 28. Mai. Sowohl S also auch M sind mitgekommen.

Um fünf Uhr nachmittags quillt der Park buchstäblich über vor Leuten. Lehrern, Eltern, Kindern. Großeltern, Onkeln und Tanten und Freunden. Dazu Bänke, Tische, Sonnenschirme. Die Menschen strömen in Massen von der Theateraufführung zurück, die gerade im Gemeindesaal der benachbarten Kirche zu Ende gegangen ist. Es gibt Stände mit Bastelarbeiten der Schüler, einen Tisch mit aussortierten Büchern und natürlich Getränke und Kuchen. Alles kann man kaufen, der Erlös kommt der Schule zugute. Außerdem gibt es eine Tombola,

Musik, und jede Klasse hat eine Schülerzeitung gemacht. Wir erleben mit, wie die Lehrerinnen der fünften Klassen ihre Schülerinnen und Schüler verabschieden, die nun auf die weiterführenden Schulen wechseln. Es kommt zu Tränen und rührenden Umarmungen. Es ist wirklich eine ausgezeichnete Gelegenheit, diese Schule kennenzulernen. (Der Kinderarzt hat sie uns lebhaft ans Herz gelegt: Eine Bekannte von ihm unterrichtet hier seit zwanzig Jahren.)

Dann treffen wir Freunde, die ihre Kinder hierher schicken, und lernen auch ihre Familien kennen. Wir Erwachsenen unterhalten uns und essen zusammen, S und M werden von den anderen Kindern aufgefordert mitzuspielen.

Als wir abends nach Hause zurückkehren, reden wir über den Nachmittag und fragen S und M, ob sie gerne auf diese Schule gehen würden. S antwortet sofort Ja und strahlt dazu über das ganze Gesicht.

»Ginge das?«, fragt sie wenige Augenblicke später, als wollte sie sich noch einmal vergewissern, ob sie auch wirklich richtig gehört hat.

»Selbstverständlich kannst du«, sagen wir ihr. »Wenn du magst, auch schon jetzt am Montag …«

»In Ordnung«, antwortet sie.

»Und ab September geht M dann dort in die erste Klasse«, fügen wir hinzu.

Auch er schaut uns lächelnd an. Ihm gefällt die neue Schule ebenfalls. Die beiden haben den ganzen Nachmittag von der ersten Minute an gespielt und sind mit den anderen Kindern wild durch die Gegend gerannt. Und das Hot-Dog-Brötchen hat dann den Ausschlag gegeben.

In Ordnung. Die Entscheidung ist gefallen. Ab jetzt beginnt das *neue Leben*.

30. und 31. Mai

Am Montag, dem 30. Mai, holt L die Genehmigung für die Umschulung bei der alten Schule ab. Er marschiert damit vor der Nase des Rektors hinaus, der nicht weiß, wie er ihn aufhalten soll. L hat als Begründung »plötzlich aufgetretene berufsbedingte Gründe« angegeben; das ist möglich, obwohl das Schuljahr fast vorbei ist und der Rektor natürlich versucht hat, dagegen zu protestieren. L gibt die Genehmigung gleich im neuen Sekretariat ab, und endlich, am 31. Mai, acht Tage vor Ferienbeginn, kann S wieder am Unterricht teilnehmen. Sie hat in ihren Rucksack das Federmäppchen, die alten Bücher und die Hefte mit allen Übungen gepackt, die sie in den dreieinhalb Monaten zu Hause gemacht hat.

Wir haben die neuen Lehrerinnen nicht darüber informiert, was vorgefallen ist. Nach reiflicher Überlegung haben wir beschlossen, auch ihnen gegenüber das lange Fehlen von S im Unterricht mit gesundheitlichen Problemen zu begründen. Damit S vor der Angst und Besorgnis all derer geschützt ist, die in Kenntnis aller Fakten dem Kind ja nur »helfen« wollen, aber dadurch dazu neigen könnten, überbehütend zu sein oder zumindest jedes Problem zunächst immer mit dem Vorfall erklären zu wollen. Jetzt ist es erstmal wichtig, dass S ein normales Leben beginnt, dass sie aufgenommen, angenommen, ausgeschimpft und erzogen wird, ganz so, wie sie eben ist, und nicht stets unter Berücksichtigung dessen, was sie erlebt hat. Und das geht nur, wenn wir schweigen. Außerdem hatte ich es ihr ja versprochen. Der Vorfall gehört ihr. Sie hat ein Recht darauf, dass niemand davon erfährt. Zumindest solange nicht, bis sie eines Tages von selbst beschließt, darüber zu erzählen.

Als ich sie um vier Uhr abhole, kramt S sofort die Willkommensbilder aus ihrem Rucksack hervor, die ihre neuen Klassenkameraden für sie gemalt haben, und zeigt sie mir. Ich bin gerührt, meine Stimme bricht, doch der Knoten in meiner Kehle löst sich nicht. Ich schlucke schwer. Endlich ist der Knoten weg. Hinter meiner Sonnenbrille fällt zum Glück niemandem etwas auf. (Denn auch hier gibt es Eltern, zu denen erst noch Beziehungen aufgebaut werden müssen, also ist etwas Abstand angebracht.) Und S wirkt glücklich. Sie erzählt mir von ihren Erlebnissen, von ein paar Mitschülern und den Lehrerinnen, die sie gerade kennengelernt hat. Sie sprudelt förmlich über vor Begeisterung. Voller Erleichterung und mit neuer Hoffnung kehren wir nach Hause zurück und warten darauf, was der nächste Tag uns bringt.

1. Juni

Am nächsten Tag, einem Mittwoch, bringe ich erst S zur Schule und fahre dann zu Franca in die andere Grundschule. Sie soll mir das Original von S' Zeugnis aushändigen. Ich brauche es, damit die Noten der Tests übertragen werden können. Ich parke draußen und rufe sie dann kurz an. Ich habe nicht die geringste Lust, die Schule zu betreten. Mit versteinerter Miene kommt sie zu mir. Sie übergibt mir das Dokument. Vom Schulwechsel hat sie erst gestern erfahren, und selbst wenn sie diesen Schritt nicht so plötzlich erwartet hatte, muss diese Nachricht doch eine Erleichterung für sie sein. Ich teile ihr mit, dass S problemlos in die dritte Klasse versetzt worden ist. Außerdem füge ich hinzu, dass sie einen guten Eindruck hinterlassen hat, und bei diesen Worten schnürt es mir wieder die Kehle zu. Sie sagt kein Wort. Schade, meine ich abschließend, dass letzten Endes jetzt doch S ihre Mitschüler verlassen muss und ihre Lehrerin. Und hier kann ich nicht mehr an mich halten. Ich weine, ich weine um meine Tochter, das möchte ich eigentlich nicht vor dieser Lehrerin, die sie so leichten Herzens und so schnell im Stich gelassen hat, aber genau das ist ja die Ursache meines Schmerzes. Ich verabschiede mich hastig und marschiere dann mit dem Zeugnis fest in der Hand davon. Sie bleibt wie versteinert stehen. Es gibt nichts mehr zu sagen.

Die Tränen strömen mir weiter übers Gesicht. Ich steige ins Auto und fahre weg. Doch dann muss ich noch einmal abbremsen und mir die Tränen aus den Augen wischen, weil ich sonst nichts mehr sehen kann.

Dann beschleunige ich, doch erst vor unserer Haustür höre ich auf zu weinen. Schluss jetzt, sage ich mir. Eigentlich bin ich doch froh, S strahlte heute Morgen übers ganze Gesicht, als sie ihre neue Klasse betrat, sodass auch für mich der ganze Tag gerettet war. Das genügt mir.

Mit diesen Leuten hier habe ich nichts mehr zu schaffen.

7. Juni

Zum Abendessen, mit dem ihre früheren Mitschüler den Beginn der Ferien feiern, wird S von ihrem Vater begleitet. Die Lehrerinnen haben einen Nebenraum in einer Pizzeria am Fluss reserviert. Fünf große Tische für Eltern und Kinder aus drei der fünf zweiten Klassen der Schule.

Einige wissen schon, dass wir S umgeschult haben, andere fallen buchstäblich aus allen Wolken, die Nachricht überrascht sie. Obwohl sie den wahren Grund dafür nicht kennen, merken sie wohl, dass da etwas nicht stimmt. L erfindet eine Ausrede, es hätte Unstimmigkeiten mit dem Rektor wegen der langen

Fehlzeiten gegeben. Man zeigt sich betroffen und enttäuscht, vor allem die Mütter der Mädchen, mit denen S am häufigsten spielt. Irgendwie fühlen sie sich hintergangen.

Genau aus diesem Grund bin ich nicht mitgekommen. Ich hätte es nicht durchgestanden, den ganzen Abend lügen zu müssen. Ich bin L sehr dankbar, dass er für mich eingesprungen ist. Wirklich. Meine Nerven hätten das nicht mitgemacht. Außerdem waren heute Nachmittag auf unsere Einladung hin ein Dutzend neuer Schulkameraden bei uns, und ich hatte schon befürchtet, ihren Eltern gegenüber nicht die nötige innere Ruhe und Freundlichkeit aufbringen zu können. Doch dann ist alles glattgegangen. Allerdings hat mich das meine sämtliche Kraft gekostet.

Die letzten Mitschüler sind kurz nach acht gegangen, gerade rechtzeitig, damit L und S sich vor dem Gehen noch umziehen können. Doch bevor S endgültig ins Auto steigt, muss sie noch unbedingt etwas erledigen, obwohl die beiden schon spät dran sind. Sie läuft in den Garten zu den Rosensträuchern, sucht zwei besonders schöne Knospen heraus, schneidet sie lang ab, entfernt die Dornen und wickelt die Blumen dann in Alufolie. Die schönere Rose ist für Franca, die andere für die Vertretungslehrerin.

Nachdem sie fort sind, spüle ich Tassen und Gläser, dann hole ich die Spielsachen herein, die die Kinder im Garten gelassen hatten. M isst nur wenig zu Abend und schläft schnell ein. Von den Nachrichten bekomme ich kaum etwas mit.

Ich bin erschöpft. Bleibe auf dem Sofa sitzen, ohne auch nur die Kraft zu haben, aufzustehen und mich zu duschen. Ich schließe die Augen. Eigentlich warte ich bloß auf L und S, denn ich habe nichts anderes zu tun.

Um elf werde ich vom Bellen der Hunde aufgeschreckt, sie sind wieder zurück. Ich stehe auf, um die Tür zu öffnen. S schleicht sich mit traurigem Gesicht herein, sie ist enttäuscht, weil einige ihrer Mitschüler sie nicht an ihrem Tisch sitzen lassen wollten mit der Begründung, dass sie nicht mehr in ihrer Klasse sei. L lächelt mich ermutigend an. Er ist müde und ausgelaugt, aber vor S hält er tapfer die Rolle des glücklichen Vaters durch. Er erklärt ihr, dass Kinder manchmal dumme Dinge sagen, sie seien wohl traurig, dass sie fortgegangen sei, deswegen hätten sie sich so gemein benommen. Auf jeden Fall hätte sie jetzt ja zwanzig neue Mitschüler, und dann könnte sie selbst ihre Freunde auswählen.

S geht ins Bett. Sie ist nicht vollkommen beruhigt. Ich bleibe bei ihr, bis sie eingeschlafen ist. Dann gehe ich zu L in die Küche. Die Pizza war grauenhaft, ebenso die gefüllten Reis- und Kartoffelkroketten. Es sei alles gut gegangen, sagt er, aber für ihn war es auch leichter, denn er kennt die Leute dort nicht so, daher gibt es weniger persönliche Beziehungen, und eigentlich ist ihm das mittlerweile auch egal. Das Lügen ist ihm nicht schwergefallen, nicht einmal gegenüber Leuten, die sich den ganzen Abend lang mit ihm unterhalten haben. Aber es sei gut gewesen, dass ich zu Hause geblieben sei, für mich wäre es wesentlich stressiger geworden, das mit Sicherheit, allein schon wenn ich gemerkt hätte, dass kein Einziger sich bei S danach erkundigt hatte, wie es denn in der neuen Schule sei. Keiner hat sich auch nur im Geringsten dafür interessiert oder sie etwas darüber gefragt.

Was ihn allerdings am meisten betroffen gemacht hat, war die Tatsache, dass die Rosen, die S mit solcher Hingabe für ihre Lehrerinnen abgeschnitten und eingepackt hatte, beim allgemeinen Aufbruch im Restaurant auf dem Tisch zwischen den Essensresten und dreckigen Servietten liegen geblieben sind. Und dann wahrscheinlich zusammen mit dem Rest in den Müll wanderten. Keine der Lehrerinnen hat sie mitgenommen. Sie haben sie nur als Belastung empfunden.

Was sollte man noch dazu sagen? Welches Bild könnte aussagekräftiger sein? Zwei Rosen – die schönsten im ganzen Garten –, die ein siebenjähriges Mädchen so liebevoll gepflückt und in Alufolie eingewickelt hat, nachdem sie vorher jede Dorne sorgfältig entfernt hatte, damit die Lehrerinnen sich nicht in die Finger stechen, und die dann auf einer dreckigen, zerrissenen Papiertischdecke in einer schäbigen Pizzeria am Fluss nach dem gemeinsamen Abendessen zur Feier des Schuljahresendes zurückbleiben. Was könnte besser die Inhaltslosigkeit und Vergänglichkeit einer Beziehung zwischen Schülerin und Lehrerin darstellen, die von dem Mädchen so ganz anders empfunden (und verklärt) wird?

»Zum Glück«, fügt L hinzu, »hat S das nicht mitbekommen.«

9. Juni

Am 9. Juni ist der letzte Schultag. Der Unterricht endet um vier Uhr nachmittags. S umarmt ihre Lehrerinnen lange zum Abschied. Eine der beiden wird sie nicht wiedersehen, da im September die reguläre Lehrkraft wieder ihre Stelle antreten wird.

Letzte Woche haben wir sie zum ersten Mal zu Doktor C gebracht. Ihm gegenüber hat sich S sehr vorsichtig verhalten, eindeutig defensiv. Sie weiß, dass er ein Doktor ist, der Kindern hilft, ihre Ängste zu offenbaren, und sie hat sich so verhalten, weil sie wusste, dass es hierbei schließlich gegen den Hausmeister gehen würde. Ihre Verschlossenheit sagt uns, dass man im Moment nicht weiter nachfragen darf, aber wir sind uns einig, dass sie sich in einigen Monaten vielleicht eher zu einer Kooperation überreden lässt, falls besondere Schwierigkeiten auftreten sollten. Während der Sommermonate empfiehlt uns der Psychologe bloß darauf zu achten, ob sich auffällige Verhaltensweisen, Ängste oder ausgesprochene Phobien bemerkbar machen und festsetzen. Mehr nicht. Außerdem sollen wir versuchen, die Ferien zu genießen, uns zu erholen und ein wenig Ablenkung zu finden.

Was die juristische Seite betrifft, so warten unsere Anwälte auf einen offiziellen Bescheid, welche Maßnahmen der Staatsanwalt nach der durchgeführten Ortsbesichtigung veranlassen wird. Wahrscheinlich wird überprüft, wer dort wohnt, aber sie befürchten, dass auch dieses Mal keine ausreichenden Maßnahmen ergriffen werden. Sie sind verwundert und bestürzt. Ihrer Meinung nach ist schon viel zu viel Zeit verloren worden.

Ihr Erstaunen wird von den Beamten der Sondereinheit und auch der Kriminalpolizei geteilt. So lassen sich im Nachhinein die wiederholten, »übertriebenen Maßnahmen« erklären, die wir in den letzten Monaten erlebt haben, wozu sie auch S' allererste Anhörung im Präsidium vor fünf Fremden zählen. Dabei hat die Sondereinheit wahrscheinlich nur versucht zu verhindern, dass der Staatsanwalt die Untersuchung komplett an sich reißt, indem sie die Anwesenheit ihrer Beamten im Raum angeordnet hat. In allen Staatsanwaltschaften gibt es mehr oder weniger kompetente Ermittler, aber das kann ein Anwalt bloß im Vertrauen seinem Klienten sagen. Außerdem wird den Worten eines Kindes, das einen Erwachsenen des sexuellen Missbrauchs beschuldigt, nur dann geglaubt, wenn dies noch durch ein zweites oder drittes Kind bestätigt wird. Und selbst dann ist der Fall noch nicht entschieden. Es sei denn, der Beschuldigte wird »auf frischer Tat« ertappt, und um das zu erreichen, hätte man auch in Kauf genommen, das Kind »anzubieten« (in anderen Worten, es als »Köder« zu benutzen).

Doch die Sache ist noch nicht verloren. Falls wir es für nötig erachten, könnten wir auch Privatdetektive beauftragen, weitere Untersuchungen durchzuführen. Das Gesetz gibt uns diese Möglichkeit. Nach Ansicht unserer Anwälte ist die Sachlage im Grunde einfach. S wurde aus der Schule geschafft. Jemand muss daran beteiligt gewesen sein. Es ist undenkbar, dass Vito auf eigene Faust handelt. Warum sollte er sie sonst aus dem Schulgelände schaffen? Wurden Fotos oder Filmaufnahmen gemacht? Der Markt für Kinderpornographie ist riesig. Das ist eine Tatsache. Dieses Material wird schlicht und ergreifend mit Gold aufgewogen. Das ist die schlimmste Vermutung, aber auch die einfachste (und logischste) Deutung dessen, was in dem Haus vorgefallen sein könnte. Für die Beamten, die sich schon seit Jahren mit diesem Thema beschäftigen, wird diese Vermutung erst dann bestätigt oder widerlegt, sobald die Beschuldigten ihrerseits einen Anwalt benennen werden. Falls eine sehr renommierte Kanzlei (die sich die Beschuldigten kaum selbst leisten könnten) ins Spiel kommt, deutet alles darauf hin, dass ein »größeres« Geschäft dahintersteckt.

Wir lehnen das Angebot, einen Privatdetektiv zu beauftragen, ab. Obwohl wir uns in den folgenden Tagen immer wieder fragen, ob wir das Richtige tun. Obwohl sich dadurch ein unbestreitbarer Nutzen für den Prozess ergeben würde. Trotz unserer Gewissensbisse. Die Privatdetektive, zu denen die Beamten Kontakt aufgenommen haben, sind die besten auf dem Markt und würden diesen Auftrag zu einem deutlich unter ihren normalen Konditionen liegenden Preis übernehmen.

Doch uns schrecken nicht nur die Kosten – immer noch eine Summe, mit der man locker eine Woche Urlaub auf einem Südseeatoll finanzieren könnte –, wir wollen bei unserem Entschluss bleiben, diese Grenze nicht zu überschreiten, ab der es dann kein Zurück mehr gibt und man in einen unüberschaubaren Kampf verwickelt wird. Für S und auch für uns. Außerdem können wir uns diesen Luxus tatsächlich nicht leisten. Und ich fürchte, eine Niederlage wäre danach noch schwieriger zu verdauen.

25.–30. Juni

Wir haben beschlossen, einigen Freunden, denen wir besonders vertrauen, von dem Vorfall zu erzählen, bevor wir in die Ferien fahren, den Eltern von Kindern, die auf dieselbe Grundschule (und einige sogar in die ehemalige Klasse von S) gehen. Es fällt uns nicht leicht, angesichts ihrer Bestürzung, ihres Schmerzes und ihrer Sorge zugeben zu müssen, dass wir auch sie all die Monate über belogen haben, kühl und sachlich zu argumentieren und sie dazu aufzufordern, die Sache ebenfalls mit dem Verstand anzugehen und sich nicht von ihren Gefühlen leiten zu lassen und, was das Schwerste ist, die Gespräche auf Anraten unserer Anwälte auch noch aufzuzeichnen.

Wir wollten ihnen Zeit zum Nachdenken geben, ob sie sich nicht während der Ferien ebenfalls zu einem Schulwechsel entschließen wollen. Aber trotz allem war es für uns auch eine Erleichterung, und es tat uns gut, in ihren bestürzten Blicken und ihrem Suchen nach Worten ihre Nähe zu spüren. Außerdem wissen wir, dass in den nächsten Tagen die ersten Ermittlungsbescheide ergehen werden, und wir können uns vorstellen, dass dann sowieso alle unausweichlich davon erfahren werden. Aber wir vertrauen ihnen. Sie begreifen sicher, was das bedeutet. S muss unbedingt geschützt werden, ihr Name darf nicht an die Öffentlichkeit dringen. Und daher werden sie nichts weitergeben. Nicht einmal aus Versehen.

Nicht einmal dann, als einige Tage später der Rektor mit

zwei von meinen immer noch schockierten Freundinnen ein Gespräch beginnt, als diese die Bauarbeiten an der Grundschule besichtigen. Er wollte wohl von ihnen erfahren, ob sie über den Vorfall auf dem Laufenden sind (da er wusste, dass wir befreundet sind), und meinte dann angesichts der renovierten Toiletten, dass von nun an Jungen und Mädchen strikt getrennt würden, aber dass man den Hausmeistern vollen Zutritt gewähren müsse, um zu kontrollieren, dass die Schüler da drinnen keinen »Schweinkram« miteinander anstellen. Und dann blickt er forschend in ihre Gesichter, ob er darin irgendeine Reaktion ablesen kann. (Als sie mir davon berichten, können die beiden Freundinnen es immer noch kaum glauben, dass er das wirklich gesagt hat.)

Juli–Anfang September

Die Ferien verlaufen gut. Wir machen eine geführte Wandertour durch den Ordesa-Nationalpark in den Pyrenäen. Dann geht es weiter ans Meer, und wir verbringen drei Wochen auf den Balearen. Als wir fünf Wochen später wieder nach Hause kommen, sind wir körperlich, geistig und seelisch rundum erholt. Es war eine Zeit außerhalb der Zeit, wir hatten so viel in unseren familiären Beziehungen wiederaufzubauen, unsere Vertrautheit untereinander war so grundlegend gestört, dass wir jeden einzelnen Augenblick genutzt haben, um ihn zu genießen, die wunderbare Landschaft, die Wasserfälle, das Meer, den Sand, die Dünen und die Sonne. Die Sonnenuntergänge über der Hochebene, die unberührte Küstenlandschaft, die kleinen Seen. Wir haben noch nie einen so langen Urlaub gemacht, jeder Ort war eine neue Entdeckung für uns, ein Abenteuer, ein Stückchen wiedergefundene Lebensfreude. Wir haben uns mit niemandem getroffen, wir haben keine Freunde eingeladen, uns am Meer zu besuchen, wir waren die ganze Zeit nur zu viert, und das war auch gut so. Für andere wäre kein Platz gewesen.

Die Nachricht, dass in dem von S angegebenen Haus und auch in der Schule Räumlichkeiten durchsucht wurden, erreicht uns an einem einsamen Strand, irgendwo zwischen hohen Klippen und im Wasser spielenden Kindern, Wind wirbelt den Sand hoch und treibt Algenreste auf die hohe See hinaus, wir liegen entspannt auf unseren Handtüchern, lesen und genießen die Wärme. Es ist ungefähr zwei Uhr mittags, um uns herum sind nur etwa fünf oder sechs Personen. Einer unserer Anwälte ruft uns an. Seit Anfang Juli haben wir nichts mehr von ihnen gehört. Hier unten im Süden haben wir sogar vergessen, dass wir Anwälte haben.

Jetzt prasselt alles extrem gebündelt und schnell auf uns ein: Hausdurchsuchungen, Ermittlungsbescheide, auch in der Schule, und die Zulassung des selbstständigen Beweissicherungsverfahrens für S. Wir schreiben den 27. Juli. Seit fünf Monaten haben wir nur auf diesen Moment gewartet. Widersprüchliche Gefühle beschäftigen uns. Neben Befriedigung empfinden wir auch Angst und Verwirrung. Überraschung mischt sich mit Bestürzung. Die ewige Geheimnistuerei ist endlich vorbei. Unser Handeln, die Anzeige trifft nun endlich die Verantwortlichen direkt. Das, was sie (oder er) getan haben, hat sich nun gegen sie selbst gewandt, und von nun an müssen diese Leute sich verstecken, sich glaubwürdige Darstellungen ausdenken oder schweigen. Ihre Befürchtung, dass S etwas erzählt haben könnte (die wir seit Monaten in Vitos Augen lesen können), hat sich nun in Gewissheit verwandelt.

Endlich wird der Spieß umgedreht. Die Wut, die tief in

meinem Inneren brodelt, die ich in meinem Bauch spüre, erlebt nun ihre Befriedigung, ab heute sind sie die »Gejagten«. Die Demütigungen, die Drohungen, mit denen sie S (und wer weiß, wie viele andere Kinder) gequält haben, richten sich nun gegen sie selbst. Von nun an wird kein Tag mehr vergehen, an dem sie sich nicht mit Sorge und Furcht ausmalen müssen, was als Folge ihrer Taten auf sie zukommen könnte. An die Schande, die sie erwartet, sobald die Nachricht die Runde macht. (Oder Schlimmeres durch die Hand eines weniger sozialisierten Vaters oder einer verzweifelten Mutter.)

Es lässt sich nicht leugnen, dass L und ich eine gewisse Befriedigung darüber empfinden. Aber dennoch sind wir sprachlos, wir wagen es nicht, einander in die Augen zu sehen, jetzt können wir es nicht mehr ausklammern, obwohl unser Kopf nicht die geringste Lust hat, sich damit zu beschäftigen. Aber wir können nicht anders. Die Nachricht, mochten wir auch noch so lange darauf gewartet haben, hat den unschuldigen Zauber dieses Strandes zerstört, hat die Sorglosigkeit dieser unbekümmerten Tage gebrochen.

Die Wohnungsdurchsuchungen haben am frühen Morgen begonnen, bei Vito im Beisein seiner Familie. (Wer weiß, was sie dabei empfunden haben müssen. Ob sie es für einen unerklärlichen, vollkommen ungerechtfertigten Justizirrtum gehalten haben? Ich empfinde Mitleid mit ihnen.)

Außer der Wohnung des Hausmeisters wurden das von S gezeigte Gebäude und die Grundschule durchsucht. Bei ihm zu Hause wurden keine belastenden Beweise gefunden, und die Schule war ja wegen der Renovierung vollständig leer geräumt, alles war in Dutzende Kartons verpackt, die sich im Eingangsbereich stapelten. In einigen davon hat man Gegenstände beschlagnahmt, die mit mehreren von S detailliert beschriebenen Dingen übereinstimmten. Gegen 13 Uhr waren die Durchsuchungen beendet. Die Beamten meinten, sie hätten genug gesehen.

Von diesem Augenblick an – an dem die Durchsuchung beendet ist – beginnt auch für *die* die Hölle. Wir sind weit weg am Meer und inzwischen, seit fünf Monaten, gewohnt, damit zu leben. Jetzt wünschen wir uns, dass all das, was wir erlebt haben, über sie hereinbrechen soll. Auch über den Rektor, weil er so wenig bereit war, Verantwortung zu übernehmen. Auch er soll in dieser Atmosphäre von ständiger Angst vor dem nächsten Tag versinken, soll diese Angst vor jedem einzelnen Moment erleben.

Je nachdem, was für einen Anteil an der Schuld sie in ihrer Funktion als Hausmeister, Lehrerin, Rektor und Besitzer der Wohnung außerhalb der Schule hatten, werden sie sich juristisch verantworten müssen, mit unterschiedlichen gesellschaftlichen und strafrechtlichen Konsequenzen.

Unsere schlimmste Befürchtung ist es jedoch jetzt, dass die Sache in die Medien kommt und dass das zerbrechliche Gleichgewicht, das wir gerade erreicht haben (mit der neuen Schule und den neuen Freunden dort), wieder aufs Spiel gesetzt werden könnte.

Viele Gedanken, die uns nach unserer Rückkehr aus dem Urlaub durch den Kopf gehen, beschäftigen sich damit, wie wir uns konkret schützen können. Wo sollen wir S und M verstecken? Wohin können wir gehen? Wenn der Name eines Kindes und der seiner Eltern bekannt werden, wenn ein Foto von ihm, seinem Zuhause, seinem Fahrrad in der Presse landet, ist alles aus. Dann kann das Leben nicht mehr so weiterlaufen wie bisher. Nicht für dieses Kind. Nicht in einem Dorf. Nicht in einer Schule und einer Klasse, wo nur Anonymität ihm garantieren kann, wieder eins von den anderen Kindern zu werden (wobei es tief in seinem Herzen die Sicherheit haben muss, dass

Mama und Papa alles getan haben, um sein Geheimnis zu wahren). Nicht für diese Familie, deren Schmerz von einer verblödeten Menschenmasse ausgeweidet wird, wenn grausame, selbst ernannte Experten für Pädophilie, denen die Folgen ihres Handelns absolut egal sind, privates Leid genüsslich ausschlachten.

Sollte das geschehen, sollten wir wirklich auf einer Bühne enden, wo ein Haufen Aasgeier sich fragt, wer wir sind oder was wir nicht sind, wie wir unsere Kinder erziehen, welche dunklen Geheimnisse wir hinter der Fassade unseres scheinbar normalen Lebens verbergen, und Argumente zur Unterstützung der einen wie der anderen These angeführt werden, können wir nicht länger hierbleiben. Und dann reicht es auch nicht, in ein anderes Haus oder eine andere Stadt zu ziehen. Dann müssen wir bereit sein, ganz von hier zu verschwinden. Dieses Ausschlachten der Ereignisse, das zu dem Vorfall selbst erschwerend hinzukommt, können wir nicht ertragen.

Doch glücklicherweise hat in den folgenden zwei oder drei Monaten niemand – weder Polizei- noch Justizbeamte oder Rechtsanwalt – ein Interesse daran, unsere Namen weiterzugeben (und ohne vorherige Bekanntgabe darf kein Journalist sie in der Presse nennen). Und schon gar nicht die Beschuldigten. Auch niemand vom Schulpersonal, das sich allerstrengstes Stillschweigen auferlegt hat. Noch bleibt der Vorfall also wie durch ein Wunder geheim.

Erst im September, in der Woche, in der der Unterricht wieder beginnt, passiert etwas, und zwar in der ehemaligen Grundschule. Dort läuft eine merkwürdige Unterschriftenaktion an, die offensichtlich von den Lehrerinnen initiiert wurde und sich an alle Eltern sowie die Angestellten der Schule, die nicht zum Lehrkörper gehören, richtet. Man will damit erreichen, dass Vito, der während des Sommers in ein anderes Gebäude versetzt wurde, nun wegen »Personalknappheit« wieder so schnell wie möglich an die Grundschule zurückkehren kann. Und als eine der (von uns informierten) Mütter völlig überrascht tut und eine Lehrerin nach dem Grund der Versetzung fragt, wird ihr hinter vorgehaltener Hand mitgeteilt, dass der Hausmeister mit den etwas merkwürdigen Eltern einer Schülerin Probleme hatte, und dann kommt Franca noch hinzu und meint, Vito sei ein »großartiger Mensch«, alle Lehrer hier würden ihn kennen und schätzen und man würde alles unternehmen, damit er so schnell wie möglich zurückkehren kann. Damit verhält sie sich auf eine Art und Weise, die für eine Lehrerin eigentlich unvertretbar ist, und das gleich zweifach: Zum einen verschleiert sie ganz bewusst den Eltern gegenüber die wahren Gründe für die Versetzung des Hausmeisters, zum anderen will sie meiner Meinung nach mit dieser Unterschriftenaktion dem zukünftigen Anwalt der Verteidigung einen Beweis vor Gericht liefern, wie viel Vertrauen und Wertschätzung dem Angeklagten entgegengebracht werden. Wobei sie ihre eigene Position und das über die Jahre gewachsene Vertrauen benutzt, die wahren (schwerwiegenden) Gründe verschweigt und die Eltern diesbezüglich sogar auf eine falsche Spur bringt. Am schlimmsten jedoch ist, dass sie somit aktiv dazu beiträgt, dass auch in Zukunft Kinder einem ähnlichen Risiko ausgesetzt sind und sich derartige Vorfälle wiederholen könnten.

Mitte September–Oktober

In den Tagen vor Schulbeginn kommen in S die Ängste wieder hoch, sie hat auch wieder Albträume. Zum Glück hat sich ihr unterschwellig sexualisiertes Verhalten gegenüber dem Vater oder einigen anderen männlichen Bezugspersonen gelegt, die

»Spiele«, zu denen sie ihren kleinen Bruder nötigt, hören ebenfalls auf, langsam gibt sich alles, womit sie bei uns das »nachstellt«, was sie durch den Hausmeister erlebt hat und das uns den ganzen Sommer über Sorgen bereitet hat. Aber jetzt will sie auf einmal nicht mehr zur Schule. Beziehungsweise nicht mehr in die neue Schule. Sie will in ihre frühere Klasse zurück.

Wir haben ihr erklärt, dass sie die Schule jetzt nicht mehr wegen des Hausmeisters wechseln muss (S weiß, dass Vito versetzt wurde), sondern weil wir den Lehrerinnen dort nicht mehr vertrauen. Zwar war das, was Vito getan hat, schlimm, doch es war genauso schlimm, dass niemand in dieser Schule etwas davon gemerkt hat. Und dass wir sie deshalb nicht wieder dorthin schicken.

Gestern hat S beim Abendessen gefragt, was denn ein »Kinderräuber« mit den Kindern macht, die er raubt, was geschieht, wenn er sie mit nach Hause nimmt, und wie man so jemanden erkennen kann. Dann gesteht sie uns, dass sie Angst hat, in der neuen Schule könnte das wieder passieren. (Es ist völlig normal, dass sie so empfindet. Dass sie diese Problematik so erlebt.) Ihr Vater sagt ihr, dass sie ganz beruhigt sein könne, dass das bestimmt nicht wieder geschehen wird, auch weil sie jetzt gelernt hat, nicht jedem zu vertrauen und uns sofort alles zu erzählen, was passiert. Deswegen wird es nie wieder vorkommen. (Aber in den Rucksack, den sie bereits gepackt hat, steckt S vor dem Schlafengehen trotzdem noch die sechs »Zauberkugeln«, die sie von Manuela bekommen hat.)

Ich sage Marta, der neuen Lehrerin, Bescheid, dass S sich wieder in ihre Ängste hineinsteigert und sie eventuell Hilfe benötigt, sodass die Eingliederung in die neue Klasse, die wir im Juni schon als gelungen abgehakt hatten, neu in Angriff genommen werden muss. Marta ist ein so netter und zuvorkommender Mensch, dass sie anbietet, S am nächsten Tag nicht von der Seite zu weichen, und tatsächlich begleitet sie S bis in den Nachmittag.

Ehrlich gesagt habe ich ebenfalls eine Riesenangst vor den neuen Hausmeistern, auch hier gibt es zwei. Ich muss mich enorm anstrengen, den Vorfall so weit zu verdrängen, dass man mir nichts anmerkt. Ich spüre einen solchen Widerwillen gegen diese Menschen, dass ich Monate brauchen werde, ehe ich überhaupt ein unvoreingenommenes Wort an sie richten kann.

Doch nach einer gewissen Anfangsphase, in der S sich ziemlich aggressiv verhalten hat, einigen Wochen, in denen S manchmal sogar gegen einige Mitschüler handgreiflich wird, die das Pech hatten, ihr gerade über den Weg zu laufen, beruhigt sich die Situation. Aus zehn Toilettenbesuchen am Tag werden drei, das erfahren wir von den Lehrerinnen, sie hatten uns vorher schon über die Probleme informiert, doch den wahren Grund haben wir ihnen verschwiegen. Aber wir alle unterstützen S, ihr Verhalten steht ständig unter Beobachtung.

Gegen Mitte Oktober kann man schließlich sagen, dass die Aufregung sich gelegt hat und alles im normalen Bereich ist. S hat wieder gute Laune, Energie, ja sogar Spaß und Freude sind in ihr Leben zurückgekehrt. Alles verläuft so gut, dass wir nach einigen Besuchen beim Kinderarzt und dem Kinderpsychologen beschließen, die Therapie, die wir seit Monaten vor uns herschieben, sei im Moment gar nicht mehr nötig. S braucht sie nicht, denn es geht auch so. Im Grunde waren S' Aggressionsschübe auch nichts anderes als eine gesunde Reaktion auf das, was um sie herum geschah. Wir haben also das Richtige getan, als wir ihr erlaubten, den angestauten Ärger »auszuleben«, und indem wir ihr Vertrauen neu aufgebaut und gestärkt haben. (Das haben wir dank des ständigen Austausches mit der Therapeutin und der – falls man es so nennen kann – von ihr gesteuerten Behandlung erreicht).

In juristischer Hinsicht hat sich zunächst wenig getan, nach einer Reihe von Ankündigungen, auf die nichts folgte, wird nun endlich das gerichtliche Gutachten in Auftrag gegeben, dieses soll die Gutachterin erstellen, die für das Gericht zuständig ist, an dem das Beweissicherungsverfahren durchgeführt wird.

L und ich werden im November zu vorbereitenden Gesprächen eingeladen, bei denen die Anwälte und Berater der Verteidigung und unsere Anwälte zugegen sein werden. S hat ihren Termin dann im Dezember.

Jetzt wissen wir aber, wer Vitos Verteidiger ist, ein ausgezeichneter Strafrechtler, einer der bekanntesten in ganz Italien. Und als psychologischer Gutachter wurde ein Mann engagiert – auch er zählt zu den Besten des Landes –, der in anderen Prozessen meist auf Seiten der Kinder tätig ist, die einen ähnlichen Missbrauch erlebt haben. (Auch das ist aus taktischer Sicht ein kluger Schachzug. Allerdings sieht man auch, dass keine Kosten gescheut werden und die ganze Angelegenheit die finanziellen Möglichkeiten eines einfachen Schulbediensteten weit übersteigt.) Endlich kommen die Hintermänner, die andere Seite, aus der Deckung.

Ich weiß nicht, was absolut gesehen schlimmer ist – wenn man weiß, dass der Missbrauch die Tat eines Einzelnen ist, oder wenn, wie es sich nun abzeichnet, doch eher eine Organisation dahintersteht. Das kann ich überhaupt nicht entscheiden. (Damit meine ich vor allem für S. In Bezug auf das, was sie durchlebt hat.) Ich selbst bin bestürzt und außer mir vor Wut, ein einziges Nervenbündel und gleichzeitig ein Pulverfass, das jeden Moment explodieren kann.

Ich frage mich, warum diese Tatsache meinen Verstand praktisch ausschaltet, gerade hat mich mein Anwalt über den neuesten Stand der Dinge informiert. Abgründe tun sich vor mir auf. Ich fühle, dass meine Muskeln, meine Sehnen, meine

Gelenke zum Zerreißen gespannt sind. Jetzt wäre ich zu allem bereit. Ich habe keine Angst. Ganz im Gegenteil verleiht mir dieser Schachzug der Gegenseite neue Kraft. Ich habe jedes Maß verloren, was man tun darf und was man nicht tun darf. In mir tobt eine so tief verwurzelte, eine so übermächtige Wut, dass sie mich zerreißen könnte, wenn ich sie für mich behalte.

14. November
(Vorgespräch zum Beweissicherungsverfahren)

Zum ersten Treffen am 14. November kommen L und ich, ohne zu wissen, dass wir wieder einmal alles von Anfang an erzählen sollen. Der Anwalt hatte uns das nicht vorher sagen wollen, er hat es uns regelrecht verheimlicht, weil wir so spontan wie möglich sein sollten. Denn jetzt hat die Phase begonnen, in der viel mehr zählt, wer du bist, wie du etwas sagst, welche Gefühle deine Körpersprache verrät, wie deine Beziehung zu deinem Partner ist, als das, was du sagst. Genauer gesagt, es kommt eher darauf an, was du nicht sagst. Darauf beruhen die Interpretationen der Gutachter.

Technisch gesehen dient das Beweissicherungsverfahren dazu, die Aussagen von S zu sammeln und so in »Beweise« für einen künftigen Prozess umzuwandeln. Da alles, was S bis jetzt enthüllt hat, nur für die Ermittlungen zählt und vor Gericht sonst nicht verwendet werden darf, kann ohne diese Wiederholung kein Verfahren eröffnet werden. Deshalb wird auch unsere Tochter noch einmal vorgeladen, damit sie zunächst in Anwesenheit eines psychologischen Gutachters spielt und malt. Auf dieser Grundlage bewertet der ihre psychische Reife und ihre Beziehung zu den Eltern, um sie dann noch einmal über den

Ursprung ihres Traumas zu befragen. Und inzwischen sind seit den Ereignissen ganze zwölf Monate vergangen, zwischen S' erster Erklärung und heute liegen zehn Monate, außerdem drei Anhörungen und ein Ortstermin, die für ein sechs- bis siebenjähriges Mädchen eine große Belastung darstellen, die erst einmal verkraftet werden muss. Aber so funktioniert nun mal die italienische Rechtsprechung.

L ist bereits im Vorfeld sehr gereizt, schließlich sollen wir gleich vor einem Dutzend Menschen unser ganzes Leben – intime Details, alles, was hinter uns liegt, die Kindheit, Urlaube und Zukunftspläne – haarklein ausbreiten. Ich gehe weniger aufgebracht dorthin, mir ist es wichtig, das Ganze endlich hinter mich zu bringen und S endgültig aus diesem Affenzirkus herauszuholen. Und das so schnell wie möglich.

Am 14. November finden wir uns also in einem kleinen Raum ein, wo jede Menge Stühle zu einer großen Runde aufgestellt sind, mit dabei sind unsere Anwälte, unsere beiden Gutachter und der von Vito, der Anwalt des anderen Hausmeisters, die Gerichtsgutachterin: Insgesamt gibt es also vier Psychologen oder Psychotherapeuten, alle sind Gerichtsgutachter und damit Kollegen, drei Anwälte und uns, die Eltern der »Geschädigten«.

Der Termin ist um halb elf.

Kurz vor zehn beobachtet einer unserer beiden Gutachter, der etwas zu früh gekommen ist, wie sein Kollege, der Gutachter für die Gegenseite, bei der Praxis klingelt, wo die Anhörung stattfinden soll, und hineingeht. Da ihm das Ganze ungewöhnlich und unangebracht erscheint, wartet er nur wenige Minuten, bevor er klingelt und ebenfalls hinaufgeht. Weshalb sollten die Gerichtsgutachterin und der Gutachter des Beschuldigten sich eine halbe Stunde vor den anderen treffen müssen, noch dazu ohne einen Vertreter der Geschädigten? Das ist nicht gerade regelkonform und schon gar nicht dem Fall angemessen.

Die beiden lassen sich auch durch unser Eintreffen nicht in ihrem vertrauten Umgang miteinander stören, und während der allgemeinen Vorstellung und Begrüßung wechseln sie scherzhafte Bemerkungen und Blicke.

Ich habe mich sehr bemüht, den Gutachter des Hausmeisters zu meiden, sein Verhalten geht mir völlig gegen den Strich, ich ertrage das nicht, und als er mir die Hand zur Begrüßung hinstreckt, nehme ich sie nicht. Er beharrt nicht darauf, sondern begnügt sich damit, dass er dem Vater die Hand geschüttelt hat. Mir will es einfach nicht in den Kopf, wie jemand, der die Akten gelesen hat, die Verteidigung eines Pädophilen übernehmen kann, wenn es kaum einen Zweifel an dessen Schuld gibt. Und wie jemand gleichzeitig als Kinderpsychologe in anderen Prozessen Kindern beistehen kann, die Opfer eines solchen Missbrauchs geworden sind. Doch offensichtlich sehe ich das zu eng, und die Verachtung trübt mein Urteil.

Wir setzen uns. Den Anfang macht Frau Doktor B, die Gutachterin des Gerichts, die uns fragt, warum wir hier sind und was wir vorzubringen haben. L gibt die Frage zurück und merkt an, dass wir nicht aus freien Stücken hier sind, sondern nur einer Verpflichtung nachkommen, der wir uns, wie es scheint, nicht entziehen können. Deshalb seien wir nun hier und bereit, alle Fragen zu beantworten, die man uns stellen wird.

Frau Doktor B übernimmt auch weiter die Führung des Gesprächs. Sie hat lange blonde Haare, die von einem Reif zurückgehalten werden, blickt streng, sie tritt sehr selbstsicher auf. Die Wände ihrer Praxis sind mit unzähligen gerahmten Diplomen und Teilnahmebescheinigungen von Kongressen, Fortbildungskursen und Spezialisierungen gepflastert, so etwas habe ich noch nie gesehen: Die Dame ist Psychologin, Psychoanalytikerin, Psychotherapeutin, Universitätsdozentin, Beraterin für klinische Psychologie, kognitive Verhaltenstherapie, diagnostische Psychologie, Beziehungstherapie, Sexualpsychologie, Kriminalpsychologie, Expertin für psychosomatische Medizin und Gerichtsgutachterin – es werden mindestens fünfzig Zertifikate sein, ich übertreibe keineswegs, die mit dem Geltungstrieb eines pubertierenden Teenagers dort zur Schau gestellt werden. Auf ihre Fragen hin erzählen wir über uns, wann und wo wir uns kennengelernt haben, welcher Tätigkeit wir nachgehen, beschreiben unsere Kinder und wie wir unseren Urlaubsort auswählen. Wir gehen bis in unsere Kindheit zurück und schildern auch, welches Verhältnis wir heute zu unseren Eltern und Geschwistern haben.

Dann kommen wir zum 18. Februar, dem Nachmittag, an dem alles begonnen hat. Ab und zu habe ich Gedächtnislücken, manche Dinge verdränge ich offensichtlich allmählich, wenn möglich, hilft mir L, wenn er merkt, dass ich den Faden verliere. Wieder ein dichter, anstrengender Vormittag, ich breche in Tränen aus, während ich erzähle, dass S über Monate nur mit uns oder meiner Mutter zusammen sein konnte, weil sie sich vor allen anderen fürchtete.

Irgendwann steht Frau Doktor B auf, es muss kurz vor eins sein, geht zur Tür und ruft ihre Sekretärin. Einfach so, noch während ich rede. Aber ihr ist das egal, als würde es mich gar nicht geben, dreht sie sich nicht einmal zu mir um oder entschuldigt sich per Handzeichen, sie ruft nach ihrem Terminplan und wartet, dass man ihn ihr bringt. Als sie sich ein paar Minuten später wieder uns zuwendet, bin ich verstummt. Warum sollte ich weiterreden? Sie hörte mir doch nicht mehr zu. (Das war wieder einmal nicht besonders aufmerksam uns gegenüber, werden unsere Anwälte später bemerken, aber mich enttäuscht das nicht mehr. Eigentlich ist es mir vollkommen egal. Seit wir hereingekommen sind, habe ich diese Frau ausschließlich mit den Augen von S betrachtet. Ich wollte herausfinden, ob meine

Tochter sie nett finden und sich in ihrer Gegenwart so sicher fühlen könnte, dass sie mit ihr reden würde.)

Mit ihrem Terminkalender in der Hand beschließt Frau Doktor B, dass unser Gespräch hier beendet ist, und wechselt abrupt zum zwanglosen Plauderton, äußert sich scherzhaft-lobend über die Tüchtigkeit ihrer Sekretärin, die alles so toll organisiere von der Arbeit bis zum Privatleben von Frau Doktor B, sie plane Familien- und Geschäftsessen und sogar die Treffen mit ihrem Liebhaber einschließlich der entsprechenden Ausreden für den Ehemann von Frau Doktor B, ohne diese Sekretärin wäre sie vollkommen verloren. Dann notiert sie den Termin für unser nächstes Gespräch – genau in einer Woche. Sie sieht auf und fragt ihre Kollegen, ob es noch etwas zu klären gebe oder weitere Fragen. Doch das ist nur Formsache. Sobald man sich auf eine Uhrzeit geeinigt hat, gibt es weder Einwände noch weitere Bemerkungen. Und damit wird das Protokoll geschlossen.

Draußen besprechen wir noch zwanzig Minuten mit unseren Anwälten und Gutachtern den Ausgang dieses Treffens. Sie sind erstaunt über einige Untertöne des Gesprächs, aber wir haben unsere Sache gut gemacht, wir haben ehrlich und spontan geantwortet, dagegen hat ihnen weniger gut gefallen, dass der Gutachter des Hausmeisters schon eine halbe Stunde früher dort war, und die Art und Weise, wie die Frau Doktor das Gespräch beendet hat, während ich noch geredet habe. Sie fragen uns nach unseren Eindrücken.

Die Wahrheit ist, dass wir so erschöpft, so verletzt sind und allein der Gedanke, S sollte jetzt noch einmal ganz von vorn anfangen, wo sie doch gerade erst die Schule gewechselt hat, uns mit so großer Sorge erfüllt, dass für uns eigentlich bloß noch wichtig ist, die ganze Sache möglichst schnell hinter uns zu bringen. Alles andere gleitet an uns ab; schlimmer als das, was schon geschehen ist, kann es nicht werden.

28. November

Das zweite Gespräch, am 21. November, wird um eine Woche verschoben. Ich muss dringend operiert werden, eine Entscheidung innerhalb eines Tages, der Eingriff konnte nicht hinausgezögert werden, da sich ein Abszess gebildet hat und ich seit mehreren Tagen mit Fieber im Bett liege. (Schon vor einer Woche hatte es Anzeichen gegeben, aber nachdem mein Fieber zunächst gesunken war, schien das Problem behoben.) Ich gehe in eine Tagesklinik, um einen längeren Krankenhausaufenthalt zu vermeiden, der die Kinder auch misstrauisch machen könnte, denn die wahre Ursache verschweigen wir ihnen. Meine Mutter hilft mir. L muss sich um die Kinder kümmern. Ich sage ihnen, dass ich für ein paar Tage zu einer Freundin fahre. Der Anfall kam heftig und völlig unerwartet, mit schlimmen Schmerzen. Der ganze Stress liefert einen glaubwürdigen Grund.

Der Eingriff verläuft gut. Ich erhole mich auch gut. Wieder zu Hause, kommt es mir vor, als wäre ich mit dem Blut und dem Eiter auch eine Menge Schmerz, Wut und Angst losgeworden. Ich fühle mich buchstäblich erleichtert.

Mir geht es so gut, dass wir in der nächsten Woche wieder in der Praxis von Frau Doktor B sitzen, um unsere Begutachtung abzuschließen. Ich habe zwar noch Schmerzen, aber die Zeit drängt, die Gerichtsgutachterin wird Mitte Dezember in Urlaub gehen und frühestens in einem Monat zurückkehren, deshalb ist keine Zeit zu verlieren, weil S sonst ihre Anhörungen vermutlich nicht vor Weihnachten abschließen kann.

Wir setzen wieder dort ein, wo wir das letzte Mal unterbrochen worden waren, und schildern abschließend, wie es S in den letzten Monaten ergangen ist. Frau Doktor B gibt uns zu bedenken, dass die Ängste und Probleme von S eine Reaktion auf die Sorge sein könnten, mit der wir die ganze Sache erlebt hätten, und sie wundert sich, dass wir das Kind nicht sofort in einer anderen Schule angemeldet haben, ja sogar in Kauf genommen haben, dass es drei Monate Unterricht versäumt. L erwidert, dass wir uns vor allem an das gehalten haben, um das uns die Polizei gebeten hat (wir sollten sie ja nicht von der Schule nehmen, um die Beschuldigten nicht misstrauisch zu machen), außerdem hätten wir bis zuletzt noch gehofft, dass S wieder in ihre Klasse zurückkehren könnte, schließlich wollten wir vermeiden, dass sie sich *selbst* für die Schuldige hält, weil sie und nicht Vito gehen muss. S habe jedenfalls zwei Monate lang mit einer pensionierten Grundschullehrerin gearbeitet, und demnach sei es falsch, uns zu unterstellen, wir hätten alles schleifen lassen, ganz im Gegenteil sei ihr Fernbleiben von der Schule eines unserer drängendsten Probleme gewesen.

Auch vorhin, als von dem Tag die Rede war, an dem S »das Haus« von Vito gezeigt hatte, hatte Frau Doktor B gleich bemerkt, »die plötzliche Angst unserer Tochter, Vito könnte dort sein, und ihr dringender Wunsch, sofort zu verschwinden«, sei ein klarer Beweis dafür, dass das Mädchen in dem Moment gelogen habe, da »sie ja genau wissen musste, dass der Mann sich in der Schule befand«. (Diese Schlussfolgerung kann ich bis heute nicht nachvollziehen.)

Unser heutiges Treffen ist jedenfalls schneller beendet als das letzte. Und ich empfinde es als weniger stressig und anstrengend. Nun gut, Frau Doktor B hat sich nur zwei Mal geäußert, und ihre Bemerkungen waren nicht gerade sehr passend, aber vermutlich gehört dies zu einer bestimmten methodischen Herangehensweise an den Fall.

Wenigstens sind wir fertig. Und S kommt endlich an die Reihe.

3. Dezember

Fünf Tage später, am Samstag, begleiten wir S zu Frau Doktor B.

Jedes Mal, wenn ihr eine Anhörung bevorsteht, beherrscht uns die Ungewissheit, ob sie den Mut haben wird, den Vorfall noch einmal zu schildern. Worüber wir uns nicht nur deswegen Sorgen machen, weil es dann vielleicht nie zu einem Prozess kommen könnte, sondern vor allem, weil ihre Reaktion für uns Rückschlüsse darauf zulässt, wie sie das Ganze psychisch verarbeitet. (Leugnet sie das Geschehene, hilft sie damit dem Hausmeister, bestätigt sie alles, lässt sie nicht zu, dass die traumatischen Aspekte in einer tieferen Bewusstseinsebene abgelegt werden.) Aber nachdem nun ein ganzer Sommer und mehr, insgesamt sechs Monate seit den letzten offiziellen Terminen, vergangen sind, ist kaum zu erwarten, dass sie die Nachricht von einer neuerlichen Anhörung gut aufnimmt. S wird laut und schreit, dass sie sich an nichts mehr erinnern würde, wir hätten ihr doch versprochen, dass jetzt alles vorbei wäre, und da ginge sie nicht hin. Wir beruhigen sie, erklären, sie könne es dort halten, wie sie wolle, und sie müsse es nur sagen, wenn sie sich nicht erinnerte oder den Vorfall nicht mehr erzählen wollte. Aber hin müssten wir auf jeden Fall.

Auf der Fahrt im Auto starrt S stumm und in Gedanken

versunken aus dem Fenster. In der Praxis der Gerichtsgutachterin bleibt sie etwa eine Stunde. Als wir sie danach fragen, wie es gewesen sei, antwortet sie einsilbig. Doch nach einer Weile wirft sie uns vor, wir hätten sie angelogen, sie sei dort nicht nur zum Spielen gewesen. »Wieso, habt ihr etwa auch darüber geredet?« Sie schüttelt richtig aggressiv den Kopf. »Und warum sagst du dann so etwas?«, fragt sie ihr Vater, aber sie dreht sich einfach weg.

Es hat keine Zweck, weiter nachzubohren, S ist so aufgebracht, dass wir uns uneins sind, ob sie uns dafür bestrafen will, dass wir sie dorthin gebracht haben, oder ob sie uns wirklich etwas damit sagen will. »Und Manuela kennt die überhaupt nicht«, sagt sie weiter bockig. (Als ich sie über den Termin informiert habe, habe ich ihr zur Aufmunterung gesagt, dass Manuela und Frau Doktor B sich als Kolleginnen bestimmt kennen würden. Aber offensichtlich hat sich diese Äußerung, die ihr die Frau eigentlich etwas näherbringen sollte, als Schuss nach hinten erwiesen.)

Als wir zu Hause ankommen, hat sie Kopfweh, ihr Blick ist leer, sie wirkt träge und erschöpft. Kein Vergleich mit dem kleinen Mädchen, das heute Morgen mit einem Lächeln im Gesicht aufgestanden ist, zusammen mit ihren Freunden, die bei uns übernachtet haben und denen sie erzählt hat, dass sie heute mit einer Frau Doktor über eine schlimme Sache reden muss, die in ihrer alten Schule passiert ist.

Mittags isst sie nichts. In ihren Augen entdecke ich die gleiche Verwirrung und Distanz, die sie im letzten Jahr über Monate begleitet haben.

Aber leider ist genau das der Preis, den man zahlt, wenn man will, dass die Schuldigen bestraft werden. Ich unterdrücke meine Angst, die Sorge um sie, die mir die Kehle zuschnürt, und tröste mich damit, dass es für sie ja nur noch zwei Wochen dauert, bevor alles vorbei ist. Dann sind Weihnachtsferien, und wir fahren mit Freunden in Skiurlaub. Wir müssen stark sein, müssen ihr helfen, diesem Abgrund standzuhalten, der sich wieder in ihrem Kopf aufgetan hat. Diesem Rattenschwanz aus Ängsten und Wut. Wir müssen ihr jeden Tag versichern, dass sie jetzt bestimmt keinen Unterricht mehr verpasst oder ihre Mitschüler wieder aufgeben muss.

Das ist der Preis: zurückzumüssen in diesen Albtraum. Bis jetzt ist sie für die italienische Justiz die Einzige, die sich damit belastet hat.

Jedenfalls hat sie sich heute kategorisch geweigert, direkt zu den Ereignissen zurückzukehren. Und eigentlich war das Treffen ja auch nur als spielerische Sitzung zum »gegenseitigen Kennenlernen« geplant gewesen.

7. und 12. Dezember

Vier Tage später absolviert S zwischen etwa fünfzehn und achtzehn Uhr sogar zwei Sitzungen hintereinander. In der ersten wird sie Projektionstests unterworfen, das sind diese Bilder, mit denen man ein gewisses Verhalten herausfordert und so eventuelle Spuren von dem erlittenen Trauma entdecken will. Der Test wird von einer externen Gutachterin durchgeführt, einer Spezialistin, die, wie wir später erfahren, eine ehemalige Studentin von Frau Doktor B ist. In der zweiten Sitzung unterziehen beide Frauen S einer gemeinsamen »Befragung«.

Auch an diesem Nachmittag ist S vollkommen durcheinander, als sie die Praxis verlässt. Vielleicht sogar noch mehr als nach dem letzten Mal. Sie wirkt abwesend, in sich zurückgezogen und hat sehr heftige Kopfschmerzen. (Zwei Sitzungen direkt hintereinander sind belastend und riskant für ein Mädchen ihres Alters, man hat uns nicht darüber informiert, die beiden Frauen haben das »spontan« entschieden und uns nur gefragt, ob wir noch bleiben könnten.)

Wir sind einverstanden, stellen keine Fragen und vertrauen auf die demonstrierte Fachkompetenz. Selbst dann noch, als uns die Gutachterin vierzig Minuten vor ihrem Schreibtisch warten lässt, bevor sie uns einen neuen Termin nennt (während S vollkommen erschöpft auf meinem Schoß sitzt), obwohl sie weiß, dass wir für den Heimweg noch eine gute Stunde brauchen.

Dann, fünf Tage später, L und ich sind gerade auf Ms Klassenfest eingetroffen, wo sich Eltern, Lehrerinnen und Kinder der ersten Jahrgangsstufe bei Kaffee und selbstgebackenem Kuchen kennenlernen sollen, klingelt plötzlich Ls Handy. Es ist kurz nach zwei.

Es ist Frau Doktor B, die verlangt, wir sollten S sofort zu ihr in die Praxis bringen. Sie hat gerade bemerkt, dass die Aufnahme von der ersten Sitzung fehlgeschlagen ist, der Rekorder hat kein Wort aufgezeichnet, und da ihr morgen ein Treffen mit den Kollegen bevorsteht, in dem sie die abschließenden Rückschlüsse aus der Untersuchung besprechen wollen, möchte sie an diesem Nachmittag die Sitzung wiederholen.

L sagt ihr, dass S nach der Schule zu einer Freundin aus ihrer alten Klasse geht und ihr das sehr wichtig ist. Aber Frau Doktor B besteht darauf. »Es gibt keine andere Möglichkeit. Sonst geht es erst nach dem 15. Januar weiter.«

Kein Wort der Entschuldigung, sie hat überhaupt kein Problem damit, dass wir abgemachte Treffen verschieben müssten, nur weil ihr ein schweres Versehen unterlaufen ist, und damit alle Folgen auf S abzuschieben. Sie überlegt nicht einmal, unsere Gutachter zu informieren und sie nach ihrer Meinung zu befragen (was eigentlich der korrekte Weg wäre), sondern ruft direkt uns an, weil sie weiß, dass wir zu allem bereit sind, nur damit unsere Tochter nicht noch bis Ende Januar mit dieser Sache behelligt wird. Bestimmt würden wir auch ihren Spielenachmittag mit der Freundin mal eben auf die Schnelle absagen und sie mit diesem Termin überfallen. Ohne ihr die Zeit zu lassen, diese Planänderung zu verarbeiten.

Die folgenden neunzig Minuten bis vier Uhr – dann kommt S aus der Schule – hängen wir abwechselnd am Telefon, wir sind völlig daneben, wie in Trance, wir reden mit unserem Gutachter, der dieses Ansinnen auch im Sinne des Kindeswohls entschieden ablehnt, mit dem Anwalt, der zunächst nicht zu erreichen ist, uns aber schließlich zurückruft, beide haben schon miteinander gesprochen, und er ist ebenfalls der Meinung, dass diese Forderung vollkommen inakzeptabel ist. Und hält nicht mit seinem Missfallen über den unglaublichen Fehler hinterm Berg, dass diese Frau die Aufnahme der ersten Sitzung »verloren« hat. Dennoch versteht er, wie schwer uns die Möglichkeit belastet, dass S vielleicht nicht einmal dieses Weihnachten mit der ganzen Angelegenheit abschließen kann.

Schließlich lassen wir uns auf keinen neuen Termin ein, und S geht wie vorgesehen zum Spielen zu ihrer Freundin. Aber wir waren fast ununterbrochen am Telefon, während unsere Anspannung und Sorge sich bis ins Unerträgliche steigerten. Das Begrüßungsfest der Klasse haben wir völlig verpasst. Die strahlenden Gesichter aller Anwesenden. Die Freude der Kinder. Die ersten Glückwünsche zu einem guten Beginn dieses Lebensabschnitts für M.

(Ich bin todunglücklich, denn ich habe nicht einmal den Kuchen probieren können, den der Kleine gestern mit meiner Hilfe gebacken hat.)

Am nächsten Tag stellt sich bei dem Treffen der »Expertenrunde« mit den Gutachtern aller Parteien heraus, dass S ihre Aussage zurückgenommen und Frau Doktor B gestanden haben soll, sie hätte alles nur erfunden. Doch von diesem »vertraulichen Gespräch« gibt es keine Belege, denn das war jene erste Sitzung, die durch einen Defekt am Rekorder nicht aufgezeichnet wurde. Und wir reden hier von der Praxis einer Gerichtsgutachterin, die mit einer professionellen Anlage ausgestattet ist.

Ein äußerst wichtiger Beweis für den weiteren Verlauf des Verfahrens hat sich einfach so in Luft aufgelöst, denn es gibt weder Audio- noch Videoaufzeichnungen davon. Doch sowohl Frau Doktor B als auch S beziehen sich in ihrem dritten Treffen auf dieses Gespräch, dessen Inhalte man jedoch nur durch die Zusammenfassung der Gutachterin erfährt. (Dabei ist in einem Prozess dieser Art vor allem das Gesamtbild entscheidend, was und wie jemand etwas gesagt hat, die Pausen, das Schweigen, das Verhalten des Zeugen und das des Gutachters, ob Fragen vielleicht bereits eine Schlussfolgerung enthalten haben oder nicht, welches Verhältnis das Kind zum Befragenden hat und so weiter.)

Und dann diese Forderung von gestern, die vollkommen jeglicher verfahrenstechnischer oder wissenschaftlicher Logik zuwiderläuft, die Sitzung solle noch einmal auf die Schnelle wiederholt werden. (Sollte die Aufnahme dann im Prozess als das Original ausgegeben werden? Was denkt diese Frau sich eigentlich dabei, meint sie, man könne S wie ein Paket behandeln, das man je nachdem mal hierhin, mal dorthin schieben kann?)

Die Nachricht, dass S ihre Aussage zurückgezogen hat, erwischt uns eiskalt. Zunächst einmal, weil das bedeutet, dass sie diesmal nicht standgehalten hat, und das wiederum zeigt, wenn das überhaupt noch notwendig gewesen wäre, wie unerträglich es für ein Kind sein muss, gegen seinen Willen in ein Verfahren verwickelt zu sein, das sich über Monate oder gar Jahre hinziehen könnte und Dinge zum Thema hat, über die es nie wieder reden will. Außerdem darf ich mir gar nicht ausmalen, was der »Zusammenbruch« von S für den Prozess bedeutet, nämlich, dass dadurch der Hausmeister wahrscheinlich ungestraft davonkommt, sonst bekomme ich eine unerträgliche Wut. (Im Prinzip läuft es bei so etwas darauf hinaus, dass derjenige Recht bekommt, der die Quälerei am besten wegstecken kann, so dass das Kind unweigerlich unterliegen muss.) Seit der Anzeige ist beinahe ein Jahr vergangen, und S soll nun das vierte oder fünfte Gespräch über etwas führen, das sie eigentlich nie gern erzählt hat, dessen bloße Erinnerung ihr geradezu körperliche Schmerzen bereitet, aber sie ist dazu gezwungen, sie kann sich dieser Pflicht nicht entziehen.

Seit einigen Tagen ist sie wieder unausstehlich geworden, ihre Wut kann sie zum Teil nur durch körperliche Gewalt ausleben. Gestern hat sie mich gerufen, während sie gebadet hat, sie hat mich gefragt, ob die Treffen jetzt vorbei wären, und als ich nein gesagt habe, hat sie gejammert, sie könne nicht mehr, diese ganzen Fragen würden ihren Kopf zum Platzen bringen, der täte ihr ständig weh, so viele Fragen, immer nur Fragen, schrie sie und wiederholte, dass ihr Kopf dann platzen würde, und als ich zu ihr kam, um sie durch Streicheln zu beruhigen, hat sie mit dem Badewasser so heftig gespritzt, dass ich total durchnässt wurde. (Natürlich hat sie das absichtlich getan.)

Sie beschuldigt uns, wir hätten sie belogen, es sei ja gar nicht wahr, dass alles vorbei sei. Jetzt ist sie größer, und es gibt keine Entschuldigung für uns. Und sie hat Recht. Im März, dann im

April, im Mai sollte immer alles vorbei sein, jedes Mal haben wir sie angelogen und sie um einen weiteren Gefallen gebeten, nur noch dieses eine Mal.

Sie ist so unglaublich wütend. Die Wut, die sie zunächst in sich aufgenommen und sich damit wie eine Batterie aufgeladen hat, die sie nur mühsam im Sommer abgebaut hatte, hat sich jetzt wieder bis zum Anschlag in ihr angesammelt. (Außerdem müssen wir nun einen Weg finden, wie sie aus dieser ausweglosen psychologischen Situation wieder herausfindet, dass sie alles geleugnet hat.) Wir beschließen, das Thema nicht wieder anzusprechen, abzuwarten, dass sie selbst davon anfängt und uns erzählt, dass sie ihre Aussage zurückgenommen hat. Wir werden ihr eben Zeit lassen. Aber inzwischen werden wir nicht völlig untätig bleiben, wir werden sie feinfühlig unterstützen, indem wir vielleicht mal erwähnen, dass wir diese Frau Doktor B nicht gerade mögen und Manuela vielleicht besser war und dass sie das Richtige getan hat, ganz egal, was sie gesagt hat – selbst eine Lüge.

Die Gutachter fordern jetzt eine Aussetzung dieses Gerichtsgutachtens, selbst wenn dies eine weitere Gefährdung von S' seelischem Gleichgewicht bedeuten könnte. (Im Übrigen ist eine Gutachterin, die die Aufnahme einer Sitzung »verliert« und dann verlangt, dass S sich noch einer unterzieht, um die eigentliche zu ersetzen, und sich nicht im Geringsten um die Folgen kümmert, mit Sicherheit vollkommen ungeeignet.)

Und Frau Doktor B – die bereits alles Material für das abschließende Gutachten einschließlich der Bewertung der Beziehung zwischen S und uns, die sie bei unseren Besuchen in ihrer Praxis beobachten konnte, gesammelt hat – erklärt sich einverstanden. Deshalb wird das Beweissicherungsverfahren auf unseren Antrag hin unterbrochen.

Die finale Entladung, der endgültige Ausbruch folgt jedoch erst einige Tage später, im Weihnachtsurlaub, als S fühlt, ja weiß, dass es in der Angelegenheit keine weiteren Treffen mehr, mit wem auch immer, geben wird. Sie weiß das, weil wir es so entschieden haben. Ein für alle Mal. Würde man S aus irgendeinem nicht unserem Willen unterliegenden Grund zu neuerlichen Aussagen zwingen, würden wir mit allen Mitteln dagegen angehen, und wenn selbst das nicht reichte, würden wir eben verschwinden. Wir würden sie da rausholen, uns alle entziehen, ja wenn nötig ein neues Leben im Ausland beginnen. Und da gibt es keinen Verhandlungsspielraum. Mit der letzten Sitzung bei Frau Doktor B ist aus unserer Sicht für S der Fall erledigt.

Ihr Ausbruch trifft uns Sonntagmorgen beim Erwachen. Ich liege mit ihr in ihrem Bett, kurz darauf kommt M hinzu, es ist noch nicht einmal sieben, wir wollen weiterschlafen, aber sie mag es nicht, dass ihr Bruder jetzt da ist, zunächst macht sie Witze, dann wird sie gemein, erst zu mir, dann zu ihm, sie ist so aufgedreht, dass sie ihn fast vom Hochbett gestoßen hätte.

Ich werde wütend und schreie sie an, sie soll das lassen, aber sie hört nicht auf, jetzt provoziert sie mich direkt (seit der Beweisaufnahme will sie immer, dass ich bei ihr liege, sonst kann sie nicht einschlafen), und bei diesem ganzen Hin und Her sind wir jetzt wach, und ich verliere langsam die Geduld. Im Halbdunkel des Zimmers kann ich nicht sehen, dass S den Arm heftig zurückzieht, und sie trifft mich mitten im Gesicht. Ich schlage mit gleicher Kraft zurück. S bricht in Tränen aus. Ich schimpfe sie aus, sie entschuldigt sich zerknirscht. Sie hört gar nicht mehr auf zu weinen, das ist kein normales Kinderweinen. Ich nehme sie in den Arm, und endlich merke ich, während ich ihren kleinen, von Schluchzern geschüttelten Körper halte, wie ihre Anspannung allmählich nachlässt.

Eine halbe Stunde später, wir machen Frühstück, erzählt mir S, dass sie beim ersten Treffen mit der Gutachterin gesagt hat, dass sie sich an nichts erinnert, und die Frau ihr daraufhin erklärt hat, wenn sie sich an nichts erinnert, hieße das nichts anderes, als dass sie sich das alles nur einbildet. Aber das wäre auch besser so, denn diese Dinge wären ja so schlimm, denn wenn diese tatsächlich passiert wären, würde sie sich dann bestimmt ihr ganzes Leben daran erinnern. »Woher wissen Sie denn«, begehrt sie auf, »woher wissen Sie denn, dass es nicht passiert ist? Waren Sie vielleicht in der Schule? Ich weiß, was passiert ist, nicht Sie. Sie wissen gar nichts«, wiederholt sie immer lauter in kindlichem Zorn. (Ein naiver Versuch, die Tatsachen wiederherzustellen und wieder zu einem Gleichgewicht zu finden, das einem jemand, der gar nicht dabei war, genommen hat: Man wird wütend und spricht mit ihm, als stünde er vor einem.)

Uns dagegen überläuft es eiskalt. L und ich sehen uns an. Was werden wir noch zu hören bekommen? Was noch schlucken müssen? Für den Moment beruhigen wir sie, sagen ihr, es sei richtig gewesen, so zu antworten, wir hätten ihr doch gesagt, sie könne sagen, was sie wolle, und gegen so eine, die, wie wir jetzt erfahren haben, sich sogar mit Manuela angelegt hat, indem sie sie verächtlich und von oben herab behandelt hat, muss man sich doch verteidigen. Sie hat das Richtige getan. Wir verstehen gut, warum sie so wütend ist. Und sie hat jedes Recht, es zu sein.

»Aber jetzt ist es vorbei, S. Es ist alles vorbei. Schluss. Denken wir nicht mehr daran. Jetzt ist Weihnachten.«

Dann stehe ich ein paar Minuten vollkommen durcheinander am Fenster der Ferienwohnung, und sobald S in ihr Zimmer gegangen ist, greife ich zum Telefon und rufe den Anwalt an. Ich teile ihm die neueste Entwicklung mit, erzähle ihm von dem Gespräch, das S erzählt hat, die Wahrheit über jene erste Sitzung, ich habe es mir notiert und benutze genau dieselben Worte wie meine Tochter. Ich sage, man muss den Staatsanwalt anrufen und es ihm mitteilen, diese grässliche Gutachterin anzeigen, in meinem Kopf rauscht das Blut, meine Aufregung verstärkt sich, hektisch verlange ich, dass wir unbedingt etwas tun müssen, ich glaube fast, ich werde wahnsinnig. Jetzt die Kontrolle behalten. Den Durchblick behalten. Bloß nicht durchdrehen. Irgendetwas wird man doch tun können. Aber was?

Nichts.

Es ist sinnlos, den Anwalt noch einmal anzurufen, vollkommen überflüssig. Man kann nichts tun. L schaut mich aus blutunterlaufenen Augen an, seine Haut ist plötzlich ganz fahl. Die (vergebliche) Wut eines Mädchens einer Person gegenüber, die sagt, wenn sie sich nicht erinnert, hätte sie alles erfunden. Es hat keinen Zweck, noch einmal ruhig darüber nachzudenken. Es gibt keine Möglichkeit, etwas zu unternehmen, ohne S da noch einmal hineinzuziehen. Und wir haben ihr versprochen, dass es vorbei ist. Für immer vorbei.

30. Januar
(im neuen Jahr)

Fast anderthalb Monate später, am 30. Januar, die Weihnachtsferien sind vorbei, und die Schule hat wieder begonnen, gibt Frau Doktor B ihr Gutachten ab. Es schließt mit der Behauptung, das Mädchen habe alles erfunden und dass seine spontane Richtigstellung nicht nur »logisch«, »folgerichtig« und vollkommen »kongruent« sei, sondern auch dem klinischen Bild entspreche. S habe »eine völlig verzerrte Sichtweise hinsichtlich der Folgen und sei der Meinung, dass seine Aussage dem von ihr Beschuldigten keine Nachteile bringen würden, was zu der vereinfachenden, naiven Darstellung eines Mädchens ihres Alters passe«. (Und dann verfolgt sie diesen Gedanken weiter und führt aus, dass, weil niemand S erklärt habe, wie schlimm es sei, so etwas zu erzählen, sie sich niemals der schwerwiegenden Folgen ihrer Ausführungen bewusst geworden sei, weshalb sie sie zehn Monate lang immer wieder erzählt hätte.)

Bei dem Versuch, zu erklären, warum ihr überhaupt in den Sinn gekommen sei, »diese Dinge« zu erzählen, so behauptet die Gutachterin weiter, habe S ihr anvertraut, ihre Lehrerin Franca hätte irgendwann einen Film im Unterricht gezeigt, »wo ein Mann seinen Pimmel angefasst hat«, und als Frau Doktor B sie lachend als »kleine Lügnerin« bezeichnet hätte, hätte unsere Tochter zugegeben, dass sie das auf Sky bei einer Freundin gesehen hätte.

Es sei wohl anzunehmen, dass S genervt durch das beharrliche Nachfragen ihrer Mutter angefangen hätte, ihr gelegentlich nach dem Mund zu reden, um das Ganze endlich hinter sich zu bringen. Und so habe sie schließlich eine Geschichte konstruiert, die sie dadurch bestätigt sah, dass ihre Mutter nun zufrieden damit war.

Als Beweis dafür zitiert sie, dass ich »S immer wieder mit Fragen bedrängt hätte, auch wenn sie sich gerade einen Zeichentrickfilm ansah«, dass ich »ihr jedes Mal versprochen hätte, sobald sie mir alles gesagt hätte, wäre das Thema erledigt«, und dass »keiner der Elternteile sie über die Konsequenzen einer falschen Anschuldigung aufgeklärt hätte, sodass S auch jetzt noch überzeugt sei, nach diesen Gesprächen sei die Angelegenheit abgeschlossen und niemand müsste mit strafrechtlichen Folgen rechnen«.

Als S gesehen habe, wohin das führte, hätte sie beinahe die Wahrheit erzählt, doch dann war bereits ein Treffen mit Manuela (der Gutachterin der Staatsanwaltschaft) vereinbart worden, sodass sie sich weiter verpflichtet fühlte, das Gesagte zu wiederholen.

Zum Abschluss macht die Gutachterin darauf aufmerksam, dass die Erzählung der Minderjährigen »grobe Unstimmigkeiten« aufweise, wie zum Beispiel beim Benennen des eventuellen Missbrauchstäters, wo sie zunächst einen Mann und dann einen anderen angegeben habe. Nicht einmal die Zeichnungen lassen eindeutige Anzeichen eines sexuellen Missbrauchs erkennen, also ist es in Anbetracht all dieser Überlegungen vollkommen logisch, dass das Kind seine Behauptung zurücknimmt.

Die Erziehungsberechtigten scheinen – abgesehen von der Tatsache, dass sie sich nicht um den Schulbesuch ihrer Tochter gekümmert haben (»und deshalb drei Monate später alles versuchen mussten, dass ihr Tochter doch noch versetzt wurde«) – eine gute Beziehung zu haben, vielleicht sind sie ein wenig zu besorgt und zum Teil in veralteten Erziehungsmethoden verhaftet, doch sie sind sich immer einig, wenn es darum geht, Entscheidungen zu treffen und ihre Kinder zu unterstützen, »wenngleich die Mutter aufgrund ihres allzu ängstlichen Wesens dazu nicht immer in der Lage ist«. Der Vater hingegen wirkt weniger »emotional instabil«. Hinsichtlich der Gefühlswelt von S – und hier sagt sie ganz deutlich, dass man dem noch nachgehen sollte – zeige S eindeutig Symptome, dass sie nicht das Bild einer »guten Mutter erfahren hat« und sie daher ein stark von Hassliebe geprägtes Verhältnis zu ihrer Mutter hat. Darauf wie auch auf die mangelnde Identifikation mit der

Mutterfigur kommt sie mit wenigen, über das gesamte Gutachten gezielt eingestreuten Bemerkungen zur Analyse ihrer Tests zurück. (Ab und zu weist sie darauf hin, wie viel Raum ich im Gespräch meiner Arbeit einräume, und gerade anfangs werde ich zwischen den Zeilen als eine Frau beschrieben, die stolz auf die beruflichen Erfolge ihres Mannes ist, denen ich wahrscheinlich ihrer Meinung nach zu viel Bedeutung zumesse.)

Frau Doktor B kommt zu dem Schluss, dass S sich aufgrund ihrer von ihrer Mutter unabsichtlich induzierten Überzeugung, alles würde mit diesen letzten Gesprächen zu Ende sein und für niemanden Konsequenzen haben, weiterhin verweigern würde, sich der Situation zu stellen. Dazu geselle sich ihre »extreme Aggressivität« als Folge des Gefühls, »jeden Tag kontinuierlich mit Fragen gequält zu werden«, und der Angst, »eine Woche oder länger« bestraft zu werden, wenn sie zugeben würde, dass sie alles erfunden hat.

Nach dem Gutachten

Vielleicht stimmt das ja. Vielleicht bin ich tatsächlich jemand, der eine Bühne und ein Publikum braucht, das ihm zuhört. Vielleicht »erdrücke« ich meine Tochter ja und bin gar nicht fähig, ihr eine »gute Mutter« zu sein, bin selbstverliebt, zu stolz auf die beruflichen Erfolge meines Mannes. Vielleicht ist L ja gegen seinen Willen und in gutem Glauben von mir in dieses Spiel hineingezogen worden, das dann letztendlich so aufgebauscht wurde. Vielleicht ist ja in der Schule überhaupt nichts passiert, vielleicht wurde ein unschuldiger Hausmeister fälschlich angeklagt, und S hat alles erfunden, angefangen von den Bonbons bis zu den Todesdrohungen. Und vielleicht sind die

Wut und die schrecklichen Ängste der letzten Monate ausschließlich Folgen unserer eigenen Ängste. Vielleicht ist es so. Und das meine ich nicht rhetorisch. Ich meine es vollkommen ernst. Ich bin bereit, die Sachlage unter diesem Gesichtspunkt zu betrachten. Ich bin bereit, die gesamten Folgen auf mich zu nehmen.

Doch dafür brauche ich Fakten, die diese Sichtweise bestätigen. Und echte Aussagen, aufgrund derer man zu dieser Interpretation gekommen ist und zu keiner anderen, die in einer logischen Gedankenkette zu diesem Schluss führen.

Aber ich könnte es nicht akzeptieren, wenn für diese Rekonstruktion der Fakten Tatsachen verdreht werden. Und das Gutachten von Frau Doktor B musste, um ihre Sichtweise auf zwanzig Seiten zu entwickeln, auszuarbeiten und zu belegen, sogar zwölfmal Tatsachen, also das, was L oder ich vor sechs Zeugen in den Gesprächen gesagt haben, verbiegen, verfälschen oder sogar vollkommen neu erfinden. (Mal ganz zu schweigen davon, dass die Aufzeichnung von dem ersten Treffen mit S »verloren gegangen ist«, in dem meine Tochter ihre Aussage zurückgezogen haben soll.) Sonst hätte ihre Beweisführung nicht standgehalten.

Doch abgesehen von unserer Wut, der Fassungslosigkeit, der tiefen Enttäuschung, als wir eine Kopie des Gutachtens erhalten, haben wir jetzt nicht mehr nur das Problem zu beweisen, wie die Gutachterin des Gerichts ständig die Tatsachen verfälscht, indem sie Aussagen vollkommen verändert und Dinge hinzugefügt hat, die gar nicht gesagt wurden. Nein, das Problem ist, dass nach einem solchen Gutachten der Apparat, den der Staat für die Verfolgung von Straftaten einsetzen kann, keine Handhabe mehr hat, um die übrige Gesellschaft vor dem Täter zu schützen. Wenn ein so offensichtlich falsches Gutachten zu diesem Zeitpunkt erscheint, wird der Pädophile, der jeden Tag in einer Schule arbeitet, auch weiter dort bleiben. Und jeder, dem nun der Schutz entzogen wird, muss sich dem stellen. Im Klartext: Die Kinder müssen darunter leiden.

Was S angeht, sieht die Bilanz genauso schlimm aus. In ihren Tests hat Frau Doktor B siebenmal gegen die allgemein anerkannten Vorsichtsmaßnahmen und Verhaltensregeln für Gespräche betreffs Missbrauchsdelikten zum Nachteil von Minderjährigen verstoßen, hat ihre Ängste, ihre Verweigerungshaltung verstärkt und damit direkt das seelische Gleichgewicht von S beeinflusst. Und sie damit definitiv als Zeugin »beeinträchtigt«.

(Schon vom ersten Gespräch an befragt sie Frau Doktor B über das Geschehene, was eigentlich peinlichst vermieden werden sollte. Sie erklärt ihr gleich, »sie wüsste schon alles«, und sagt S unmissverständlich, »wenn sie sich nicht erinnerte, bedeutete das, sie hätte alles erfunden«. Sie hat sie gefragt, ob ihre Mutter sie nicht vielleicht dazu gebracht hat, diese Version zu erzählen. Sie hat ihr sogar die Erklärung in den Mund gelegt, das sei geschehen, weil sie »die ständigen Fragen zur Verzweiflung gebracht hätten«. Dann hat sie sich in die Tests der Fachkollegin eingemischt, die auf jeden Fall separat hätten durchgeführt werden müssen, und hat mit S ein darauf beruhendes Gespräch geführt, in dessen Verlauf sie sie sogar als »kleine Lügnerin« bezeichnet hat.)

Die Frage stellt sich nach dem Warum. Doch sobald man den ersten Moment der Verachtung und Enttäuschung über dieses Verhalten überwunden hat, konzentriert man sich schnell auf die Hauptfigur in diesem Fall: Schließlich geht es doch um S. Es fällt nicht schwer, sich vorzustellen, wie sich ein kleines Mädchen fühlen muss, das in der Schule unbemerkt Opfer anhaltenden sexuellen Missbrauchs und von Drohungen geworden ist, und zwar durch einen Erwachsenen, dessen Aufgabe es gewesen wäre, es »zu beschützen«. Ein Mädchen, das nur mit Mühe den Mut gefunden hat, die Sache den Eltern zu erzählen und dann der Polizei. Was kann das alles in ihrem Kopf auslösen, jetzt, nach einem Jahr, wo sie inzwischen ein neues Leben in einer anderen Klasse begonnen hat, mit anderen Mitschülern, und nicht mehr daran denken will, was löst das bei ihr aus, wenn jemand wie diese Frau so mit ihr umspringt? Und sich überdies nicht einmal die Mühe macht, auch nur die geringste Anamnese in Bezug auf die wichtigsten Stationen ihrer Kindheit vorzunehmen oder auch nur einmal sagen zu können, wie alt S ist.

Aus all diesen Gründen liefert dieses Gutachten weder Erkenntnisse über »den psychischen Zustand und den Entwicklungsstand« von S in Bezug auf ihre »gefühlsmäßige Verfassung und ihre Verteidigungshaltung«, noch kann es etwas Verlässliches über »mögliche traumatische Aspekte« aussagen.

Deshalb ist das Ganze ein Schlag ins Wasser. Verschwendete Zeit. Alles wieder zurück auf Anfang. Ein neues Gutachten muss her. Doch genau das ist das Problem. Natürlich muss man so etwas anzeigen, da bleibt einem keine Wahl, aber dann weiß man eben nicht, wem das Kind in die Hände fällt. Leider möglicherweise auch jemandem, der es in dieser Situation sogar als »kleine Lügnerin« apostrophiert.

»Deshalb hat S genau das Richtige getan«, erklärt Doktor C bei unserem Treffen. »Sie hat sich ausgezeichnet herausgeredet«, indem sie das erzählt hat, was diese angebliche Gutachterin von ihr hören wollte. Für sie war das ein äußerst angepasstes Verhalten: Wenn die Wirklichkeit mich überrollt, ihre Anforderungen unerträglich sind und ich merke, dass ich mich mit einer einzigen Lüge da herausreden kann, dann lüge ich doch. Und genau das hat sie getan. Und sich damit gerettet. Und er beruhigt uns, dass diese Lüge uns aus psychologischer Sicht nicht weiter

Sorgen bereiten muss und wir auch nicht versuchen sollten, gemeinsam mit ihr die Wahrheit zu eruieren. Sie wird sich allein daraus befreien.

Und diese Theorie stimmt wirklich (was sich auch im Nachhinein bestätigt), denn S hat, nachdem die Treffen mit Frau Doktor B definitiv beendet sind und ein paar Tage bevor sie sich entschließt, uns zu sagen, was wirklich passiert ist, einen Traum, der äußerst eindrucksvoll die Quintessenz dessen beschreibt, was sie wirklich erlebt hat.

S träumt, dass ein »Kinderdieb« sie stehlen will und er ins Gefängnis gesperrt wird. Aber der Polizeibeamte, der ihn bewacht und sie beschützen sollte, schafft es nicht, dass die Zelle geschlossen bleibt, der Kinderdieb kann schließlich von dort fliehen, und sie muss sich gegen ihn mit Schlägen verteidigen.

(Ich halte dies für ein beeindruckendes Bild für die Justiz, mit der wir zu tun hatten. Wer einen eigentlich beschützen sollte, kann das nicht, der Täter ist schnell wieder draußen, und man muss sich selbst gegen ihn verteidigen.)

Kommen wir jedoch noch einmal auf diese widerliche Bezeichnung zurück, dieses »kleine Lügnerin«, die mich so in Rage gebracht hat, dass mir, als ich davon gehört habe, das Blut in den Schläfen pochte und ich rotsah, weil ich genau gespürt hatte, wie anstrengend, belastend und beschämend es für S gewesen sein musste, all das zu erzählen, was ihr dieses »Stück Scheiße« angetan hatte, und deshalb verdient die Bedeutung von Frau Doktor Bs Verhalten noch eine weitere Überlegung.

Wer ein Kind hat, das von älteren Mitschülern eingeschüchtert und bedroht worden ist, hat selbst erfahren, welche Probleme es hat, »davon zu erzählen«. Und er weiß auch genau, wie verlockend es sein kann, wenn ein Erwachsener es nicht nur bestärkt, wenn es alles für sich behalten will, sondern ihm auch noch kraft seiner Autorität dazu rät.

Mit ihrem Verhalten hat Frau Doktor B S zu verstehen gegeben, dass man in der Welt der Erwachsenen ein Problem ganz einfach lösen und von sich wegschieben kann, indem man es leugnet. (Was im Prinzip heißt, wenn etwas mich schmerzt, kann ich meine Angst loswerden, indem ich mich selbst davon überzeuge, dass das Ganze nie stattgefunden hat, weil es ganz gewiss nicht so schlimm ist, wenn ich eben ein bisschen eine »kleine Lügnerin« bin, als dass mein »Freund, der Hausmeister« mir dies wirklich angetan hat.) Das bedeutet also, sie suggeriert ihr genau die Möglichkeit, die S unter großen Anstrengungen in all den Monaten von sich gewiesen hat. Das erklärt ihr ebenjene Erwachsene, die ihre Anzeige »aufnehmen« soll im doppelten Sinne des Wortes (dies ist wirklich die größte Perversion), also genau die Person, von der unser kleines Mädchen glaubt, dass sie den Täter bestrafen wird. Aus psychologischer wie prozesstechnischer Sicht ein absolutes Versagen.

Sieht man einmal von den üblichen Fehlern ab, die jedem Menschen passieren können, hat hier tatsächlich eine Verfälschung und Umgestaltung der Tatsachen stattgefunden. Es liegt vollkommen außerhalb unserer (inzwischen schon ziemlich geschulten) Vorstellungskraft, aus welchen Gründen dies geschehen sein könnte.

Doch eins steht fest, nach diesem Gutachten ist S tatsächlich »beeinträchtigt«. Innerhalb von nur zwei Wochen hat diese Person mit dieser Art der Gesprächsführung für S eine psychologisch höchst bedenkliche Darstellung der Tatsachen erreicht und damit das Verfahren entscheidend behindert.

In einem so entscheidenden wie heiklen Moment – S' Aussagen sollten als Beweismittel anerkannt werden und so zum Beginn eines Prozesses führen, ganz abgesehen davon, dass dies die letzte Belastung war, die S hatte ertragen können – ist es Frau Doktor B gelungen, S als Zeugin unwiderruflich zu beschädigen. Denn wenn dem Richter ein so »spontaner Widerruf« vorgelegt wird und er ihn ganz logisch mit den möglichen Reaktionen des Opfers vereinbaren kann, glaubt er daran, und genauso wird S, deren seelisches Gleichgewicht aufgrund dieser Beschädigung nachhaltig erschüttert wurde, in Zukunft jede Aussage verweigern.

Jedenfalls werden wir so etwas nie wieder zulassen.

Bis zum 22. Februar

Das ist der letzte Tiefschlag, den wir einstecken müssen. Aber vielleicht auch derjenige, der uns am heftigsten und vernichtendsten trifft. Es ist, als ob die Realität, die Erfahrung, durch die man das Leben wahrnimmt, so verzerrt wird, dass man nicht mehr erkennen kann, was wirklich um einen herum passiert. Die lebenswichtigen Nervenknoten sind überlastet und haben ihre Funktion eingestellt, der Verstand hat den Kontakt zu ihnen verloren, denn die Verbindung ist unterbrochen.

Bis auf unsere Anwälte und Berater stehen wir jetzt allein da. Die Beamten der Sondereinheit haben wir nicht mehr wiedergesehen. Wie auch Manuela, die mit dieser Phase des Prozesses nichts mehr zu tun hat. Die Wahrheit wurde rund um ein unglaubliches Konstrukt neu erschaffen, diese Geschichte steht nun und erweist sich als sehr widerstandsfähig. Unser Leben, unsere Liebe, lauter intime Details, alles wurde ausgebreitet und für eine neue Darstellung der Fakten zurechtgebogen, die vorgibt, uns besser zu kennen als wir uns selbst, so dass auch unsere Schattenseiten gezeigt werden. Uns sind die Hände gebunden, uns bleiben keine Möglichkeiten mehr. Das Problem ist, wie kommen wir da heraus? Nun könnte derselbe Ermittlungsrichter, der Frau Doktor B bestellt hat, aufgrund unserer Einwände einen neuen Gutachter ernennen, doch er wüsste natürlich nicht, dass S am Ende ihrer Kräfte ist. Genauso wie wir.

(»Stellt euch nur vor, wenn diese Sache an die Presse gelangt wäre«, sagt unser Anwalt erstickt, und die Bestürzung darüber ist ihm deutlich anzusehen.)

Der Weg, der sich vor uns auftut, ist dunkel, unbekannt und beunruhigend. Verliert sich in der Realität, in die diese Leute uns einordnen wollen. Auch unsere Freunde, selbst diejenigen, die sich anfänglich geschockt gezeigt haben, haben sich inzwischen in ihre eigenen, ganz normal verlaufenden Leben zurückgezogen. Wenn ich sie anrufe, wirkt der eine oder andere verlegen. Vor allem jetzt, da das Gutachten bekannt ist. Sobald ich dann das Gespräch beende, zweifele ich selbst, meine Sorgen sind eher gewachsen, und ich sehne mich nach Nähe, ja mein Bedürfnis danach steigert sich sogar noch, je merkwürdiger, widersprüchlicher und unvorhersehbarer sich die Menschen verhalten, mit denen ich seit mindestens drei Jahren Teile meines Lebens verbringe, deren Kinder zu uns zu Besuch kommen, so wie unsere zu ihnen, und von denen ich etwas anderes erwartet hätte. Was meinte denn Gloria mit »Na also …«, als ich ihr sagte, dass S alles widerrufen hat, und wenn sie dann hinzufügt »Das freut mich«? Warum bemerke ich, wenn meine Stimme brüchig wird, bei meinem Gegenüber eine Art Ungeduld, das Bedürfnis, schnell das Thema zu wechseln, um mich abzulenken, und warum bin ich hinterher wütend, weil ich so offen gewesen bin? Warum höre ich ständig Dinge, die eher die

Position der Gegenseite unterstützen, warum kann man meine Angst nicht ertragen und behandelt mich wie jemanden, der völlig ausgebrannt ist, während ich nach Ehrlichkeit lechze, die ich in diesem Moment fast mehr brauche als die Luft zum Atmen?

Um mich nicht so allein mit meiner Meinung zu fühlen, gerate ich zuweilen selbst ins Grübeln. Ich stelle alles auf den Prüfstand, auch mich und S (und Letzteres macht mir seit Beginn der ganzen Geschichte am meisten zu schaffen). Ich schaue S an und denke einen Augenblick lang, dass sie eine Lügnerin ist, verrate sie – wenn auch nur kurz –, während sie im Garten auf mich einplappert und mich mit einer wiedergefundenen Heiterkeit anlächelt, die ich ihr in dem Moment sogar innerlich vorwerfe. Und dass dieser Zweifel unerwartet lange anhält, zerreißt mir das Herz. S hat doch bloß noch mich. Und ihren Vater. Es ist einfach eine Tatsache, dass wir nur noch uns haben. (Und sie lebt irgendwo in einer Parallelwelt, in der sie davon überzeugt ist, dass der Hausmeister bestraft wurde, dass ihre ehemalige Lehrerin ab und zu anruft, um sich nach ihr zu erkundigen, und dass ihre ehemaligen Mitschülerinnen sie weiterhin einladen.) Sie schaut mich an und vertraut mir. Eine *»kleine Lügnerin«*. Meine Gedanken kreisen nur um eins, ich grüble über meinen grausamen Verdacht nach, der einfach nicht aus meinem Kopf weichen will und sich dort beharrlich hält. Ich muss mich selbst kräftig am Riemen reißen, um ihn zu verscheuchen. Immer wieder taucht er auf und nimmt mir die klare Sicht. Ich bin verwirrt. Ich sehe sie an, und sie ist nicht mehr meine Tochter.

Doch dann löst sich der Nebel auf, die schneidende Klinge durchbohrt mein Herz nicht mehr, und der Zweifel verschwindet. Ich bin wieder ihre Mutter und fühle mich so ausgelaugt wie noch nie in meinem Leben.

Wir sind jetzt allein. In diesem Ort, an dem wir uns eine Art große Familie zu schaffen dachten, mit all den Menschen, die in unserer Nachbarschaft leben und ähnliche Ansichten, Meinungen und Hoffnungen wie wir haben. Wenn ich mich umsehe, muss ich feststellen, dass nichts von dem mehr da ist, was ich einst für selbstverständlich hielt. Ich hatte ja zunächst befürchtet, dass unser kleiner Freundeskreis uns, sobald wir sie informieren, all unsere Lügen und unser Stillschweigen nicht vergeben könnte. Doch nein, die fünf oder sechs, denen wir es doch erzählt haben, sogar (auf eigenes Risiko) noch bevor die Ermittlungsbescheide verschickt wurden, hatten überhaupt kein Problem damit. Das hat sie nicht gestört. Ich sehe ihre Gesichter noch einmal vor mir, zuerst die eine Freundin, dann die andere. (Sie hatte die ganze Zeit beharrlich nachgefragt, sie war besorgt gewesen, hatte eine Vorahnung, die sie nicht mehr losließ, seit sie von dem Schulwechsel erfahren hatte. Sie sagt mir auf den Kopf zu, dass sie nicht an die »offizielle« Version glaubt, sie mag uns sehr und hat uns beobachtet, und obwohl wir sehr glaubhaft gewirkt haben, hatte sie den Mut, sich einzugestehen, dass da irgendetwas nicht stimmt. Sie fragt mich direkt: »Was ist S passiert? Ich muss das wissen.« Ihr Sohn geht in dieselbe Klasse).

Dann sehe ich die Gesichter von Elenas Eltern vor mir. Das ist die beste Freundin von S, die, bei der sie an dem Abend übernachtet hatte, nachdem sie uns alles erzählt hatte. Als ich fertig bin, bricht die Mutter in Tränen aus und nimmt mich in den Arm. Sie fragt mich, wie sie mir helfen kann. »Wenn S weiter Gelegenheit hat, ihre alten Freunde zu sehen, dann ist das das Beste für sie, um die Belastung zu erleichtern und zu verarbeiten«, habe ich zu ihr gesagt. »Sonst ist für uns gesorgt, seit vier Monaten werden wir von kompetenten Menschen unterstützt und begleitet.«

Im August informieren wir auch das letzte Ehepaar von den Freunden, die im Ort leben. (Sie waren davor noch im Urlaub in den Bergen.) Die beiden haben drei wunderschöne Kinder, der Älteste geht in die Klasse von S. Seit einigen Jahren musizieren sie alle zusammen. Gloria, die Mutter, hat unser »Rückzug« tief gekränkt, bei jeder Gelegenheit wirft sie mir das vor. Jetzt müssen wir ihnen dringend von dem Vorfall erzählen, auch damit sie noch rechtzeitig überlegen können, ob sie ihre Kinder ebenfalls aus der Schule nehmen.

Doch kein Kind hat die Schule gewechselt. Und jetzt, wo das Jahr zu Ende geht und die letzten beiden Monate wie im Flug vergangen sind, kann ich nicht mehr so tun, als wäre alles in Ordnung. Tatsache ist, dass S nicht mehr eingeladen wird. Natürlich sind da die neuen Freunde, Geburtstagsfeiern in der Stadt, denen ich möglichst den Vorzug gegeben habe. Aber wenn ich bei Elena, der besten Freundin von S, nicht selbst anrufe, passiert nichts, die Mutter meldet sich nicht, sie fragt nie einmal von sich aus nach, wie es uns geht und ob die beiden Mädchen sich vielleicht einmal treffen könnten. Zweimal konnte ich eine Verabredung erzwingen, sonst höre ich überwiegend Ausreden, das Kind sei krank oder hätte schon etwas anderes vor. Ich bin gekränkt, versuche aber, das zu verbergen, ich bleibe beharrlich, um S vor dem Offensichtlichen zu schützen. Nach allem, was sie durchmachen musste, ist der Rückzug der Freundin das Schlimmste, was man sich vorstellen kann. In Anbetracht der Häufigkeit, mit der sie sich früher getroffen haben, finde ich die jetzige Funkstille umso schlimmer. Ich kann mir dieses Verhalten nicht erklären. Und doch ist es so. (Im Jahr nach dem Schulwechsel trage ich mir in meinen Kalender noch jedes Treffen der beiden Mädchen ein, und am Ende sind sie kaum erwähnenswert.)

Dann erfahre ich, dass im letzten Monat bei einem Abendessen einiger unserer Freunde jemand daran gezweifelt hat, dass wir im guten Glauben gehandelt haben. Und es tauchen mehr und mehr Gründe auf, mit denen sich diese unerklärliche Abkühlung unseres Verhältnisses erklären lässt.

Auch mit Gloria muss sich etwas verändert haben. Sie war das mit dem »Na also ...«, diesem so zweideutigen Satz, und ich habe jetzt mindestens dreimal versucht, das Thema anzuschneiden, doch darüber geht sie immer hinweg.

Wenn wir miteinander telefonieren, ist sie allerdings herzlich, erkundigt sich nach S und der neuen Schule und lädt sie ein. Damals konnte ich ihr Verhalten noch nicht richtig einordnen, aber eigentlich behandelt sie mich mit dieser übertriebenen Vorsicht, die man normalerweise Kranken und Verrückten vorbehält. Menschen, denen gegenüber man nicht offen sprechen kann, denen man nicht sagen kann, dass man starke Zweifel an den Problemen hegt, die ihnen Sorge bereiten, denen man aber trotzdem beisteht, während man das eigene Misstrauen und die eigene Bestürzung über ihren Zustand verbirgt. Ein unsicheres Terrain, das ich allein erkunden muss, man spürt, dass etwas nicht stimmt, schreibt dies aber der eigenen Überbelastung zu, denn obwohl man nachfragt, erklärt einem niemand etwas. Während ich sie ständig auf den neuesten Stand bringe.

Man hätte es uns doch klipp und klar sagen können: »Ich glaube nicht, was S erzählt hat. Ich ›will‹ und ich ›kann‹ es nicht glauben. Ich ziehe mich lieber in das unangreifbare Reich des Unbestimmten zurück, damit ich nicht einen Deut an meinem Leben ändern muss. Wie könnte ich es sonst noch vertreten, meine Kinder in diese Schule zu schicken? Wie soll ich diese Angst ertragen? Ich kann nicht offen mit dir reden, ich kann dir nicht sagen, dass ich aus diesen Gründen bereit bin, eher anzunehmen, du wärst so gestört, dass du ein ganzes Jahr lang einen derartigen ›Irrsinn‹ unterstützt hast. Und wenn du schon so gestört bist, dann muss L das auch sein. Daher – bei allem Verlaub – haben wir uns eben bis gestern in euch geirrt, in dem Vertrauen und der Freundschaft, die wir euch entgegengebracht haben, so dass wir euch als normale, ausgeglichene Menschen angesehen haben.«

Der Niederlage vor Gericht folgt eine menschliche. Meine Verbitterung bezieht sich dabei nicht auf ihr Recht, Zweifel zu haben, die haben wir selbst durch unsere Sorgen auch in sämtlichen Varianten und so viele Male durchlebt. Sondern darauf, dass sie sie nicht offen geäußert haben. Es ist der Mangel an Ehrlichkeit, der schmerzt, die Angst vor der Konfrontation, die Lügen, dass man einfach angesichts eines so deutlichen und keinesfalls selbstverständlichen Freundschaftsbeweises nicht offen Stellung bezieht.

Ich verstehe ja, dass bei vielen Menschen unerklärliche Motive eine Rolle spielen können, dazu zählen die Zwänge des Alltagslebens genauso wie eingefahrene Gewohnheiten, die Schwierigkeit, eine »andere Möglichkeit« zuzulassen, die einen dazu zwingt, die Richtung zu wechseln, die Augen zu öffnen, sich zu hinterfragen und eine Entscheidung zu fällen, auf wessen Seite man steht. Die Angst und die Schwierigkeiten, wenn auf einmal alles auf den Kopf gestellt wird (vor allen Dingen, wenn die nächste Schule mindestens fünfzehn Kilometer entfernt ist). Und so fällt letzten Endes unsere Glaubwürdigkeit angesichts dieser übermächtigen Gründe nur wenig ins Gewicht. Und vor allem ist es so einfach, diese zu opfern.

Ich sehe das alles, aber das kann mich keineswegs milder stimmen. Oder das Gefühl lindern, in einer Dimension gelandet zu sein, die vom restlichen Leben abgekoppelt ist, in einem ungerechten und unvorstellbaren Paralleluniversum, das wesentlich greifbarer ist als unsere normale Welt.

Und selbst wenn diese Verleugnung verschiedene Nuancen hat – da waren Leute, die die Anschuldigungen ganz klar für falsch hielten und sagten, wir hätten »in böser Absicht« gehandelt, andere, die zwar der Meinung waren, dass S sich alles ausgedacht hat, aber dennoch meinten, sie könnten unsere Sorge verstehen, und dann noch die, die uns zwar glaubten, aber trotzdem Verständnis für die Leute aufbrachten, die »Zweifel an der Sache« hätten und meinten, da sowohl L als auch ich im musikalisch-künstlerischen Bereich arbeiten, hätten wir wohl beide einen »besonderen Hang« zum Fantasieren. Doch niemand von ihnen hat sich klargemacht, dass sie dadurch vor allem S mundtot machen, dass sie ihre Aussage leugnen, ihre Anklage vom Tisch fegen, ihren Schmerz kleinreden und so für immer ihr Recht als Kind (wie das Recht aller Kinder) verwerfen, sexuellen Missbrauch anzuzeigen.

Tatsächlich müssen wir ab dem neuen Schuljahr feststellen, dass bis auf einige wenige Freundinnen, die uns immer beigestanden haben und trotz allem versucht haben, S zu helfen, indem sie sie eingeladen und ins normale Leben miteinbezogen haben, ja sogar eigens Treffen organisiert haben, damit sie sich immer noch als »Teil« eines Ganzen fühlen kann, die meisten der Leute, die bis dahin um uns waren, nun unwiederbringlich aus unserem Leben »verschwunden« sind. Die Schulfreundinnen von S sind genauso »verschwunden« wie deren Eltern, wie die Klassenlehrerin und auch die anderen Lehrerinnen, mit denen ich mich ab und zu unterhalten habe. Eine ganze Welt ist einfach weggebrochen. Eine ganze Welt aus gemeinsamen Abendessen, Ausflügen, Klatsch und Tratsch, Treffen von Erwachsenen und Kindern ist buchstäblich in sich zusammengefallen. Angesichts einer solchen Anzeige wirst du einfach nicht *wiedererkannt*. Man will »nichts wissen«, auch wenn man es »weiß«.

Es ist kein Zufall, dass mich seit Monaten niemand mehr von denen einlädt, mich anruft oder mich grüßen lässt. Und es melden sich nicht einmal die Leute, die nicht wissen, wie sie sich verhalten sollen, und mich vielleicht nur nicht in Verlegenheit bringen möchten, die aber dennoch mal ab und zu etwas von sich hören lassen könnten.

Allein schon dadurch, dass wir das Schreckgespenst eines derartigen Vorfalls heraufbeschworen haben und die Leute dadurch gezwungen haben, sich mit dem eigenen Gewissen auseinanderzusetzen und sich Fragen zu stellen, auf die niemand eine Antwort geben wollte, sich zu überlegen, was man sowohl uns gegenüber als auch den vielen anderen Eltern, die von alldem nichts mitbekommen haben, getan oder versäumt hat, sind wir für etliche unerträglich geworden.

Und jetzt zum Jahresende, das uns schon wegen des unerfreulichen Ausgangs der Treffen mit Frau Doktor B so belastet, müssen wir uns auch noch der Frage stellen, wen wir in diesem Moment noch als »Freund« bezeichnen können. Und warum wir so lange verblendet waren.

22. Februar

Am 22. Februar wird unser Gegengutachten vorgelegt.

»Beim derzeitigen Stand der Dinge«, schreiben unsere Berater, »muss man ein weiteres Einbeziehen des Mädchens in das Verfahren für absolut schädlich für das Kindeswohl halten, dadurch würden einzig seine Verstörung und die Belastung durch Ängste weiter gesteigert, die es bereits dazu gebracht haben, die eigene Verteidigungshaltung weiter zu verfestigen. Nach unserem Dafürhalten«, schließt das Gutachten, »sollte man das

Mädchen zurzeit auf keinen Fall zu einer Aussage zwingen, nicht einmal in einer von Psychologen begleiteten Anhörung.«

Zu diesem Schluss sind sie gekommen, nachdem sie das ganze Material durchgesehen haben, die Arbeit der vom Gericht bestellten Kollegin wurde in jedem Absatz beanstandet und widerlegt, jeder von den zehn untersuchten Punkten, die zum Großteil vom Ermittlungsrichter anscheinend so anerkannt wurden. Dieser hätte sonst für den Fortlauf des Verfahrens einen neuen Gutachter bestellt oder verlangt, dass das Beweissicherungsverfahren fortgeführt wird.

Nachdem sich das Verfahren mehrfach verzögert hat und dabei zahlreiche (unverzeihliche) Fehler gemacht wurden, die dem Justizsystem leider viel zu oft unterlaufen, ist es nun, genau ein Jahr nach den ersten Schritten, wegen des derzeitigen Risikos, der psychischen Gesundheit des minderjährigen Opfers »irreparable Schäden« zuzufügen, unmöglich geworden, den Pädophilen, der sie missbraucht hat, »gerichtlich zu belangen«.

Ohne die »Zeugenaussage« von S kann der Prozess nicht eröffnet werden, doch am Ende dieser langen, schmerzvollen Zeit (alles hat für uns genau am 18. Februar letzten Jahres begonnen) bleibt ihr jetzt keine Möglichkeit mehr dazu.

Aber das ist in Ordnung so. Denn nun können wir tatsächlich behaupten, dass alles vorbei ist.

Dieser Moment stellt für mich den Gipfel der ganzen Angelegenheit dar, das Ende von allem, und danach versinke ich in eine Depression, die ich erst ein Jahr später und nur unter größter Anstrengung überwinden kann. Ich bin so verbittert, so desillusioniert, so müde und ausgelaugt, dass ich mit dem Rest der Welt nichts mehr zu schaffen haben möchte. Nie wieder.

Nachdem ich S geholfen habe, das schlimme Erlebnis zu überwinden und die Folgen möglichst gering für sie zu halten, nachdem ich sie bei der unglaublich langen Abwesenheit von der Schule unterstützt habe, nachdem wir Ängste, Albträume, Lügen geteilt haben, nachdem ich sie auf ihrem Weg in die neue Schule begleitet habe, nachdem wir unglaublich lange warten mussten und unsere Sorge sich über Monate hingezogen hat (und wir immer noch gehofft haben, dass dieser Mensch irgendwann für sein Vergehen bezahlen muss), nachdem ich miterleben musste, wie etliche von denen, die wir als unsere Freunde betrachtet hatten, sich von uns zurückgezogen haben, bin ich jetzt nur noch ausgelaugt und müde.

Was alleine bleibt, ist meine Rolle als Mutter. Denn das ist eine Pflicht, eine genau definierte Aufgabe, der ich mich nicht entziehen kann. Sonst will ich nie wieder mit jemandem zu tun haben, im Moment gibt es nichts außerhalb meiner Pflicht als Mutter, was mich interessiert oder bei mir irgendeine Reaktion hervorrufen könnte.

Zum ersten Mal spüre ich, dass mein ganzer Lebenswille erloschen ist. Mit einem Schlag bin ich vierzig, ich bin alt und trage schwer an der Erfahrung, die wir am Ende durchmachen mussten. Ich glaube an nichts mehr.

Für mich genügt das, wie es ist.

BETRACHTUNGEN

Die Lehrerin

Seit letztem Februar sind einige Monate vergangen, die Sonne scheint wieder warm, die Pflanzen treiben aus, es ist Frühling. S geht es gut, sie hat sogar Frau Doktor B vergessen. Inzwischen hat sie mit Bogenschießen begonnen, und manchmal bleibt sie nach ihrem Kurs noch länger, um beim Training ihres Vaters mitzumachen. Der Kursleiter erlaubt ihr das als Belohnung. Sie strahlt in ihrem schwarzen Trikot, sie ist schön, sie ist größer, erwachsener geworden.

Es ist Juni, seit ein paar Tagen sind Ferien. Ich parke das Auto vor dem Vereinsheim, steige aus, und als ich aufschaue, kreuzt mein Blick auf der anderen Straßenseite, keine vier Meter weit entfernt, den von Franca, der Lehrerin. Sie ist es wirklich. Wenige Schritte von uns entfernt. Sie kommt uns auf dem Bürgersteig entgegen. Wir grüßen uns. (Automatisch lächle ich ihr sogar zu.)

S öffnet die Wagentür etwas nach mir, den Bruchteil einer Sekunde danach, gerade so viel später, dass die Frau, die sie bemerkt hat, die Zeit hat, in die andere Richtung zu laufen, als ob sie – ein Mädchen, das bis vor einem Jahr ihre Schülerin war – gar nicht da wäre, als ob sie unsichtbar wäre. In dem Moment, als S sich in ihre Richtung dreht, wendet uns die Lehrerin schon ihren Rücken zu. Dann entfernt sich die Erscheinung ebenso schnell, wie sie aufgetaucht ist.

Ich bin sprachlos. S fragt mich etwas, sie erzählt etwas weiter, von dem sie bereits zu Hause angefangen hatte, doch ich verstehe nicht, was sie sagt, ich stammele irgendeine Antwort, ich weiß nicht mehr, worum es ging, ich wiederhole etwas, an das ich mich nicht mehr erinnere, ich verstehe nichts mehr, mir brummt der Kopf, Eiseskälte, Leere breitet sich in meinem Inneren, in meinem Herzen aus, die Welt um mich herum verstummt.

Sie ist einfach weitergegangen. Nur ein Augenblick. Und hat S den Gruß verweigert.

Wir

Ich erinnere mich noch ganz genau an den Moment, als ich das Gutachten von Frau Doktor B durchgelesen habe. L ist am Steuer, ich sitze neben ihm. Er bringt mich zur Klinik für die nötigen Kontrollen. Es ist am frühen Morgen, das Fax ist ziemlich schlecht. Ich überfliege die Seiten, irgendwann breche ich ab, es ist alles zu viel, mir schnürt es die Kehle zu, ich kann nicht glauben, was ich da lese, fasse es nicht, uns auf eine Art und Weise beschrieben zu sehen, die sich vom eigenen Selbstbild so grundlegend unterscheidet, Äußerungen zu finden, die so nie gemacht wurden, schon gar nicht in der dargestellten Absicht. Ich werde blass, ich muss dringend eine Pause machen. Die Tendenz ist klar, es ist eindeutig, worauf sie hinauswill, jetzt sollte ich besser erst den Arztbesuch hinter mich bringen und später weiterlesen, da ich begriffen habe, was sich in diesen Zeilen verbirgt.

Eine Stunde später beginnt das Gift zu wirken. Meine Wut steigert sich noch, genau wie die Empörung, aber unterschwellig ist da noch etwas, das das Bild trübt, ein Schwindelgefühl, ein neues Element. Von dort unten, aus der Tiefe des Abgrundes, an dem wir uns befinden, kriecht nun die Angst hervor. Die Bestürzung und Sorge, dass wir in einem Apparat gelandet sind, dem wir nicht genug entgegenzusetzen haben, einem abstrakten System, das Papier ausspuckt und Dokumente vervielfältigt, die von jedweder Realität losgelöst sind und doch in ihrem funktionellen Irrsinn »logisch« erscheinen, aber in so viel dissoziiertem Autismus ganze Menschenleben verschlingen. Unsere Leben. (Und das nur, weil wir uns dafür entschieden haben, Anzeige zu erstatten.)

Obwohl das Gutachten von einem Richter in Auftrag gegeben wurde, ist es falsch und verleumderisch, komplett aus den Fingern gesogen, und doch wird es gelesen und bewertet, bestenfalls kommentiert werden, dabei trägt es einzig und allein dazu bei, die ganze Angelegenheit weiter zu verschleiern, Zweifel zu säen und die Unklarheiten noch weiter zu verstärken, in der die Vergehen nach dem Wunsch vieler bleiben sollen. Jetzt habe ich Angst. Ich spüre ihren Hauch in meinem Nacken. Es reicht. Nicht nur wegen S müssen wir aus dem Ganzen heraus. Zum ersten Mal habe ich Angst um uns selbst. Wenn man mit einer solchen Leichtigkeit die Wirklichkeit verdrehen und stattdessen eine neue, künstliche und falsche erschaffen kann, die allerdings völlig logisch und in ihrem Irrwitz vollkommen wahrscheinlich wirkt, dann habe ich Angst. Ich habe Angst, dass all das uns zerbrechen wird, wenn wir weitermachen.

Ich erinnere mich noch genau an dieses Gefühl, als würde alles heute und hier geschehen. Ich erinnere mich noch so genau daran, weil in diesem Moment etwas in mir zerbrochen ist und wir wohl oder übel unser eigentliches Ziel aufgegeben haben. An diesen Papierseiten ist unsere Gewissheit in sich zusammengebrochen, dass es eine Gerechtigkeit gibt, und zusammen mit ihr die Hoffnung, dass wir in diesem Dorf, in diesem Land noch leben können.

Ich will nicht weiter ins Detail gehen, aber an diesem Tag wurde aus der Anzeige eines Mädchens eine Anklage gegen ihre Eltern, sie hätten nicht nur die üblen Vorfälle provoziert, gelenkt und weiter aufgebaut, sondern wären damit auch für die für S folgenden Traumata verantwortlich. Das ist ziemlich schlimm. Vor allem nach dem, was wir im ganzen letzten Jahr durchgemacht haben.

Ja, es stimmt, L und ich haben uns am Konservatorium kennengelernt, er textet, komponiert und schreibt Arrangements, zusammen entwickeln wir Werbejingles. Einer davon war so erfolgreich, dass wir uns von den Tantiemen das Haus auf dem Land kaufen konnten. Keiner von uns beiden kann von sich behaupten, eine besonders glückliche Kindheit gehabt zu haben.

Aber was hat das alles mit dem zu tun, was S erzählt hat?

Denn genau das ist der springende Punkt. Was hat das, was ein Kind erzählt, mit der Vergangenheit, dem Beruf, den Ansichten oder Neurosen seiner Eltern zu tun?

Ist es wirklich nötig, dass seine Eltern »perfekt« sind«, damit man seiner Anzeige »Glauben schenken« darf?

Denn falls die Annahme stimmt, dass Eltern »mit Problemen« ein Kind dazu veranlasst haben könnten, erfundene Geschichten zu erzählen, ist es dann nicht genauso wahr, dass ein Kind mit »problembelasteten« Eltern, außer dass es Opfer von Missbrauch werden kann (statistisch gesehen wird es sogar davon häufiger als andere betroffen), noch größere Probleme hat, dass man ihm glaubt? Das Vorurteil über einen besorgten Vater oder eine überängstliche Mutter, die »wer weiß welche Traumata aus der Vergangenheit« in sich trägt, liegt sehr nahe. Bei einer Anzeige wegen sexuellen Missbrauchs von Minderjährigen ist das das erste Vorurteil, gegen das sich die Eltern – sowohl im Gerichtssaal als auch im schulischen Umfeld, im Sportverein oder im Freundeskreis – verteidigen müssen. Und es ist eine *probatio diabolica*, eine hinterhältige Argumentation, denn niemand kann sich gegen ein solches, von Unkenntnis geprägtes Vorurteil wehren. Wogegen denn? Wir alle haben unsere Fehler und Mängel und irren uns jeden Tag. Aber darum geht es nicht. Ganz egal, wer wir sind und was für Menschen wir sind, unsere Kinder können immer Opfer von Pädophilen werden.

Wenn man versucht, Zweifel an der »Glaubwürdigkeit« der Eltern, an »ihrer Persönlichkeit« zu wecken, damit Defizite, Missstände und Fehler der Ermittlungsbehörde oder der einbezogenen Gutachter verschleiert werden, funktioniert das nicht. Ich verstehe ja, dass dies der einfachste Weg ist und (für viele) ein fast unbewusster Automatismus, ja die quasi »übliche« Art und Weise, auf eine solche Anzeige zu reagieren, aber so wird man nie erfahren, was wirklich passiert ist.

Ein Kind ist an erster Stelle ein selbstständiger Mensch, dem das Gesetz das Recht zugesteht, selbst eine Anzeige zu erstatten. Und was es sagt, soll vor allem nach sachlichen Kriterien und Anzeichen von Glaubwürdigkeit rund um seine Zeugenaussage betrachtet werden. Man sollte untersuchen, ob sie Widersprüche enthält, ob die Details passen, wie die Gefühle wiedergegeben sind, ob die zeitliche Reihenfolge logisch ist und die verschiedenen Versionen stimmig sind. Erst danach, falls es Brüche gibt, sollte man hinterfragen, wer die Eltern sind und in welchem Umfeld das Kind aufgewachsen ist.

In unserem Fall, der so banal und bestimmt vollkommen austauschbar ist, haben L und ich Stunden damit zugebracht, unsere Beziehung zu erläutern, zu erzählen, wie wir uns kennengelernt haben, über unsere Ferien, unsere Wünsche zu sprechen und über unsere Arbeit, und das vor Gutachtern und Psychologen, die versuchten, daraus ein exaktes »psychologisches Profil« von uns zu erstellen, doch abgesehen von unserer ersten Anhörung im Polizeipräsidium hat in all diesen Monaten niemand es für nötig befunden, uns noch einmal einzubestellen, um uns vielleicht zu fragen, ob S noch etwas erzählt hat, ob es eine Krankenakte von ihr gibt, wer ihr Kinderarzt ist, wie unsere Tochter in der Schule vorankommt, ob und wenn ja später irgendwelche Probleme aufgetreten sind. (Die Aufmerksamkeit, die uns gewidmet wurde, steht in überhaupt keinem Verhältnis zu der, mit der die Aussagen von S geprüft wurden.) Niemand hat uns auch nur um eine Kopie der Unterlagen gebeten, die die Untersuchungen wegen ihrer Blasenschwäche dokumentierten, oder einfach nur eine Abschrift ihrer Akte vom Kinderarzt.

Den peniblen, hartnäckigen Ausforschungen unseres Privatlebens in Vergangenheit und Gegenwart, in den Monaten vor und nach dem Vorfall steht Stillschweigen, ein absolutes Vakuum hinsichtlich S gegenüber. Nach der Anzeige hat uns niemand mehr ihretwegen angehört. Weder um die Zweifel angesichts ihrer unterschiedlichen Angaben über die Identität des Täters auszuräumen noch um zu verhindern, dass die Durchsuchung der Grundschule erst während der Renovierungsarbeiten erfolgte, als alles schon ausgeräumt war. Ich könnte noch viel mehr erzählen, wenn ich wollte. Diese Akten sind eine einzige Anhäufung von haarsträubenden Fehlern, Verschleppungen, Nachlässigkeiten und des allgemeinen Desinteresses.

Und genau das ist der springende Punkt. Auch wenn es unbequem ist, selbst wenn niemand es auszusprechen wagt. Es ist einfach eine Tatsache, dass niemand etwas mit dem sexuellen Missbrauch von Kindern zu tun haben möchte. So wie unter unseren Kollegen, Freunden und Bekannten niemand glauben möchte, dass der Vorfall sich wirklich so zugetragen hat (auch um sich nicht mit der Last der eigenen Verantwortung in dieser Sache auseinandersetzen zu müssen), so wenig möchte sich jemand bei Gericht – mit Ausnahme einiger weniger Fachleute – damit abgeben.

Daher rühren die Versäumnisse, die Fehler, die Unentschlossenheit, denn im Grunde beschäftigt sich jeder nur sehr unwillig mit solchen Fällen. Das erklärt auch, weshalb die Behörde fast immer eine »Verteidigungshaltung« einnimmt (auf die sie sich auch zurückzieht) und sich mehr mit der »Glaubwürdigkeit« des Kindes und seiner Eltern als mit allem anderen beschäftigt. Dabei wäre ihre Hauptaufgabe doch eigentlich, Beweise zu sammeln, Zeugen zu befragen und den Schuldigen zu verfolgen.

Man kommt nicht umhin, die Unverhältnismäßigkeit zwischen den Aussagen und Nachweisen zu bemerken, die man von uns verlangte (sogar bei den Treffen zwischen meiner Tochter und Manuela werde ich ohne mein Wissen »aufgezeichnet«) und von S, obwohl sie nicht einmal sieben Jahre alt war, die Tests ausfüllen musste, Zeichnungen erstellen, außerdem Orte und Gesichter erkennen und den Vorfall mindestens viermal wiederholen musste, ohne dass wir Einspruch dagegen erheben konnten, und dem, was man von Vito, dem mutmaßlichen Täter, verlangte, der, soweit ich weiß, niemals angehört, »zum Verhör« vorgeladen oder auch nur befragt wurde, nur ein einziges Mal wurde bei ihm eine Hausdurchsuchung durchgeführt.

Das Problem ist, dass in unserem Land erst sämtliche »Unklarheiten« hinsichtlich der Person, die die Anzeige erstattet, beseitigt werden müssen, das liegt in der Natur des Verbrechens, dessen Schatten (kulturbedingt) auf das Opfer zurückfällt. Es herrscht eine perverse Verallgemeinerung vor: Wenn du als Kind etwas anzeigst und ich dir nicht glauben will, weil ich dadurch gezwungen wäre, so unendlich viele Dinge in Betracht zu ziehen, derer ich mich noch vergewissern muss, dann muss ich mir nur deine Eltern genauer ansehen, um einen Grund zu finden, weshalb du, Kind, dir eine solche Lügengeschichte ausgedacht haben könntest. Und es genügt, bei ihnen ein paar Zweifel zu wecken (am besten in diesem Zusammenhang), damit meine Zweifel sofort bestätigt werden.

Solange diese Meinung nur unter den Freunden oder den Eltern der Schulkameraden grassiert, mag das noch hinzunehmen sein. Doch es ist schlimm, ja vernichtend, wenn dieses Vorurteil auch in einem Gutachten auftaucht (wie die Bezeichnung »kleine Lügnerin« für S vermuten lässt) und sogar Schlussfolgerungen darauf aufgebaut werden. Alle Eltern haben das unverbrüchliche Recht darauf, sich Sorgen machen zu dürfen, ohne deshalb gleich in Verdacht zu geraten. Das, was gemeinhin als verdächtig gilt, beweist in Wahrheit genau das Gegenteil. Wenn »der Apparat von Experten« bei der Durchleuchtung der Eltern – die ja mitten in einer traumatischen Phase erfolgt – verlangt, dass diese nicht besorgt sind, dann grenzt das schon ans Absurde. Wer, der einigermaßen bei Verstand ist, würde in einer solchen Situation nicht vom Schmerz und von der Sorge um das eigene Kind überwältigt sein, ja von einem unendlichen Gefühl der Zerbrechlichkeit? (Nur ein Monster oder jemand, der nie ein Kind hatte, könnte sich neutral verhalten oder vollkommen ruhig bleiben.) Und doch wird diese offensichtliche Tatsache nicht gesehen. Und die Beurteilung endet mit einer Verdrehung der Tatsachen, nämlich dass eine überängstliche Mutter oder ein besorgter Vater das Kind unbewusst zu einer Aussage verleitet haben.

In Wahrheit besteht eine große Kluft zwischen denen, die das von *innen* erleben, und denen, die *draußen* stehen, also leider zwischen den »Betroffenen« und denen, die mit den Ermittlungen beauftragt sind. Eine Kluft, die immer tiefer wird, wenn sich der Justizapparat gegen den wendet, der die Anzeige erstattet hat. Oder dies zumindest unterschwellig erwägt. Schlimm genug, dass wir Angst haben mussten, dass wir zweifeln mussten, ob wir die richtige Entscheidung getroffen haben. Aber noch schrecklicher ist es, in einem System gefangen zu sein, das mit der Zeugenaussage einer Minderjährigen nicht in »annehmbarer« Weise umzugehen weiß.

Ich frage mich, mit welchen Worten ein Kind denn eine derartige Erfahrung schildern soll, damit ihm geglaubt wird. Wenn die Qualität seiner Erzählung von dem Vorfall als Beweis herangezogen wird, um die Glaubwürdigkeit dessen zu widerlegen, dann hat dieses Kind keine Chance, denn das, von dem es erzählt, ist unaussprechlich, das gibt es nicht, das kann, das darf einfach nicht passiert sein, selbst wenn es den Mut dazu findet.

Andererseits ist für einen Pädophilen gerade die Schwere des Vergehens, dessen man ihn bezichtigt, sein bester Schutz. Keiner kann oder will wirklich glauben, dass ein so »anständiger« Mensch ein derart schlimmes Verbrechen begangen haben könnte. Selbst die Lehrerin glaubt es nicht. Die Kollegen, der Rektor oder die Eltern der Mitschüler. Keiner glaubt es. Es gibt immer eine Menge »Bekannter«, Freunde aus dem Ort oder Verwandte, die bereit sind, die Ehre des Beschuldigten zu verteidigen. Aber die Tatsache, dass man einen Menschen gut kennt, besagt noch nichts darüber, ob er unschuldig ist oder nicht. Sonst gäbe es keine Pädophilen.

Deshalb gilt wieder der alte Grundsatz, dass das Opfer den Richter »überzeugen« muss. Während der Voruntersuchungen zum Beweissicherungsverfahren (und dies scheint sich allmählich zur üblichen Praxis zu entwickeln) wurde uns vorgeschlagen, uns »freiwillig« entsprechenden Tests zu unterziehen, um zusätzliche Informationen über mögliche verdrängte Aspekte unserer Persönlichkeit zu liefern. Das haben wir abgelehnt. Unsere eigenen Berater, Anwälte und Psychologen, hatten uns sogar darum gebeten, um noch zusätzliche, als sehr nützlich angesehene Munition im Prozess zu haben. Doch die vielen Dutzend Seiten mit Aussagen von S enthalten schon alles, um aufzuklären, was wirklich geschehen ist.

Heutzutage gilt in unserem Justizsystem eigentlich immer die Unschuldsvermutung für den Angeklagten, doch leider gilt nicht dasselbe für die Glaubwürdigkeit des Opfers eines Sexualdelikts. Dort überwiegen immer noch das angestammte Misstrauen und unverrückbare Vorurteile. Trotz der beeindruckenden Zahlen über die Verbreitung von Pädophilie und die statistische Wahrscheinlichkeit hinsichtlich der Anfälligkeit von Männern, die bei ihrer Arbeit in direktem Kontakt zu Kindern stehen.

Sexueller Missbrauch von Minderjährigen stellt für viele weniger ein Verbrechen dar, das leider sehr schwerwiegende und tragischerweise sehr reale Folgen für das Leben des minderjährigen Opfers nach sich zieht, sondern vor allem ein kulturelles Problem.

Und zwischen diesem Prozess der »Verdrängung« und Verschleierung bewegen sich Pädophile. Dank der Blindheit ihres Umfelds können sie ungehindert agieren, dank eines Justizsystems, das darauf nicht vorbereitet ist und dem die geeigneten Mittel und die entsprechenden Spezialisten fehlen, können sie quasi sicher sein, ungeschoren davonzukommen.

Warum sollte man also nicht ein Kind aus der Schule an einen anderen Ort bringen, wenn die Tore immer offen stehen und keiner kontrolliert, wer kommt und geht, warum es nicht vergewaltigen, fotografieren und filmen, wenn beim Verkauf dieser Bilder ein so großer Gewinn herausspringt, während kaum Gefahr besteht, dass das Kind spricht, dass man ihm zuhört und sogar glaubt?

S

Was bleibt am Ende?

S natürlich. Und das ist sehr viel. Es bleibt die Aufmerksamkeit, die Zeit, die Zuwendung, die wir ihr und ihrem Leid gewidmet haben. Es bleibt die Liebe, die man vielleicht in all ihrer unerwarteten, überraschenden Größe erst unter solchen Umständen wahrnimmt. Da ist die Befriedigung und die Erleichterung, sie wieder lächeln, spielen, sich anstrengen und wieder ihren Weg machen zu sehen, ohne dass sie dazu unserer Unterstützung bedarf. Dass sie wieder ganz sie selbst ist. Sympathisch, dickköpfig, entschlossen, unabhängig. Inzwischen sind mehrere Jahre vergangen, sie hat noch zweimal Schule, Lehrerinnen und Mitschüler gewechselt. Ich mag ihre (fast schon erwachsene) Art, wie sie an Sachen herangeht, die sie begeistern, und wie sie solange daran arbeitet, bis sie ihr gelingen. Deswegen kann ich ihrer Zukunft beruhigt entgegensehen.

Was hat der Vorfall bei ihr bewirkt? Welche dauernden Folgen hat er hinterlassen? Schwer zu sagen. Außerdem ist das eine Frage, die nur *wir* uns stellen. *Sie* sieht das überhaupt nicht so, für sie gibt es das Problem nicht, zumindest nicht in diesem Sinn. Letztes Jahr ist sie einmal plötzlich in Tränen ausgebrochen, als ich ihr und ihrem Bruder die Handlung eines Films erzählte, den ich am Vorabend gesehen hatte. Einfach so. Als ich zu dem kleinen Jungen kam, der in der letzten Szene schließlich über den Tod seiner Mutter weinen kann, fing sie unvermittelt an zu schluchzen und konnte gar nicht mehr aufhören. Als sie sich dann doch wieder beruhigt hatte, hat sie erklärt, dass sie immer noch so furchtbar wütend auf diese schreckliche Frau Doktor (Doktor B) war, die sie vor fast zwei Jahren zum Lügen gezwungen hatte. Und sie konnte sich immer noch nicht verzeihen, weil sie getan hatte, was man von ihr verlangte.

Einen Monat später hat sie nach einem neuen Treffen mit Manuela verlangt und bei ihr eine Therapie begonnen. Mich hat die Reife verblüfft, mit der sie um Hilfe gebeten hat. Sie hätte auch einfach nur zu ihr gehen können, um zu spielen, ein paar Nachmittage mit ihr verbringen oder ins Kino gehen können (Manuela hat S ebenfalls in ihr Herz geschlossen, und sie hätte auf jeden Fall etwas Zeit für sie gefunden), doch sie hat ganz konkret verlangt, mit ihr zu »arbeiten«. Wir haben sie dann jeden Donnerstag bis zum Ende des Schuljahres zu Manuela in die Praxis gebracht. Dort hat sie sich endlich von ihrem immer noch massiv vorhandenen Zorn befreien können.

Was tatsächlich in diesem »Privatzimmer« und in »diesem Haus« passiert ist, werden wir wohl nie erfahren. Obwohl diese Angelegenheit niemals ein Tabuthema war, wussten wir, dass es ihr weh tun würde, darüber zu reden, deshalb haben wir es vermieden, wir haben höchstens darauf angespielt, wenn wir mit M auf Mobbing in der Schule und andere Dinge zu sprechen kamen, die einem Kind zustoßen können, und worauf es dabei achten muss. Wir haben es dann S selbst überlassen, konkreter zu werden.

Im August, zwei Jahre nach dem Vorfall, kam sie eines Morgens mit dem strahlendsten Lächeln in unser Bett und erzählte uns, dass sie soeben den schönsten Traum ihres Lebens hatte. Sie hat zwei Hausmeister, einer dünn und der andere eher dick, die bei einer Feier in unserem Haus zunächst als Kellner ausgeholfen hätten und dann sie und ihre Freundinnen belästigt hätten, ordentlich vermöbelt und den beiden sogar ein Messer an die Kehle gehalten. Sie hätte sie nach Strich und Faden verprügelt und so das Gleichgewicht wiederhergestellt. Das hat sie glücklich gemacht.

Wir haben übrigens über das hinaus, was S bis dahin erzählt hat, nichts weiter erfahren, obwohl wir spüren, dass wahrscheinlich noch mehr geschehen ist; aber letzten Endes wird sie in ihrem Leben mit dem fertigwerden müssen, an das sie sich erinnert, mit dem, was sie von dieser Erfahrung behalten hat, und nicht mit dem, was objektiv gesehen anders verlaufen ist. Unsere Aufgabe ist es nur, die Auswirkungen des Vorfalls auszugleichen. Es ist sehr wahrscheinlich, dass man ihr nach dem Wegbringen aus der Schule etwas verabreicht hat, um sie zu betäuben – was neben dem erlittenen Trauma die zeitlichen Sprünge und Erinnerungslücken erklären würde –, aber es schützt einen auch ein wenig vor der Brutalität der Erfahrung, wenn man gar nicht in der Lage ist, alles »mitzubekommen«.

Wir Eltern waren daher gezwungen, schweigend mit dieser Brutalität und dieser Erfahrung zu leben, mussten lernen, uns zu beherrschen und nicht zu weit auf ein Terrain vorzupreschen, das auf immer »unbestimmt« bleiben wird, selbst wenn es eine immerwährende Qual bedeutet, in dieser Welt voller Ängste keine Sicherheiten zu haben. Vor allem, weil es niemandem hilft. Und wie durch ein Wunder haben wir erfolgreich die erste grundlegende Wahrheit verinnerlicht, die uns Doktor C ganz zu Beginn ans Herz gelegt hat, nämlich dass S zwar diese Erfahrung durchlebt hat, sie deren Bedeutung und Last jedoch vor allem durch die Art und Weise begreifen wird, wie wir damit umgehen.

Wenn wir versucht hätten, wirklich alles zu verstehen, noch mehr Energie darauf verwendet hätten, uns noch länger mit dem Vorfall zu beschäftigen, hätte uns das schließlich umgebracht. Wir haben genug erfahren, um das Problem im Großen und Ganzen zu erfassen, es mit S zu klären und zu überleben. Mit dem Rest, falls da noch etwas ist, wird sie sich selbst auseinandersetzen, sobald sie erwachsen ist und das Bedürfnis dazu verspürt.

Dieser Rat, diese schon fast drohend vorgebrachte Warnung von Doktor C hat uns letzten Endes beschützt und uns erlaubt, noch einmal ganz von vorn zu beginnen, und er hat auch S beschützt: Wenn der Prozess fortgeführt worden wäre, hätte keine Hoffnung bestanden, in absehbarer Zeit ein normales Leben zu führen. (Wie kann man ein Kind jahrelang an eine traumatische Erinnerung fesseln – und wenn ich sage Jahre, bedeutet das für ein Kind von sechs, es wird darüber neun oder zehn – und ihm ein Drittel oder gar die Hälfte der Kindheit aufgrund von Zwängen und Notwendigkeiten nehmen, die so gar nichts mit dem eigenen Leben zu tun haben?) Aus diesem Grund haben wir auch darauf verzichtet, Frau Doktor B wegen Falschaussage anzuzeigen, weil uns die ganze Angelegenheit dann womöglich noch die nächsten fünfzehn Jahre beschäftigt hätte.

Es bleibt die Verbitterung über die Unzulänglichkeit des gesamten Justizsystems, die allerdings untrennbar mit dem Wissen verknüpft ist, dass wir paradoxerweise genau deswegen aus der Sache herausgekommen sind. Es bleiben die außergewöhnlichen Menschen, die wir kennengelernt haben, einige Beamte der Sondereinheit und deren Leiter, die beratende Psychologin des Staatsanwaltes, unsere Rechtsanwälte, die Gutachter, die uns mit ihrem Beispiel, ihrem Engagement und ihrer Menschlichkeit die Kraft zum Weitermachen gegeben haben. Für sie bleiben auf immer tiefempfundene Gefühle und Wertschätzung, denn auch sie spiegeln ein (schizophrenes) Land wider, in dem neben kompetenten, gewissenhaften und aufmerksamen Beamten mittelmäßige, arrogante und korrupte Kollegen arbeiten, und dennoch geben sie nicht auf. (Es gibt nur Schwarz oder Weiß, Italien kennt keinen Weg der Mitte.)

Ganz ehrlich: Bis vor Kurzem hätte ich niemals geglaubt, dass unser Leben wieder (beinahe) so normal wie früher werden könnte. Ich gestehe, dass ich sehr viel Zeit darauf verwendet habe, diese schlimme Erfahrung hinter mir zu lassen. Ich habe etwas durchlebt, das man am ehesten mit der Trauer bei einem Todesfall vergleichen könnte, den es allerdings nicht gegeben hat. S war ja da, sie litt zwar, dieser kleine Mensch, der sich mit jedem Tag veränderte und dem ich das Leben geschenkt hatte, war quicklebendig, wütend und aggressiv. Und doch empfand ich in meinem Inneren nichts, außer dem Gefühl, etwas verloren zu haben, diesen Zauber, der mich seit dem Tag ihrer Geburt nicht einen Moment verlassen hatte. (Und das Schuldbewusstsein, dass es ihr früher einmal besser gegangen ist, war die reinste Qual.) Dann haben wir lernen müssen, unsere Angst und Besorgnis abzuwägen und zu entscheiden, wann man ihr Verständnis entgegenbringen und sie bestärken muss und wann sie dagegen Grenzen aufgezeigt bekommen sollte wie jedes andere Kind. Wir mussten begreifen, ob ein Problem mit dem Vorfall verknüpft war oder davon losgelöst betrachtet werden musste. Es fiel uns ziemlich schwer, wieder auf sie wütend zu werden (ich erinnere mich allerdings, dass mich ein starkes Gefühl der Erleichterung durchströmt hat, als mir das zum ersten Mal wieder gelang) und die totale Fokussierung auf sie zu lockern und ihr wieder ihren normalen Freiraum zu schenken. Und die Belastung für M auszugleichen, der für über ein Jahr unvermeidlicherweise »zu kurz« gekommen ist.

Es hat seine Zeit gedauert, bis ich das Bild in meinem Kopf

von einem Mädchen ersetzen konnte, das mit dem Versprechen heranwächst, sich zu einer unabhängigen und angstfreien Frau zu entwickeln, die in einem kräftigen, selbstsicheren, durch die erhaltene Liebe gestärkten Körper zu Hause ist, und meine Tochter wiederzufinden, wie sie wirklich ist. Es hat Zeit gebraucht, außerdem die fortwährende Unterstützung durch meine Therapeutin, und vielleicht hat es mir auch geholfen, dieses Buch zu schreiben, denn ich hatte ihr das Bild einer für mich idealen Tochter aufgezwungen, und als dieses zerbrochen war, war auch meine Tochter für mich nicht mehr existent.

All das war nicht leicht, und das ist es bis heute noch nicht. Aber diese Verpflichtungen haben Eltern eben, egal unter welchen Umständen.

Dann ist da noch die Wut auf den Hausmeister. Die wird sich niemals ändern, und manchmal kocht sie wieder genauso hoch wie in den ersten Tagen, aber er ist nicht mehr da, er beherrscht nicht mehr unsere Gedanken, unser Leben hat sich verändert. Und nur manchmal muss ich an ihn denken. Wenn ich durch den Ort gehe, ertappe ich mich dabei, dass ich die Todesanzeigen lese, die dort an den Hauswänden hängen, denn ganz zu Anfang hatte ich mir das zur Aufgabe gemacht und mir immer vorgestellt, ich würde früher oder später seinen Namen dort lesen. Mittlerweile erinnere ich mich schon kaum mehr daran, warum ich damit angefangen habe. Ich verhehle nicht, dass ich mehrmals mit bestürzender Deutlichkeit meine menschlichen Urinstinkte wahrgenommen habe, obwohl wir doch einen anderen, »zivilisierteren« Weg gewählt haben. Doch ich weiß, dass ich, übrigens genau wie L, zur Selbstjustiz hätte greifen können. Ich wollte es. Die Kraft dazu hätte ich. Er auch. Aber diese ungebändigte Wut in uns hat nie die einzige wahre (und sinnvolle) Überlegung überstimmt: nichts zu unternehmen, was S mit ihren sieben Jahren Mutter oder Vater nehmen würde.

Es ist keine Übertreibung, wenn ich sage, dass wir unsere Tochter im allerletzten Moment beim Schopf packen und aus dem Sumpf ziehen konnten. Wenn ich ihr an diesem Tag nicht zugehört hätte, hätte es vielleicht keine zweite Chance mehr gegeben. Denn um genügend Druck auf sie ausüben zu können, schleicht sich ein Pädophiler in das Leben der Kinder, er nistet sich darin ein und kappt die Bande zu Mutter und Vater, schaltet sie aus. Das sich daraus ergebende Schweigen verstärkt nur seine Macht und seine Bedeutung.

Zum Glück haben wir ihr geglaubt und dadurch diesem Menschen Einhalt geboten. Aber nicht alle Eltern haben den Mut dazu. Und es gab einen kurzen Zeitraum, ein paar Stunden, in der auch ich einen anderen Weg hätte wählen können.

Mehr gibt es nicht zu sagen, abgesehen davon, sich vorzustellen, wie erbärmlich ein Mensch sein muss, Gefallen daran zu finden, das Leben eines anderen zu zerstören. Noch dazu das eines wehrlosen Kindes. Und doch gibt es das. Und es geschieht gar nicht mal so selten.

Am Ende, wenn Schmerz und Wut sich legen und deine Tochter deine Hilfe nicht mehr so nötig hat, entdeckst du, dass Wut nur ein Luxus ist, den du dir leistest. Das lindert zwar nicht ihre Kraft, aber angesichts der Trostlosigkeit des Gesamtbildes begreifst du, dass du auch gut und gerne ohne sie leben kannst. Du bist so reif und vernünftig in deiner Sorge, deiner Unterstützung und in dem Bemühen gewesen, deiner Tochter, als es ihr schlecht ging, verlorenes Vertrauen wiederzugeben, dass du gelernt hast, sie zu bezähmen und für sie einen geeigneten Platz ganz hinten in deinem Kopf zu finden.

Ins Dorf gehe ich nicht mehr, ich bleibe niemals stehen, um jemanden zu begrüßen, und betrete auch kein Geschäft. Ich habe keine Lust dazu. Ich wechsele die Straßenseite, wenn ich jemandem begegne. Lieber habe ich kein Brot im Haus, als dort mein Auto parken zu müssen und zum Bäcker zu gehen. Manche Orte habe ich danach nie wieder betreten.

L ist da etwas unempfindlicher und geht doch noch hin. (Wenn auch nicht mehr so oft wie früher.) Das kommt ganz auf den Tag an. Ihm macht das nicht so viel aus. Auf jeden Fall sind auch für ihn der ursprüngliche Reiz dieses Dorfes und vieles andere mehr verloren gegangen. Nachdem die ganze Angelegenheit abgeschlossen war, hat sich L mit derselben Energie und Hingabe in die Arbeit gestürzt, mit der er im Jahr davor S unterstützt hat. Vielleicht hat er ja niemals damit gerechnet, dass irgendwann ein Schuldiger im Gefängnis landen und die Gerechtigkeit ihren Lauf nehmen könnte. Vielleicht auch, weil er besser als ich in einer Welt überleben kann, in der die Beziehungen so flüchtig und oberflächlich sind, dass ihr Verschwinden ihn nicht berührt. Aber trotzdem ist das Ganze an ihm nicht spurlos vorübergegangen. Man kann es in den kleinen Fältchen sehen, die seinen Blick verbittert wirken lassen, wenn er müde ist, in Anfällen von Reizbarkeit, die selbst ihm unverständlich sind, in dem schon hysterischen Eifer, mit dem er sich in Form hält. Er kann sich nicht gehen lassen. Das hat er nie gewollt. Er ist der geborene Vater und muss der Aufgabe gerecht werden, die er sich gestellt hat.

Mit den Freunden von früher treffen wir uns kaum noch, ab und zu läuft man sich zufällig über den Weg, aber das kommt selten vor. Auch S hat kaum noch Erinnerungen an ihre früheren Mitschüler, sie hat inzwischen Schwierigkeiten, alle Namen aufzuzählen. (Die neue Schule hat alle alten Kontakte ersetzt.) Anfangs habe ich ihnen monatelang hinterhertelefoniert, um S zu helfen und weil ich glaubte, wenn wir uns weiter sehen würden und sie dadurch mit der Realität konfrontiert würden, könnte sie das ja aus ihrer Lethargie reißen. Und sie würden begreifen, wie Unrecht sie hatten. Schließlich handelte es sich um ein kleines Mädchen, das bis dahin bei ihnen zu Hause ein und aus ging und das nun Probleme hatte. Dann ging auch diese Phase vorbei und mit ihr die Verbitterung, die Enttäuschung und die Wut. Mehr als ein Jahr habe ich auf ein Lebenszeichen gewartet, auf irgendeinen Anruf, und ich war bereit, alles zu vergeben und zu vergessen. Doch wenn wir uns heute begegnen, muss ich zugeben, dass ich sie kaum je bemerke. Und wenn ich jemanden nicht grüße, dann schlicht und ergreifend, weil ich ihn nicht wiedererkenne. Außerdem halte ich meinen Blick meist gesenkt, so dass ich niemandem ins Gesicht sehe. Selbst dieses Bedürfnis nach Erklärungen, Austausch und Aussprache habe ich nicht mehr. Ich erinnere mich nicht einmal mehr an die Worte, die ich in den schlimmsten Momenten an sie gerichtet habe. Es ist alles gesagt. Ich habe mich an ihre Abwesenheit gewöhnt.

Natürlich war es nicht leicht, noch einmal ganz von vorn zu beginnen. Mit den Eltern der neuen Schule halten wir etwas Abstand, bei jeder Gelegenheit merken wir, dass wir auf Distanz bleiben. Wenn wir gemeinsame Essen organisieren, herrscht häufig eine angespannte Atmosphäre, als ob man sich zu etwas zwingen müsste, das einem nicht spontan gelingt. Aber auch das wird langsam besser, und vielleicht sind wir ja bald bereit für neue »Enttäuschungen«. Dann können wir wirklich sagen, dass wir sehr viel hinter uns gelassen haben.

Letzten Endes haben wir nur einen Kampf gewonnen, den um S, und das bedeutet sehr viel, es ist der wichtigste überhaupt. Alle anderen haben wir verloren, der Hausmeister arbeitet meines Wissens sogar wieder an einer Grundschule, wenn auch in einer Nachbargemeinde. Aber eigentlich haben nicht wir die Kämpfe verloren, sondern all diejenigen, die sie stellvertretend für uns hätten schlagen und gewinnen müssen. Und nicht nur für uns, sondern für alle anderen Kinder.

Der Kinderarzt hatte Recht, der, als er davon erfahren hatte, dass wir uns zurückziehen, sagte, wenn wir es mit all den Mitteln und Möglichkeiten, die uns zur Verfügung standen, nicht geschafft haben, dann sei dies wirklich »ein Ort ohne Hoffnung«. Genauso ist es. In diesem Ort wird alles stillschweigend geduldet, hier gibt es keine Hoffnung. Und die Rosen, die S damals im Sommer mit so viel Liebe abgeschnitten und eingewickelt hatte und die am Ende des gemeinsamen Abendessens zwischen den Essensresten auf dem Tisch liegen geblieben waren, die schönsten Rosen unseres Gartens, sind für mich das eindringlichste und repräsentativste Bild für diese Angelegenheit, sie stehen für einen Lehrkörper (genau wie für einen Ort), in dem man sich zurückzieht und hinter einer unpersönlichen Behörde versteckt, die Augen und Ohren verschließt. Also genau die so wichtige Fürsorge für die vermissen lässt, die man beim »Heranwachsen« unterstützen soll.

S hat ihren Kampf gewonnen, denn als sie mit neun Jahren davon geträumt hat, ihre Peiniger nach Strich und Faden zu verprügeln, und ihrem Bruder erklärte, dass Manuela eine Polizeibeamtin ist, die ihr sehr geholfen hat, weil in der alten Schule etwas nicht in Ordnung war, dann hat sie wahrscheinlich (in sich) den schlimmsten Teil des Weges bereits hinter sich gelassen.

Man muss sich nur anschauen, wie strahlend sie wieder lächeln kann, um die Bestätigung dafür zu finden. Was die Zukunft anlangt, werden wir sehen. Aber wir werden immer da sein, um ihr zu helfen.

Zum Schluss möchte ich mich noch einmal an die Lehrerin wenden, deren Geist diese Seiten so lange beherrscht hat, über die Enttäuschung des verweigerten Grußes, über meine Schwierigkeiten, die Gründe dafür zu verstehen, sprechen.

»Liebe Lehrerin (liebe Franca, wir haben uns ja einmal geduzt, und du hast aus deiner Begeisterung und Zuneigung, die du für S empfunden hast, nie einen Hehl gemacht, aber ich benutze jetzt lieber das Sie),

ich habe nicht vor, Sie zu überzeugen. Ich kann mir gut vorstellen, was Sie nach dem Lesen dieses Buches sagen: ›Ach ja, ganz gut geschrieben, das muss ich zugeben, ich kenne die Mutter, das ist eine kluge Frau, die anderen ganz ausgezeichnet Sand in die Augen streuen kann. Ich verstehe auch, wie schwierig das für sie als Mutter sein muss. Aber an der ganzen Sache ist nichts dran …‹

Nun, Frau Lehrerin, ich habe wie gesagt nicht die Absicht, Sie zu ›überzeugen‹. Hier stelle ich nur fest, wie viel uns trennt. Wir leben in verschiedenen Welten, die zum Glück sehr weit voneinander entfernt sind. Eigentlich will ich gar niemanden überzeugen. Doch die Tatsachen – das, was passiert ist –, das muss erzählt werden.

Sie dürfen gerne weiter wegschauen, während S größer wird und vor Ihrem Pult die Kinder wechseln, aber ich wünsche Ihnen, dass Sie eines Tages lernen hinzusehen. Ja, lernen Sie vor allem *hinzusehen.*«

EPILOG

Liebe S, seit diesen Ereignissen sind einige Jahre vergangen und auch seit ich mit dem Schreiben begonnen habe, dazwischen liegen Tausende von Seiten, die ich jeden Tag wieder zerreißen musste, damit du sie nicht zu Gesicht bekommst.

Heute sehe ich die ganze Angelegenheit wie eine Morgendämmerung, wie eine Art Erwachen. Ich sehe dich in dieser Morgenröte und die Beziehung, die Liebe, die uns verbindet, die Unterstützung und die Kraft, auf die du dich immer verlassen kannst. Du bist in mir, auch wenn du dich jetzt schließlich abgenabelt hast. Du gehst deinem eigenen Leben entgegen, und ich bleibe hier und beobachte dich aus der Ferne. Nach all dem Schmerz fällt es mir nicht leicht, dich ziehen zu lassen. Aber das ist unser Morgen und mein Erwachen. Zusammen mit M, der inzwischen auch auf eigenen Beinen steht und mich anlächelt.

Während ich euch dabei zusehe, wie ihr euch in diesem milden Morgenlicht entfernt, werde ich bald nicht mehr über euch wachen müssen.

Bald werdet ihr gelernt haben zu lieben.

Dezember …

DANKSAGUNGEN

Zum Schluss möchte ich unbedingt noch einmal dem Kinderarzt von S danken und meiner Therapeutin. Und Doktor C. Außerdem den Polizeibeamten der Sondereinheit, die sich mit Sexualdelikten an Minderjährigen beschäftigt; dann Manuela; unseren Rechtsanwälten und Gutachtern, die sie unterstützt haben. Ich danke ihnen für die Ernsthaftigkeit, die Sorgfalt und dass sie sich so engagiert haben, denn jeder, der mit solchen Fällen zu tun hat, kann sich persönlicher Anteilnahme entziehen.

Ich bin mir des Privilegs bewusst, dass wir uns die Hilfe und Unterstützung dieser Fachleute leisten konnten, und weiß, wie wichtig sie für den Heilungsprozess von S gewesen sind. Und ich darf gar nicht an die Kinder und Familien denken, die in ähnlichen Umständen allein gelassen werden, weil sie nicht über die entsprechenden Mittel verfügen.

Ich danke der Rektorin der neuen Schule, die uns auch durch die Aufnahme von M in die erste Klasse gerettet hat; und der Lehrerin von S, die sie unterrichtet und ihr ihr Selbstvertrauen zurückgegeben hat. Dann danke ich F für die Ermutigung. Und vor allem L, weil er so stark war, als ich schwach war. Und weil er einfach weiter Vater war (und weiter jeden Tag Vater ist).

Die beeindruckende Reise einer jungen Frau in die Freiheit

Meral Al-Mer
NICHT OHNE MEINE MUTTER
Mein Vater entführte mich als ich ein Jahr alt war. Die Geschichte meiner Befreiung
336 Seiten
mit zahlreichen Abbildungen
ISBN 978-3-404-60706-8

Wo Merals Familie herkommt, da herrschen die Männer: stolze, auch kluge Männer, manchmal. Aber häufig brutal, ohne Respekt vor dem Körper einer Frau. Und ohne Angst davor, dass sie sich wehren könnte. Meral hat sich befreit, von ihrem Vater, der sie entführte, als sie ein Jahr alt war. Den sie anzeigte wegen seiner Gewalttätigkeit und grausamen Demütigungen, unter denen sie litt, solange sie bei ihm leben musste. Und sie hat wiedergefunden, was sie so lange entbehrte: ihre Mutter, die sie mehr als 25 Jahre nicht sehen durfte.

Bastei Lübbe